Hugo Staudinger

Geschichte kritischen Denkens von den Anfängen bis zur Gegenwart

Zum kritischen Denken bemerkt
Aurelius Augustinus (354-430):

«Fern sei es uns anzunehmen,
dass Gott in uns das verabscheut,
wodurch er uns gegenüber anderen
Lebewesen ausgezeichnet hat.»

VIA·VERITAS·VITA

Hugo Staudinger

HUGO STAUDINGER

Geschichte kritischen Denkens von den Anfängen bis zur Gegenwart

CHRISTIANA-VERLAG
STEIN AM RHEIN

Die nachfolgende Untersuchung wurde im Rahmen der Forschungsarbeit des Deutschen Instituts für Bildung und Wissen erstellt. Meinen Mitarbeitern und Freunden gilt für zahlreiche Anregungen herzlicher Dank, insbesondere Herrn Hermann-Joseph Rick, dessen Anregungen an einer Reihe von Stellen zur Abrundung des Textes wesentlich beigetragen haben. Dank gilt zudem Frau Anja Rotsch, in deren Händen die bürotechnische Betreuung lag.
Erstmals vorgetragen wurden diese Überlegungen als Vorlesung zur Eröffnung des Sommersemesters 1999 in der Gustav-Siewerth-Akademie, Bierbronnen. Der Stil der Vorlesung wurde bei der Veröffentlichung im Wesentlichen beibehalten, da die dadurch veranlassten Rückverweise und Wiederholungen das Verständnis des Gesamtzusammenhangs erleichtern.

Bildlegenden und Bildnachweis:

Erste Umschlagseite: Bild oben: Die Schöpfung, Holzschnitt von Lucas Cranach d. Ä. aus der 1541 in Wittenberg von Hans Lufft gedruckten Ausgabe der Luther-Bibel. Bild unten: Erasmus von Rotterdam.

Vierte Umschlagseite: Der Mensch steckt den Kopf durch das Himmelsgewölbe..., Holzschnitt Mitte 16. Jahrhundert.

Porträts: Capella Arci, Ravenna, S. 57 (Paulus); AKG Pressebild, Berlin, S. 176 (Horkheimer); Bildarchiv Marburg, Marburg, S. 40 (Sokrates), 113; Bilderdienst Süddeutscher Verlag, München, S. 163 (Capra), 176 (Adorno), 199; London, National Gallery, S. 100 (Erasmus); Bildarchiv Christiana, 1. und 4. Umschlagseite, S. 19, 57 (Augustinus), 71, 86, 100 (Leonardo da Vinci), 126, 146 (Engels), 163 (Pius IX.); Vatikan. Museen, S. 40 (Aristoteles); KNA, Frankfurt, S. 146 (Marx).

1. Auflage 2000

CH-8260 STEIN AM RHEIN/SCHWEIZ/SWITZERLAND
http://www.christiana.ch info@christiana.ch

Satz und Layout: Christiana-Verlag
Druck: Verlagsdruckerei Josef Kral, D-93326 Abensberg
Printed in Germany

Die Deutsche Bibliothek – CIP-Einheitsaufnahme

Staudinger, Hugo:
Geschichte kritischen Denkens von den Anfängen bis zur Gegenwart / Hugo Staudinger. - 1. Aufl., - Stein am Rhein : Christiana-Verl., 2000

ISBN 3-7171-1078-0

Inhaltsverzeichnis

Philosophie und Wissenschaft

«Oh Philosophie, die du die Welt regierst! Du machst die Wahrheit ausfindig und vertreibst das Laster! Was wären wir, was würde das menschliche Leben ohne dich sein?» Für Cicero, wie für alle mit Verstand begabten und denkenden Männer der alten Welt, war Philosophie eine allumfassende Tätigkeit, die den Menschen lehrte, sich selbst, die Welt und das Göttliche zu erkennen, ihn anwies, richtig zu leben, und ihn überdies zur Tat trieb: In dieser Zeit kannte man keinen Unterschied zwischen Wissenschaft und Philosophie. Bezeichnenderweise wurden von Aristoteles einzelne Wissenschaften auch als Philosophien bezeichnet. Ziel aller geistigen Bemühungen war es, ein zutreffendes Gesamtverständnis der Wirklichkeit zu erreichen. Bezeichnenderweise wurde bei der Christianisierung des Römischen Weltreiches von christlichen Denkern ihre Glaubensüberzeugung als die einzig wahre Philosophie bezeichnet. Dem großen Scholastiker Thomas von Aquin wird von Theodor W. Adorno bescheinigt: Seine Lehre «reflektierte nicht bloß die ... Ordnung ihrer Epoche, sondern entsprach auch deren fortgeschrittenstem wissenschaftlichen Stand».

Seit Beginn der Neuzeit jedoch bemühen sich die Wissenschaften nicht mehr um ein umfassendes Verständnis der Wirklichkeit, sondern forschen planmäßig nach den Gesetzen, mit deren Hilfe die Erscheinungen der Wirklichkeit berechnet und im Interesse des Menschen manipuliert werden können. Es geht jeweils um das Machbare. Einen Maßstab für die Legitimität ihres Vorgehens haben die Wissenschaften in sich jedoch nicht, nachdem ihre positive Bezogenheit zur Philosophie und Theologie verloren gegangen ist. Um dieses Defizit zu durchschauen und zu beheben, sollte man sich die Geschichte kritischen Denkens von den Anfängen bis zur Gegenwart vor Augen halten.

1. Die anthropologischen Voraussetzungen kritischen Denkens

Dass der Mensch kritisch zu denken vermag, setzt ein besonderes Weltverhältnis voraus. Hierin unterscheidet sich der Mensch qualitativ von der Art und Weise, wie Tiere in ihrer jeweiligen Umwelt verhaftet sind. Im Gegensatz zu ihnen vermag der Mensch die Welt nicht nur als Umwelt, sondern als «Welt» wahrzunehmen. Das bedeutet, seine Wahrnehmungsmöglichkeit beschränkt sich nicht auf die Dinge, die in einem positiven oder negativen Verhältnis zu seinen Lebensbedürfnissen stehen. Das ist durchaus nicht selbstverständlich. Wie Jakob von Uexküll herausgearbeitet hat, können Tiere jeweils nur ihre eigene Umwelt wahrnehmen. Das Tier ist nicht in der Lage, Dinge zu sehen, zu riechen, zu hören oder sonst wie wahrzunehmen, die es zwar nach dem rein physiologischen Befund seiner Sinnesorgane wahrnehmen könnte, die jedoch nicht in seine Merkwelt, d.h. nicht in die Funktionskreise seiner Lebensbezüge gehören.

Als extremes Beispiel weist Uexküll auf die Zecke hin. Sie nimmt nur Wärme und den Geruch von Buttersäure wahr. Diese Umwelt jedoch ist für sie völlig ausreichend. Sie lässt sich jeweils fallen, wenn sie den Sinneseindruck «warm und nach Buttersäure riechend» spürt und fällt im allgemeinen auf ein warmblütiges Tier oder einen Menschen.[1] Als weiteres Beispiel verweist Uexküll auf die Dohle. Sie ist «völlig unfähig, einen stillsitzenden Heuhüpfer zu sehen ... (da) die Dohle die Form des ruhenden Heuhüpfers überhaupt nicht kennt, sondern nur auf die bewegte Form eingestellt ist. Dies würde das Sich-tot-stellen vieler Insekten erklären. Wenn ihre Ruheform in der Merkwelt des verfolgenden Feindes überhaupt nicht vorhanden ist, so fallen sie durch ihr Totstellen aus der Merkwelt des Feindes mit Sicherheit heraus und können nicht einmal durch Suchen gefunden werden.»[2]

Schließlich sei als weiteres Beispiel noch auf die besonders eindrucksvolle Merkwelt der Eule hingewiesen. Obgleich sie ihn «eigentlich» sehen müsste, sieht eine Eule einen fliegenden Singvogel nicht. Denn es entspricht der Lebensweise der Eule, Singvögel nur zu greifen, wenn sie in der Nacht ruhig dasitzen. Andererseits aber vermag die gleiche Eule eine ruhig dasitzende Maus nicht wahrzunehmen, da sie Mäuse dann jagt, wenn diese die Beine bewegend dahinhuschen.[3]

Mit dieser Beschränktheit der Wahrnehmung auf eine jeweils bestimmte Merkwelt ist eine entsprechende Eigenart tierischen Verhaltens verbunden: Alles Wahrgenommene wird zugleich mit der Wahrnehmung selbst – unter Absehung individueller Besonderheiten – in ein artspezifisches Schema eingeordnet, das durch Begriffe wie Schutz, Gefahr, Feind, Beute, Kumpan, Rivale usw. gekennzeichnet ist. Mit dieser Einordnung verbunden ist eine Koppelung bzw. eine Einheit von Wahrnehmen und Reagieren, die für das Tier lebensdienlich ist. Was als Beute erkannt wird, wird nach entsprechenden Verhaltensmustern als Beute behandelt. Was als Feind erkannt wird, wird als Feind behandelt usw.

So sind die Tiere in ihrem Wahrnehmen und in ihrem Verhalten jeweils artspezifisch festgelegt. Wie es im Laufe der tierischen Gesamtentwicklung zu dieser artspezifischen Festlegung gekommen ist, wissen wir nicht. Dass sie Erstaunliches zu leisten vermag, ist jedoch unbestreitbar. Sie sichert jedem Tier in seiner Umwelt eine lebensdienliche Daseinsbewältigung. Daher sind Tiere in höchstem Maße verunsichert, wenn sie aus ihrer Umwelt herausgerissen werden.

Allerdings ist die jeweilige Umwelt – auch das muss mitbedacht werden – in vielen Fällen nicht von vornherein perfekt vorgegeben. Denn Tiere und auch Pflanzen machen sich nicht zuletzt auch durch eigene Aktivität zum Mittelpunkt einer Umwelt. Hierin unterscheiden sie sich von Gebilden der unbelebten Materie. Ein Kieselstein, der in einen Blumentopf gelegt wird, macht sich nicht zu dessen Mittelpunkt. Ein Samenkorn dagegen beginnt das Erdreich zu durchdringen und auf sich und seine Bedürfnisse hinzuordnen, indem es die Erde mit Wurzeln durchzieht und dabei zugleich Teile der chemischen Substanzen des Bodens in sich aufnimmt und in organische Substanzen verwandelt. Vergleichbares gilt für Tiere. Bei einigen Tieren ist die Umwandlung eines Teils der Wirklichkeit zu ihrer «Umwelt» besonders augenfällig. Das gilt z.B. für die Biber, die ganze Wasserläufe umgestalten. Weitere Beispiele sind in je eigener Weise Füchse, Ameisen und Spinnen.

Bei den meisten Tieren ist die Umweltgestaltung bescheidener und unauffälliger. Da jedes Tier in ein Stoffwechselsystem einbezogen ist, fehlt sie jedoch nirgends völlig. Schon die Aufnahme von Nahrung und das Ausscheiden von «Abfallstoffen» bedeutet eine Veränderung der Wirklichkeit, die zudem nahezu immer positive oder negative Folgen für die Entfaltung anderer Lebewesen hat. Dies gilt umso mehr, wenn durch die Nahrungsaufnahme und das Ausscheiden der Abfallstoffe – so etwa bei vielen Vögeln – zugleich auch Samen oder Sporen von Pflanzen transportiert werden. Aber auch diese Art der Umweltgestaltung ist jeweils artspezifisch. Daher bedeutet das an eine Merkwelt gebundene Wahrnehmen und das entsprechende umweltgebundene Verhalten zwangsläufig auch ein Leben ohne individuelle Freiheit oder allenfalls mit sehr geringen Möglichkeiten variierten Verhaltens.[4]

Infolge der tierischen Umweltgebundenheit unterscheiden sich auch die in den letzten Jahrzehnten erforschten tierischen Kommunikationssysteme bzw. «Sprachen» von Tieren grundlegend von der menschlichen Sprache. In den Tiersprachen werden die Erscheinungen der Wirklichkeit nicht mit «objektiven» Begriffen benannt, sondern von vornherein mit «Sprachsystemen», die auf die Lebensbedeutung für die betreffenden Tiere bezogen sind. So gibt es z.B. den der menschlichen Sprache zugeordneten «objektiven» Begriff «Baum» für Tiere schlechthin nicht. Das, was wir als Baum bezeichnen, erscheint in deren Wahrnehmungs-, Verhaltens- und Mitteilungssystemen jeweils als «Futterstatt», als «Brutstelle», als «Zufluchtsort» oder auch als «Orientierungspunkt».

Im Unterschied zu allem, was über die Tiere, speziell über ihr Wahrnehmen und ihr Verhalten ausgesagt wurde, ist beim Menschen sowohl das Wahrnehmen wie auch das Verhalten durch eine einzigartige Freiheit ausgezeichnet.

So ist das menschliche Wahrnehmen nicht an eine bestimmte Merkwelt gebunden. Der Mensch vermag alles wahrzunehmen, was seinen Sinnen begegnet, also nicht nur das, was für seine biologische Daseinsbewältigung lebensdienlich oder bedrohlich ist.

Das bedeutet freilich nicht, dass für die menschliche Sinneswahrnehmung Merkbilder schlechthin keine Rolle spielen. So kommt es hin und wieder vor, dass jemand, der an eine bestimmte Form von Butter- oder Marmeladendose gewohnt ist, verzweifelt nach Butter bzw. Marmelade sucht, obgleich sie – freilich in einer ungewohnten Form – unmittelbar vor ihm steht.

Wenn ein Mädchen im Garten ein Armband verloren hat und andere beim Suchen helfen wollen, fragen sie im allgemeinen vorher, wie das Armband ausgesehen hat. Eine solche Frage entspringt nicht der Befürchtung, in dem Garten könnten so viele Armbänder herumliegen, dass es schwierig wird, das Richtige herauszufinden. Vielmehr wollen sich die Helfer beim Suchen selbst auf das Merkbild des gesuchten Armbandes einstellen. Es kennzeichnet also den Menschen, dass er nicht von vornherein auf bestimmte Merkbilder festgelegt ist, dass er sich vielmehr selbst der Situation entsprechend auf ein Merkbild einstellen kann. Der Mensch kann in diesem Sinne seine Wahrnehmungsorgane ganz bewusst unter bestimmten Gesichtspunkten einsetzen.

Angesichts dieser Freiheit des Menschen beschränkt sich auch die menschliche Sprache nicht darauf, eine Verständigung über Lebensdienliches herbeizuführen. Sie kennzeichnet daher die Dinge, ohne sie jeweils in einen bestimmten auf den Menschen zugeschnittenen Zusammenhang zu stellen. Wie schon am Beispiel des «Baumes» gezeigt wurde, suchen ihre Begriffe vielmehr die Dinge «objektiv» zu bezeichnen.

Selbstverständlich gilt das nicht gleichermaßen für alle Begriffe. Denn auch der Mensch hat bestimmte Lebensbedürfnisse, die mit den tierischen vergleichbar sind. So sind Begriffe wie Hunger oder Durst, Kälte oder Erschöpfung, aber auch fliehen und schreien, umarmen und streicheln unmittelbar auf den Menschen und seine Bedürfnisse bezogen. Derartige Begriffe bilden jedoch nur einen kleinen Teil der menschlichen Sprache. Die meisten Begriffe dagegen sind unabhängig von mehr oder weniger vorgegebenen biologischen Bedürfnissen.

Diese Unabhängigkeit macht jedoch die Bestimmung dessen, was das jeweilige Wort bedeutet, zuweilen schwierig. Hierfür sei nochmals an den Baum erinnert. In der Brockhaus-Enzyklopädie heißt es unter dem Stichwort Baum: «Ein Holzgewächs mit einfachem Stamm und einer Krone aus beblätterten Zweigen (Wipfelbaum) oder aus großen Blättern (Schopfbaum, so Baumfarne, Palmen).»

Dagegen heißt es in dem gleichen Lexikon über den «Strauch»: «Holzgewächs, dessen Hauptstamm sich in Bodennähe basiton (mit intensiver Wachstumsförderung der basalen Seitenknospen) verzweigt, so dass im älteren Entwicklungsstadium mehrere, bis zahlreiche etwa gleich starke Achsen einen Busch bilden.»

Da sich die Natur jedoch nicht konsequent an diese Definitionen hält, ist die Unterscheidung im konkreten Falle oft nicht eindeutig. Bezeichnenderweise gibt die gleiche Enzyklopädie unter dem Stichwort «Holunder» u.a. die Auskunft, dass der schwarze Holunder auch als «Holderbaum, Holderbusch oder Hollerbusch» bezeichnet wird und «ein Strauch *oder* Baum von 3 bis 9,5 m Höhe» ist.

Bereits aus diesen Beispielen wird klar: Soweit die menschliche Sprache Mitteilungen über objektive Gegebenheiten macht, bezeugt sie etwas von der Unausschöpflichkeit und Offenheit der Wirklichkeit selbst. Der sofort ins Auge springende quantitative Unterschied zwischen den «Sprachen» der Tiere und der menschlichen Sprache beruht letzten Endes auf diesem qualitativen Unterschied. Die unauslotbare Fülle der Wirklichkeit führt zu einer grundsätzlichen Offenheit und Unabgeschlossenheit der Sprache mit immer neuen Bildungen und Variationen. Daher müssen bei jeder Neuauflage eines Lexikons weitere Begriffe aufgenommen und andere gestrichen oder neu formuliert werden.

Die Fähigkeit des Menschen, nicht nur seine Umwelt, sondern die Welt schlechthin wahrzunehmen, fordert ihn zugleich heraus, nach der Welt und all ihren Erscheinungen zu fragen und in dieses sein Fragen auch Dinge einzubeziehen, die mit seinen biologischen Bedürfnissen nicht verknüpft sind. Er lebt nicht fraglos bzw. selbstverständlich in einer bestimmten Umwelt und verhält sich nicht entsprechend artspezifischen Aktions- und Reaktionsmechanismen. Er sucht vielmehr auch, sein eigenes Leben «objektiv» zu betrachten und das heißt nicht zuletzt in eigener Entscheidung sinnvoll zu deuten und zu gestalten. Dieses Bestreben, das über das eigene Dasein hinausweist, ist zwangsläufig mit einer Deutung der gesamten Welt verbunden, und noch über diese unmittelbar vorfindliche Welt hinaus weiß sich der Mensch samt der Welt auf eine transzendente Wirklichkeit bezogen.

Dieses Bewusstsein, auf eine «überirdische» Wirklichkeit bezogen zu sein, gehört zum Merkmal des Menschen schlechthin. Das ist umso erstaunlicher, da diese transzendente Wirklichkeit nicht zu den sinnlich wahrnehmbaren Gegebenheiten der Welt gehört. Dennoch handelt es sich dabei nicht um eine nur in der einen oder anderen Region hin und wieder auftauchende Spekulation, sondern um eine gemeinsame, bei allen Völkern und Stämmen vorfindliche Gegebenheit. Bezeichnenderweise hat sich auch der atheistische Denker Jacques Monod darüber gewundert, «dass die Religion bei unserer gesamten Art den Gesellschaftsstrukturen zugrunde liegt ... (und) dass in der unermesslichen Vielfalt der Mythen, Religionen und philosophischen Lehren stets die gleiche Grund- ‹Form› wiederkehrt».[5]

Tatsächlich ist beachtenswert, dass es Wahrheiten gibt, die zumindest in ihrem Grundbestand seit frühester Zeit weltweit erkannt und anerkannt worden sind. Hierzu gehört vor allem die Überzeugung, dass die Erde endlich ist, dass der Mensch nicht das höchste Wesen ist und dass er daher Verehrung schuldet. Den ältesten Kulturen ist es, soweit wir feststellen können, zudem gemeinsam, dass sie diese Verehrung einem rein geistigen Wesen ohne menschliche Bedürfnisse entgegenbringen.[6] Diese Verehrung ist weithin verknüpft mit dem Bewusstsein, selbst in Schuld verstrickt zu sein. Daher gehört es, wiederum weltweit feststellbar, zum Grundbestand menschlicher Kultur, Opfer darzubringen.

Trotz dieser übergreifenden Gemeinsamkeit von Grundüberzeugungen hat der Mensch in der unserer Forschung unmittelbar zugänglichen Zeit die Fragen nach seiner Stellung in der Welt, nach der Welt insgesamt und nach einer transzendenten Wirklichkeit in den verschiedenen Regionen der Erde verschieden beantwortet. Nur innerhalb der jeweiligen eigenen Kultur gab es bestimmte, durch die Tradition mehr oder weniger festgelegte Erklärungsmodelle. Dank der Freiheit des Menschen waren jedoch auch diese niemals starr und wurden daher auch vom Einzelnen jeweils neu bedacht. Das bedeutet im Laufe der Gesamtentwicklung: In den meisten Fällen werden sie übernommen, zuweilen jedoch auch in Frage gestellt. In diesem Sinne hat kritisches Denken grundsätzlich von Anfang an zu den Eigenarten des Menschen gehört.

Bezeichnenderweise zeigt sich diese Eigenart auch beim Heranwachsen jedes Einzelnen. Schon Kinder stellen die Frage nach dem «Wozu» und «Warum» der verschiedenen Dinge und des jeweiligen Verhaltens der sie umgebenden Menschen. Wie sehr schon dabei kritisches Denken im Spiel ist, erweist sich nicht zuletzt an der Beharrlichkeit kindlichen Fragens. Es zeigt sich indirekt auch an der Ungeduld, mit der zuweilen Erwachsene auf diese «ewige Fragerei» reagieren, zumal dann, wenn sie selbst keine einfache und in jeder Hinsicht schlüssige Anwort zu geben wissen.

Aufschlussreich ist zudem, dass bei diesen kindlichen Fragen die Frage des «Wozu» vordringlicher erscheint als die Frage des «Warum». Wenn ein Kind auf die Frage, warum es regnet, die Antwort erhält, «damit die Blumen und Bäume zu trinken haben», dann ist dieses eine sie primär zufriedenstellende Antwort. Dagegen erwartet das Kind zunächst keine physikalische Erklärung über das Entstehen des Regens.

Diese Priorität schon des kindlichen Fragens dokumentiert unübersehbar, wie wichtig dem Menschen die Frage nach dem Sinn ist. Nicht zuletzt jedoch zeigt sich hierin auch, mit welcher Selbstverständlichkeit der Mensch von der Überzeugung ausgeht, einen Sinn müsse letzthin alles haben. Diese Grundüberzeugung ist eine der wichtigsten Komponenten kritischen Denkens. Dass etwas schlechthin sinnlos sei, ist für den Menschen schwer erträglich.

Hieraus ergibt sich zwangsläufig auch das Bestreben des Menschen, selbst sinnvoll zu leben und zu handeln. Dieses menschliche Handeln unterscheidet sich grundlegend von tierischem «Verhalten». Daher ist es kein Zufall, dass schon rein sprachlich das Wort «handeln» für Tiere nicht gebraucht wird. Während tierisches Verhalten sich – wie dargelegt wurde – jeweils nach bestimmten artgebundenen Aktions- und Reaktionsschemata richtet, vermag der Mensch sein Handeln relativ frei zu gestalten. Dieses Vermögen des Menschen wird z.B. unübersehbar vorausgesetzt, wenn Jesus nach biblischem Zeugnis von seinen Jüngern fordert, auch die Feinde zu lieben, also nicht – wie das Tier, bei dem Wahrnehmen und Reagieren eine Einheit bilden – auf das, was als Feind erkannt wird, entsprechend als Feind zu reagieren.

Die Freiheit des Handelns gilt jedoch nicht nur beim Verhalten gegenüber anderen Menschen, sondern für das menschliche Handeln schlechthin. Die von Naturschützern heutzutage ausgegebene Parole, der Mensch solle sich «umweltbewusst» verhalten, setzt voraus, dass er sich auch anders zu verhalten vermag. Der Mensch gestaltet durch sein Handeln sowohl die Beziehung zu anderen Menschen wie auch seine Beziehungen zur Tier- und Pflanzenwelt und zur Landschaft jeweils nach seinen eigenen Entscheidungen.

Dabei ist das Handeln jedoch nicht nur ein nach außen gerichtetes Tun. Durch die Art, wie er handelt, gewinnt der Mensch nicht zuletzt auch sein eigenes Selbst und stellt sich dementsprechend auch anderen gegenüber dar. Bezeichnenderweise antwortet Jesus auf die Frage, wer unser Nächster sei, nicht mit einer Definition. Er erzählt vielmehr, wie der Samariter als Nächster an dem Schwerverwundeten gehandelt hat. Indem jemand so handelt, erweist er sich als Nächster. Auch unsere alltägliche Sprache bezeugt uns, wie sehr wir aus dem jeweiligen Verhalten des Menschen Schlüsse auf ihn selbst ziehen. So sagt man z.B. nach einer schweren Enttäuschung: «Jetzt hat er sein wahres Gesicht gezeigt» oder «Jetzt habe ich ihn erkannt».

Jedoch nicht nur sein eigenes Wesen offenbart der Mensch im jeweiligen Handeln. Er gibt vielmehr auch Zeugnis davon ab, wie er sein eigenes Dasein in der Welt und seine Bezogenheit zur transzendenten Wirklichkeit interpretiert. Dementsprechend erwarten wir umgekehrt z.B. von jedem, der sich zu einer bestimmten Religionsgemeinschaft bekennt, ein entsprechendes Verhalten. Das gilt in besonderem Maße für offizielle Repräsentanten wie Priester und Ordensangehörige, aber auch für jeden Christen, von dem wir zumindest hoffen, dass er sich in entscheidenden Situationen «christlich» verhält.

Der Zusammenhang zwischen «Weltanschauung und Handeln» zeigt sich auch bei negativen geschichtlichen Erscheinungen: Die Art und Weise, wie Hitler und seine nationalsozialistische Führungselite handelte, zeigt das wahre Gesicht ihrer Ideologie deutlicher und unverblümter als alle theoretischen Darlegungen. Vergleichbares gilt für die Anhänger der marxistischen Ideologie. Wie sehr hier theoretische Darlegungen von der Wirklichkeit Lügen gestraft wurden, dokumentiert nicht zuletzt die – auch von Marxisten zuweilen betonte – Unterscheidung zwischen dem – leider zumeist unzulänglichen – «real-existierenden Sozialismus» und der als human gepriesenen Ideologie.

Durch diese Tatsachen bzw. geschichtlichen Erfahrungen wird das kritische Denken in eigener Weise herausgefordert: Der Wert und die Glaubwürdigkeit theoretischer Ideale kann nicht zuletzt durch einen Vergleich dieser Konzeptionen mit der Praxis derer, die sie vertreten, überprüft werden. Eine ideologische Konzeption, deren Anhänger bei deren Verwirklichung um des erstrebten vermeintlich idealen Endzustandes willen Maßnahmen treffen, die mit der Menschenwürde und den Menschenrechten unvereinbar sind, können vor kritischem Nachdenken letzthin nicht bestehen. Mit Recht hat man etwas überspitzt formuliert:

Gesellschaftlich-politische Bewegungen solle man nicht danach beurteilen, welche Ziele sie verfolgen, sondern danach, welche Mittel sie dafür einsetzen. Diese Aufforderung bedeutet zu Recht auch eine grundsätzliche Absage an die These, derzufolge der Zweck die Mittel heilige.

In der konkreten Lebenswelt beginnt allerdings kein Mensch gewissermaßen beim absoluten Nullpunkt, wenn er sich anschickt, die Wirklichkeit zu verstehen und sein eigenes Handeln entsprechend zu gestalten. Jeder Mensch wird bereits in eine vorgedeutete Welt hineingeboren, die bestimmte Erwartungen an ihn stellt. Schon das Kind wächst keineswegs zunächst in eine «objektiv vorgegebene Welt» hinein, die erst nachträglich – also gewissermaßen in einem weiteren Schritt – gedeutet wird. Es begegnet vielmehr von Anfang an einer bereits gedeuteten Welt. Dies gilt unmittelbar für die Beziehungen bzw. das vorgegebene personale Verhältnis zur Mutter und anderen Menschen. Es gilt jedoch auch für die gesamte Sachwelt, die von Anfang an mit wertenden Attributen wie «eia» oder «baba» gekennzeichnet wird. Außerdem wird das Kind, längst bevor es selbst zu «handeln» beginnt, auch in das Tun der Mutter und anderer hineingenommen. Dadurch werden zugleich Vorentscheidungen getroffen, die zwar revidiert, aber nicht annulliert werden können.

Umgekehrt führt eine Nicht-Hineinnahme in bestimmte Praxisvollzüge zu Verkümmerungen. So wissen wir heute durch entsprechende Forschungen, dass Kinder nicht einmal den aufrechten Gang von selbst beginnen würden, wenn sie niemand dazu animierte. Das gleiche gilt in noch höherem Maße von der Sprache. An ihr wird auch besonders deutlich, dass die Eltern zwangsläufig Vorentscheidungen für ihre Kinder treffen müssen: Sie können nicht warten, mit ihrem Kind zu sprechen, bis es sich selbst für eine bestimmte Sprache entschieden hat. Vielmehr bestimmen sie durch ihr eigenes Sprechen zwangsläufig die «Muttersprache» des Kindes.

Vergleichbare Vorentscheidungen sind im Bereich der Religion nötig. Die heute zuweilen vertretene These, das Kind solle später selbst entscheiden, ob bzw. welcher Religion es angehören wolle, ist eine weltfremde Ideologie. Ebenso wie in die Sprache muss das Kind in das Beten und andere religiöse Handlungen der Eltern hineingenommen werden, wenn es nicht auf diesem Gebiet verkümmern soll.

Diese grundsätzlichen Bemerkungen über die Vermittlungen von Traditionen gelten uneingeschränkt für Menschen, die in jeweils geschlossenen Kulturgemeinschaften leben. Das war in früheren Zeiten nahezu allgemein der Fall. Daher waren die jeweiligen Traditionen verhältnismäßig stabil. Die Deutung des eigenen menschlichen Daseins in der Welt und die Bezogenheit der gesamten Welt und des Menschen auf eine transzendente Wirklichkeit waren innerhalb der einzelnen Kulturen kaum umstritten. Dementsprechend waren auch die Grundsätze für das menschliche Handeln weithin festgelegt, wobei allerdings in den meisten Kulturen gewisse Unterschiede zwischen den Erwartungen an Männer und denen an Frauen bestanden. So wurde z.B. in vielen Kulturen den Frauen eine impulsivere Äußerung von Gefühlen – insbesondere Weinen und Klagen bei Trauer – zugestanden, während von den Männern in dieser Hinsicht größere Zurückhaltung erwartet wurde.

Trotz der vorherrschenden Traditionsgebundenheit gab es jedoch auch schon in frühen Zeiten zuweilen eine Infragestellung bisher anerkannter Traditionen. Anlass war in den meisten Fällen die Begegnung mit anderen Kulturen. Sie war besonders folgenschwer, wenn sie durch kriegerische Unterwerfung erfolgte. Diese Unterwerfung hatte durchaus unterschiedliche Formen, die von der geradezu sklavenhaften Unterjochung bis zum großzügigen Zugeständnis einer gewissen Autonomie reichten. Als Beispiel kann einerseits auf die Assyrer verwiesen werden, die ihre Herrschaft zu sichern suchten, indem sie alle Untertanen nivellierten und dabei als Mittel auch Zwangsumsiedlungen einsetzten, denen damals ein Teil der Juden zum Opfer fiel. Vermeintliche politische Zweckmäßigkeit war die Maxime, mit der sie ihren Machtstaat «rechtfertigten».

Im Gegensatz dazu suchten die Perser, die gemäß der Lehre Zarathustras die Geschichte als ein Ringen zwischen dem Prinzip des Guten und des Bösen betrachteten, eine gerechte Herrschaft auszuüben: Besiegte Völker durften ihre Religion und ihre Eigenart behalten. Sie waren nur zu erträglichen Abgaben und zur Heeresfolge verpflichtet. Trotz solcher Unterschiede zwang in jedem Falle – und das ist für das hier anstehende Thema bedeutsam – die neue Situation sowohl die Sieger wie die Besiegten zum Nachdenken über ihre bisher als selbstverständlich empfundenen Auffassungen bzw. über die angemessene Beurteilung grundlegender Vorgegebenheiten der Wirklichkeit.

Dass es sich hierbei primär um eine geistige Auseinandersetzung handelt, wird nicht zuletzt daraus ersichtlich, dass zumeist nicht nur die Unterworfenen, sondern auch die Herrschenden zum

Nachdenken angeregt wurden. Als ein verhältnismäßig spätes, aber dafür geschichtlich gut zu fassendes Beispiel kann auf die Unterwerfung der griechisch geprägten östlichen Mittelmeerwelt durch die Römer hingewiesen werden. Das hellenistische Denken erwies sich als überzeugender und stärker als das römische, so dass der Dichter Horaz schließlich mit Recht formulieren konnte: «Hellas, eben bezwungen, bezwang den trutzigen Sieger.»[7]

Je weiter die geschichtliche Entwicklung voranschritt, desto häufiger und desto intensiver wurde die Begegnung zwischen Menschen verschiedener Kulturtraditionen oder zumindest zwischen verschiedenen Variationen innerhalb einer umfassenderen Kulturtradition. Schon früh entstanden Gebiete, die wir heute als multikulturell bezeichnen würden. Als Beispiel kann auf das alte Palästina hingewiesen werden. Das Kerngebiet jüdischer Besiedlung lag im Schnittpunkt babylonischer, ägyptischer und schließlich griechischer Einflüsse. Es war in das Weltreich Alexanders einbezogen gewesen und wurde in späterer Zeit von den Römern regiert. Die geistig führenden Repräsentanten der

Moses
Repräsentant des A.T.

David (1004-964 v. Chr.)
Idealkönig Israels

verschiedenen Völker – auch der Juden – beherrschten neben ihren eigenen Dialekten durchweg die griechische Weltsprache.

In einem solchen Gebiet zu leben, bedeutete damals und bedeutet auch heute zugleich eine Herausforderung an jeden Einzelnen. Er muss kritisch darüber nachdenken, wo jeweils die größere Überzeugungskraft bzw. der größere Wahrheitsgehalt zu finden sei. Er steht damit jeweils auch persönlich vor einer Herausforderung. Ausweichen kann er umso weniger, da niemand auf Handeln völlig verzichten kann und da – wie bereits dargelegt wurde – Handeln jeweils innerhalb einer bestimmten Deutung von Welt und Mensch geschieht, die schließlich letzten Endes auch in einer bestimmten Vorstellung der transzendenten Wirklichkeit ihre Verankerung hat.

Diese Hinweise bestätigen nochmals die am Anfang der Überlegungen getroffene Feststellung, dass der Mensch in einem grundliegend anderen Weltverhältnis steht als das Tier. Die größere Freiheit, die ihm gegeben ist, ist zugleich eine Herausforderung an die Person.

Wie dargelegt wurde, ist diese Herausforderung keineswegs überall gleich groß. Völlig ausweichen kann ihr jedoch niemand. Jeder ist zu kritischem Nachdenken in größerem oder geringerem Maße geradezu gezwungen. Diese Grundsituation des Menschen muss jeweils bedacht werden, wenn man sich dem Thema kritischen Nachdenkens im Laufe der Geschichte zuwendet.

2. Frühe Weltdeutungen und die erste Krise kritischen Denkens

Wie dargelegt wurde, gehört es zu den Eigenarten des Menschen, nicht an eine bestimmte Umwelt gebunden zu sein, sondern der Welt «frei» gegenüberzustehen. Dieses Weltverhältnis hat auch eine zeitliche Komponente. Der Mensch lebt nicht nur in der jeweiligen Gegenwart, sondern weiß auch von Vergangenheit und Zukunft. Das den Augenblick transzendierende Zeitbewusstsein gibt ihm einerseits eine einzigartige Souveränität gegenüber der jeweiligen Situation, andererseits jedoch eine tiefe Unsicherheit, indem es den Blick für die schwierigen Fragen nach Leben und Tod, nach dem Anfang und dem Ende und nach dem ersten Grund und dem bleibenden Sinn des Ganzen öffnet. Diese Fragen stehen in einer Spannung, da sie sowohl die Frage nach dem Bleibenden wie auch die Frage nach dem Werden und Vergehen umgreifen.

In alter Zeit stehen sich als Exponenten dieser Spannung zwei Weltauffassungen gegenüber: die magische und die mythische. Von ihnen herrschte die magische anscheinend in frühesten Zeiten vor. Da diese dem direkten Zugriff unserer Forschungen nicht zugänglich sind, gibt es über viele Fragen keine Einmütigkeit. Zahlreiche Untersuchungen sind in hohem Grad von der subjektiven Interpretation der jeweiligen Forscher geprägt. Zudem sind wir in der schwierigen Lage, mit Begriffen einer bedeutend späteren Reflexionsstufe magisches Denken darstellen zu müssen.

Die wichtigsten Erkenntnisquellen über magisches Denken sind neben Zeugnissen früher Kulturen einerseits magische Vorstellungen, die sich bei einer Reihe von Völkern als herrschende Denkstrukturen und bei anderen als unterschwellig fortwirkende Komponenten des Empfindens und Denkens bis in unsere Zeit erhalten haben, und andererseits Ergebnisse der psychologischen Forschung, die in der kindlichen Entwicklung eine Phase feststellen, die weithin von magischem Denken geprägt ist.

Versucht man eine idealtypische Kennzeichnung der Magie, so sind für das hier anstehende Thema folgende kaum umstrittene

Kennzeichen von Bedeutung: Man ist davon überzeugt, dass es innere Zusammenhänge zwischen Dingen, Vorgängen und Erscheinungen gibt, die der Mensch dazu nutzen kann, den Lauf des Geschehens zu seinen Gunsten zu beeinflussen. Die Kenntnis entsprechender magischer Formeln und Zeremonien verleiht dem Menschen eine Macht über die Dinge. Der Mensch übt mit Hilfe der Magie Herrschaft aus und macht sich die Welt dienstbar.

Dabei ist magische Ausübung der Macht der Vornahme technischer Eingriffe in der Formalstruktur analog. Auch in der Magie wird eine Art von Ursache-Wirkungs-Zusammenhang vorausgesetzt, wie er dem modernen Menschen aus den Naturwissenschaften geläufig ist.

Ebenso wie bei den Naturgesetzen gilt das definierte Kausalverhältnis in der angegebenen Weise absolut zuverlässig unter der einzigen Voraussetzung, dass keine anderen Kräfte auf das Geschehen einwirken. Das bedeutet z.B.: Auf die in vorgeschriebener Weise durchgeführten Zeremonien und die korrekt ausgesprochenen Formeln tritt der als magische Wirkung gewünschte Regen mit absoluter Sicherheit ein. Sollte er tatsächlich ausbleiben, dann ist der Grund dafür nicht in einer Unzuverlässigkeit der Gesetze der magischen Welt zu suchen, sondern darin, dass die Einwirkung anderer innerer oder äußerer Kräfte den Gang der Ereignisse beeinflusst hat: Insbesondere können bei der Durchführung der Zeremonie Fehler unterlaufen sein, oder aber es hat ein Feind durch eine heimliche magische Gegenaktion das Bemühen zunichte gemacht.

Bedenkt man, dass mit störenden Gegenkräften immer gerechnet werden muss, so zeigt sich, dass das magische Weltverständnis in sich ebenso unwiderlegbar ist wie das wissenschaftlich-technische. Diese Feststellung wiegt um so schwerer, da die magische Welt zuweilen nahtlos in die technische Weltbeherrschung übergeht und somit in vielen Fällen auch der praktische Erfolg als eine positive Bestätigung magischer Überzeugungen gewertet werden kann. Für diese Bestätigung des magischen Weltverständnisses in früher Zeit sei nur ein Beispiel genannt: Der von der Sehne abgeschnellte Pfeil soll zielsicher fliegen wie ein Vogel. Um ihn dazu zu veranlassen, versieht ihn der Mensch der magischen Denkweise mit Vogelfedern, die in bestimmter Weise angebracht werden. Tatsächlich stellt sich der Erfolg ein, während Pfeile ohne Federn sich überschlagen und das Ziel verfehlen. Auch in der mittelalterlichen Alchemie zeigt sich der gleiche Zusammenhang: Die magischen Elemente sind noch deutlich vorhanden, zugleich aber auch der wissenschaftlich-technische Anspruch auf Machbarkeit und Umgestaltung der Welt. Die Suche nach dem Stein der Weisen ist geradezu das allzeit gültige Symbol des magisch-technischen Weltbewältigungswunsches.

Im Sinne dieser Feststellungen schreibt Arnold Gehlen: «Der Glaube an die Lenkbarkeit der Natur in der Verlängerung unserer Bedürfnisse ist wahrscheinlich ein instinktives a priori und die gemeinsame Wurzel der uralten Magie wie der modernen Naturwissenschaft und Technik ... Überlegt man aber, was in beiden Phänomenen als das eigentlich Faszinierende erscheint, so dürfte dies in dem Automatismus liegen ... Denn es ist so, dass auch in der Vorstellung der Primitiven die magischen Kräfte weder willkürlich noch spontan sind, sondern selbst ein beseelter Automatismus, der die ganze Welt durchzieht und den man mit der rechten Formel in Gang bringen kann.»[8]

Entscheidend an dieser Darlegung ist die Feststellung, dass das magische Denken zwar übermenschliche Mächte anerkennt und auf die Wirksamkeit noch unbekannter Kräfte gefasst ist, dass es jedoch nicht mit Mächten und Kräften rechnet, die sich in unauskalkulierbarer Spontaneität prinzipiell jedem Zugriff magischer Beherrschung entziehen. Daher lässt sich die Macht des Menschen durch Entdeckung neuer magischer Riten ständig erweitern.

Der Mensch der magischen Welt ist genau wie der Mensch der technischen Welt davon überzeugt, dass man im Grunde genommen alles zustandebringen kann, wenn es einem nur gelingt, die entsprechenden Formeln zu finden und richtig anzuwenden. In beiden Fällen wird ein Misslingen von Vorhaben oder das Eintreten von unvorhergesehenen Ereignissen nicht auf Unzulänglichkeiten des herrschenden Weltbildes selbst zurückgeführt. Man nimmt im Falle eines derartigen Versagens vielmehr an, dass störende Faktoren – man denke einerseits an Materialfehler, andererseits an Gegenzauber – wirksam gewesen sind, die die gleiche Struktur wie die bekannten Faktoren haben und daher die Geschlossenheit des Weltbildes nicht in Frage stellen[9].

Trotz einer Reihe von Erscheinungen, die er nicht erklären kann, hat also der Mensch des magischen ebenso wie der Mensch des technisch-wissenschaftlichen Weltbildes die feste Überzeugung, dass sein Weltbild prinzipiell richtig ist, dass nur verschiedene Dinge im Augenblick noch nicht völlig geklärt sind. Im Übrigen sprechen sowohl in der magischen wie auch in der wissenschaftlich-technischen Welt Erfolge für die Richtigkeit des Systems.

Wo Misserfolge eintreten, kann grundsätzlich mit den Mitteln des Systems selbst nachgeprüft werden, worauf sie zurückzuführen sind. Es ist dann jeweils Sache der Experten, «Pannen» zu überprüfen.

So stellen die Experten der magischen Welt fest, was bei der magischen Handlung formal unzulänglich war bzw. von wem ein Gegenzauber ausgegangen ist; und analog dazu ist es Aufgabe der Experten der wissenschaftlich-technischen Welt, nach Materialfehlern und nach menschlichem Versagen zu suchen. Hier wie dort bleibt man auch dann von der grundsätzlichen Richtigkeit seines Weltbildes überzeugt, wenn die Sachverständigen in dem einen oder anderen Fall zu keinem klaren Ergebnis kommen. Das magische Weltverhältnis erweist sich somit als ein geschlossenes System.

Im Gegensatz zur Magie kennt das mythische Denken einmalige grundlegende Ereignisse, die die Folgezeit bestimmen. Es ist im Sinne kritischen Nachdenkens offen und realistisch.

Allerdings ist der Begriff des Mythischen dehnbar und weithin ungeklärt. Mit Recht fragt Carl Friedrich von Weizsäcker angesichts des mancherorts fast zur Mode gewordenen Umgangs mit dem Mythosbegriff: «Wissen wir überhaupt klar genug, was wir meinen, wenn wir vom Mythos reden?»[10] Und Erich Rothacker stellt unverblümt fest: «In dem großen Schrifttum über das mythische, magische und das sogenannte primitive Denken ist wahrlich nicht alles Gold, was glänzt»[11].

Wie wenig die Diskussion um den Mythos abgeschlossen ist, zeigt eindrucksvoll der Abschnitt «Mythisches Denken» in Alexander Randas Handbuch der Weltgeschichte, in dem es heißt: «Es dürfte wenige Forscher geben, die heute noch daran festhalten, dass eine Zeit der nur und ausschließlich symbolschaffenden Tätigkeit der Seele einer Zeit der begrifflichen Tätigkeit des Geistes vorausgegangen sei ... Aber schon, dass diese Auffassung unter ernsten Forschern aufkommen konnte, zeigt, dass das *Denken in Symbolen und Mythen* beim frühzeitlichen Menschen eine ganz andere Rolle spielt als in den mehr begrifflichen neueren Zeiten ... Im Sinne der neueren Forschung kann man sagen, dass es keinen Sinn hat, Mythos und Logos gegeneinander auszuspielen»[12].

Gegenüber einer solchen Darstellung, die das mythische Denken als bildhaft dem begrifflichen Logos gegenüberstellt, sollte schon die schlichte Tatsache nachdenklich machen, dass das Wort Mythos nicht Bild, sondern – ebenso wie das Wort Logos – Rede und Erzählung bedeutet.

Es ist zwar unbestreitbar, dass die Sprache in alter Zeit bildhafter war als in der Moderne, aber mit dieser Feststellung wird die wesentliche Struktur des Mythos nicht getroffen. Mythos ist nicht gleichbedeutend mit bildhaft und symbolisch. Wollte man die Verwendung bildhafter Analogien als besonderes Kennzeichen des Mythos bezeichnen, so würden auch Modelle der modernen Physik und Chemie – etwa das Bohrsche Atom-Modell und der Benzolring – unter die Mythen fallen; denn auch hier wird in Bildern dargestellt und gedacht.

Tatsächlich gehört eine bildhafte Anschaulichkeit zu jedem vollen menschlichen Verstehen. Es ist kein Zufall, dass heute fast jeder Europäer eine Vorstellung vom Atom hat, für das es bildhafte Modelle gibt, dass er dagegen mit dem Einsteinschen Raum-Zeit-Kontinuum nichts anzufangen weiß, weil es hier zumindest vorerst an einem einprägsamen bildhaften Modell fehlt.

Einen ersten Hinweis auf die Eigenart des Mythos gibt das Wort Mythos selbst. Im ältesten Sprachgebrauch – etwa bei Homer – hat es auch dort, wo es «Erzählung» heißt, nicht die Nebenbedeutung des Erdichteten und Erfundenen. Diese findet sich erstmals beim Dichter Pindar, also in der Zeit der Perserkriege, d.h. zu der gleichen Zeit, in der eine kritische Geschichtsschreibung begann. So deutet schon der sprachgeschichtliche Befund darauf hin, dass der Mythos im Bewusstsein der alten Zeit, der er entstammt, nicht das Produkt freischöpferischer Phantasie ist, die in bildhaften Analogien das Dasein deutet, sondern dass es sich im Bewusstsein dieser Zeit um eine der Wirklichkeit entsprechende Darstellung handelt.

Inhalt der Mythen sind vornehmlich einmalige Geschehnisse, die in der Vergangenheit liegen, aber bleibende Bedeutung haben, da durch sie gültige kosmische, kultische, kulturelle und politische Ordnungen gestiftet worden sind. So künden die Schöpfungsmythen, wie Erde, Sonne, Mond und Sterne geschaffen wurden. Bei den einzelnen Völkern verschieden ausgeprägte Mythen erzählen von Ereignissen, die den seither bestehenden Wechsel der Jahreszeiten zur Folge gehabt haben. Am bekanntesten davon ist der Mythos vom Raub der Proserpina. Daneben stehen zahlreiche Varianten, aber auch völlig anders aufgebaute Erzählungen, wie etwa die sumerische von Marduk, der die Tiamat erschlagen hat und den Frühling herbeiführte.

Neben kosmischen Ordnungen sind es kulturelle Errungenschaften, deren Ursprung der Mythos aufweist. So brachte nach der Ansicht des griechischen Mythos die kühne Freveltat des Prometheus dem Menschen das Feuer, und der Siegeszug des Dionysos ermöglichte den Weinbau. Schließlich kündet der Mythos von der Gründung politischer Ordnung, insbesondere von den Erbauern großer Städte. Auch hierbei geht es nicht um nur Vergangenes, sondern um die Gründung der noch bestehenden Stadt durch den noch verehrten Gott.

Die Grundstruktur des Mythos ist in verschiedenen Kulturräumen die gleiche. So ist z.B. die chinesische Weisheit davon überzeugt, «dass alle wesentlichen Änderungen der Kultur je auf einen Kaiser zurückgehen, der sie eingeführt hat. Das ‹Brunnensystem› ist nicht allmählich entstanden, der Ackerbau hat sich nicht langsam entwickelt, die Zeitrechnung nicht von selbst gebildet und fortgebildet, sondern die weisen Kaiser der Urzeit erfanden diese wohltätigen Institutionen und brachten dadurch das Dasein aller in eine neue Ordnung»[13].

Die im Mythos vollzogene Einheit von einmaligem vergangenem Geschehen und bleibenden Strukturen findet ihre Entsprechung im Fest. Über dessen «höchst rätselhafte» Struktur schreibt Hans-Georg Gadamer: «Mindestens zu den periodischen Festen gehört, dass sie sich wiederholen. Wir nennen das beim Fest seine Wiederkehr. Dabei ist das wiederkehrende Fest weder ein anderes, noch auch die bloße Rückerinnerung an ein ursprünglich gefeiertes. Der ursprüngliche sakrale Charakter aller Feste schließt offenbar solche Unterscheidungen aus, wie wir sie in der Zeiterfahrung von Gegenwart, Erinnerung und Erwartung kennen. Die Zeiterfahrung des Festes ist vielmehr die Begehung, eine Gegenwart sui generis»[14].

Ungeklärt und wahrscheinlich unklärbar ist die Frage nach dem Entstehen der Mythen. Der Mensch steht offensichtlich von Anbeginn vor den Grundfragen seines Daseins, die mit der Frage nach der Welt verknüpft sind. Gegenüber falschen modernen Vorstellungen hat Theodor Litt mit Recht betont, «dass die Reflexion auf das eigene Sein einer der Züge ist, die die Grundverfassung des Menschen ausmachen»[15].

Er gesteht freilich im unmittelbaren Anschluss daran zu, dass diese Tatsache «deshalb leicht übersehen wird, weil, verglichen mit der ungeheuren Gedankenarbeit, die der moderne Mensch auf seine Selbsterforschung verwendet, die einschlägigen Bemühungen zurückliegender Zeiten belanglos erscheinen oder übersehen werden»[16].

Der Anstoß, der zum Mythos führt, liegt demnach in der geistigen Grundstruktur des Menschen selbst. Die Tiefenpsychologie hat hierüber Theorien entwickelt und die Mythen mit Archetypen in Verbindung gebracht. Derartige allgemeine Feststellungen können allerdings die Frage, wie die einzelnen konkreten Mythen entstanden sind, nicht beantworten. Sie werden nach dem Verständnis der damaligen Zeit nicht verfasst, sondern offenbart. Sie entstammen in diesem Sinne nicht der Phantasie des Menschen, sondern einer numinosen Offenbarungsquelle. Seher und Dichter verkünden, was von ihnen als Offenbarung der Gottheit erfahren wird.

In diesem Zusammenhang muss an das erinnert werden, was im Rahmen der anthropologischen Vorüberlegungen über allgemeine Grundüberzeugungen der Menschheit gesagt wurde. Zu diesen gehört offensichtlich das Bewusstsein, auf eine überirdische Wirklichkeit bezogen zu sein. Davon zeugen auch die mannigfaltigen Mythen, die sich in den verschiedensten Teilen der Erde vorfinden. Trotz ihrer durchaus unterschiedlichen Ausprägungen im Einzelnen, gilt doch insgesamt auch für sie die schon zitierte Feststellung Jacques Monods: «dass in der unermesslichen Vielfalt der Mythen, Religionen und philosophischen Lehren stets die gleiche Grund-‹Form› wiederkehrt».[17] Es stellt sich nunmehr die Frage, worauf dieser Tatbestand zurückzuführen ist. In diesem Zusammenhang muss auf die theologisch gutbegründete These einer «Uroffenbarung» hingewiesen werden.

Mit Hilfe unserer Wissenschaften lässt sich diese These allerdings nur indirekt glaubhaft machen. In unserem menschlichen Erfahrungsbereich kann der einzelne Mensch nur dann zur eigenständigen Person heranwachsen, wenn er von bereits ausgereifteren Personen angesprochen wird. Wie die Hospitalismusforschung zeigt, können Kinder, die nur mit dem biologisch Notwendigen versorgt werden, nicht gedeihen und sterben im Extremfall dahin.

Angesichts dieser nachweisbaren Erfahrungen beim einzelnen Menschen, ist es glaubwürdig, dass im Laufe der Entwicklung des Lebendigen der Mensch nur durch einen Anruf des personalen Gottes zur Person werden konnte. Dieser ursprüngliche Anruf muss in unmittelbarer Verbindung mit dem gesehen werden, was unter den Begriff Uroffenbarung gefasst werden kann.

Ein Vergleich der Mythen der verschiedenen Völker mit der Genesis legt im Übrigen den Schluss nahe, dass von der Uroffenbarung Gottes nirgends angemessener berichtet wird als in den biblischen Schriften. Die Wahrheit der göttlichen Offenbarung ist offenbar in späterer Zeit bei den anderen Völkerschaften mit willkürlichen und abstrusen Deutungen vermischt worden, die dann in den Mythen ihren Niederschlag fanden. Über das Entstehen der konkreten Mythen im Einzelnen lässt sich kaum etwas Sicheres sagen. Dagegen können über das Weltverhältnis und die Wirklichkeitserfahrung des Menschen der mythischen Zeit einige Feststellungen getroffen werden.

1. Für den Menschen der mythischen Zeit sind die Mythen wahre Geschichten. Diese Wahrheit ist ganzheitlich und lässt eine Spaltung in die Frage nach einer historischen und einer die menschliche Existenz deutenden Wahrheit nicht zu. Man kann geradezu formulieren: die existentielle Wahrheit des Mythos ist identisch mit der Überzeugung, dass sich die Ereignisse tatsächlich so abgespielt haben, so abspielen bzw. so abspielen werden, wie der Mythos es kündet.

2. Die Wahrheit des Mythos ist primär dadurch verbürgt, dass er als göttliche Kunde von Priestern und Weisen vorgetragen wird, dass es sich also um eine heilige Überlieferung handelt. Es ist kennzeichnend, dass in Griechenland auch noch in späterer Zeit die Rhapsoden eine priesterliche Gewandung tragen.

Heute begegnet der Mythos als heilige Überlieferung dem abendländischen Menschen nur noch in gebrochener Form in einigen biblischen Texten. Biblische Erzählungen, wie die von der Schöpfung und der Sünde des ersten Menschen, übersteigen jedoch dadurch den Mythos, dass sie sich als Darstellung der Uroffenbarung Gottes verstehen und zum Ausgangspunkt der Heilsgeschichte geworden sind.

3. Für den einzelnen Menschen der mythischen Welt ist der Mythos nicht einseitig eine nachträgliche Deutung bestimmter Erfahrungen. Da er ja in der mythisch bereits gedeuteten Welt aufwächst, bestätigen ihm vielmehr auch die eigenen Erfahrungen die Richtigkeit des Mythos.

Das bedeutet z.B., dass der als geheiligte Tradition überkommene Bericht vom Raub der Proserpina durch die tatsächliche Erfahrung des Wechsels der Jahreszeiten, oder die Kunde, dass Thor mit dem Hammer über die Wolken fährt, durch die jeweils eigene Erfahrung des Gewitters als glaubhaft erwiesen wird. Da der Mythos seinem eigenen Selbstverständnis nach tatsächliches

Geschehen berichtet, kann er in der Zeit, in der er unangefochten gilt, nicht durch freie Gestaltungen dichterischer Phantasie geändert werden. Dagegen ist es möglich, weiteres tatsächliches Geschehen in ihn einzubeziehen[18]. Charakteristischerweise geschieht das allerdings in der Form einer Rückdatierung historischer Ereignisse in die mythische Urzeit, da für den mythisch denkenden Menschen alles Bedeutsame in ihr begründet ist. In dieser Grundüberzeugung liegt der wesentliche Unterschied zwischen mythischem und historischem Denken.

Dass Mythos und Historie dennoch aufeinander bezogen werden können, beruht auf der gemeinsamen Überzeugung, dass die Welt nicht schon immer so gewesen ist, wie sie gegenwärtig erfahren wird, dass ihre Ordnung vielmehr in epochalen Ereignissen gründet. Gemeinsam ist ihnen auch die Überzeugung, dass die dadurch ermöglichte, für das Leben der menschlichen Gesellschaft grundlegende Ordnung durch den Fortgang der Zeit bedroht ist. Auf diese Bedrohung reagiert das mythische Denken, indem es sich von der Veränderlichkeit der Zeit abwendet und durch die kultische Wiederholung der urzeitlichen Begebenheiten eine ständige Erneuerung der in der normativen Urzeit begründeten Ordnungen zu sichern sucht.

Dagegen ist das historische Denken nicht nur auf die Vergangenheit fixiert, sondern will zugleich im Angesicht des Vergangenen verantwortbares Handeln in der Gegenwart für die Zukunft ermöglichen.

In diesem Sinne steht dem Mythos am nächsten das Phänomen der Tradition. Sie überliefert vergangene Erfahrungen um ihrer normativen Bedeutung willen. Diese Orientierung an Vorbildern oder sogar Urbildern im traditionsgeleiteten Bewusstsein steht in der Nachfolge mythischen Denkens und leitet zugleich über zum historischen Bewusstsein. Das gilt nicht nur für die Geschichtsschreibung im engeren Sinne. J. von Schelling konnte sagen: «Die ersten Urbilder des historischen Stils sind das Epos in seiner ursprünglichen Gestalt und die Tragödie»[19].

Epos und Tragödie aber sind aus dem Mythos und seiner kultischen Vergegenwärtigung hervorgegangen. So bildet der Mythos den Boden der Überlieferung, den auch das historische Bewusstsein zu seiner Entfaltung voraussetzt.

Hält man sich die gekennzeichnete Struktur mythischen Denkens vor Augen, so wird man nicht pauschal von einer «innigen Verbundenheit von Mythos und Magie» sprechen, wie das zuweilen geschieht. Allerdings lassen sich Magie und Mythos kaum irgendwo in völlig reiner Form nachweisen. Außerdem gibt es Mischformen, in denen sich mythisches und magisches Denken tatsächlich eng miteinander verbinden[20]. Das gilt insbesondere für folgende Denkstruktur: Ein Gott oder Heroe hat einmal eine bestimmte Tat vollbracht (mythische Komponente), daher ist es nunmehr dem Menschen ständig möglich, durch eine bestimmte Formel oder Zeremonie eine diesem ersten göttlichen Handeln entsprechende Wirkung zu erreichen (magische Komponente). Diese Struktur hat sich in vielen Mysterienkulten bis in späte Zeit erhalten.

Bei einigen Völkern wurde die heilige Tradition des Mythos über Jahrtausende in ungebrochener Treue bewahrt. Bei anderen Völkern dagegen, wie insbesondere den Griechen, geht eine allmähliche Entfaltung und Ausschmückung der Mythen mit einer Profanierung Hand in Hand.

Je mehr die fraglose Überzeugung von der göttlichen Wahrheit und der unantastbaren Heiligkeit der Mythen schwindet, desto unbedenklicher wagt der Mensch eine freie Gestaltung, ja Neufassung mythischer Stoffe. Nicht mehr Propheten und Priester, sondern Dichter und Sänger sind Künder der Mythen. Obgleich auch sie ihre Gesänge den göttlichen Musen in den Mund legen, lässt sich eine deutliche Profanierung feststellen: den Göttern ist nichts Menschliches mehr fremd.

Gegen diesen relativ späten Mythos und die ihn tragende Gesellschaft wendet sich die Kritik der geistigen Elite jener Zeit, die Karl Jaspers als «Achsenzeit» bezeichnet hat, weil seiner Überzeugung nach dort «der tiefste Einschnitt der Geschichte» liegt.[21] Tatsächlich vollzieht sich damals als Ergebnis kritischen Denkens in Griechenland im Zusammenhang mit gesellschaftlichen und politischen Umwälzungen eine weltgeschichtliche Wende, die das gesamte Wirklichkeitsverhältnis des Menschen ändert.

Kennzeichnend für die unter dem Sammelnamen «Vorsokratiker» zusammengefassten Denker, auf welche die Anfänge der nun beginnenden abendländischen Wissenschaften[22] zurückgehen, ist eine fragende Haltung gegenüber allem, was sie mit ihren Sinnesorganen aufnehmen und was sie an Traditionen vorfinden. Bezeichnenderweise sind sie Philosophen und Fachwissenschaftler verschiedener Disziplinen in einer Person. Offensichtlich sind ihre übergreifenden und grundlegenden Fragen weitgehend aus speziellen, ihnen erstaunlich scheinenden Beobachtungen hervorgegangen. Da uns von den ältesten dieser Denker nur weniges überliefert ist, kann man über die ersten Ansatzpunkte des neuen Fragens allerdings nichts Bestimmtes sagen.

Die Kernfrage, die das Denken der ersten Wissenschaftler beherrscht, ist die nach dem Grund und Anfang alles Bestehenden. Diese Frage vertieft sich jedoch im Fragen selbst, da das griechische Wort «arché» nicht nur Anfang, sondern auch Wesen im Sinne des Elements oder Prinzips bedeutet. Die Antwort des Thales von Milet: «Aller Dinge Anfang ist das Wasser» heißt dann auch: Wasser ist das Grundelement aller Dinge.

Wie Carl Friedrich von Weizsäcker feststellt, ist «die Frage, wie die Welt entstanden sei ... der Anreger der tieferen Frage geworden, was die Welt sei; aus Kosmogonie ist Ontologie geworden»[23]. Seit den Vorsokratikern sind im abendländischen Denken die Fragen nach dem Anfang und nach dem Wesen der Dinge miteinander verknüpft geblieben. Diese Verknüpfung hat ihre Auswirkungen bis in die Neueste Zeit. So lässt sich zum Beispiel die Auseinandersetzung um die Thesen Darwins ohne sie schlechthin nicht verstehen[24].

Die Kritik an der bisherigen mythischen Überlieferung wird besonders eindrucksvoll von Xenophanes formuliert: «Alles haben Homer und Hesiod den Göttern zugeschrieben, was bei Menschen Schimpf und Tadel ist, stehlen, ehebrechen und einander betrügen»[25]. Die Kritik geht jedoch über Homer und Hesiod hinaus und richtet sich auch gegen Thesen, die bereits dem frühen Mythos angehören: Wie Aristoteles berichtet, ist es nach der Überzeugung des Xenophanes «die gleiche Irreligiosität zu sagen, die Götter wurden geboren, wie zu behaupten, sie stürben; denn in beiden Fällen folgt, dass die Götter zu einer gewissen Zeit nicht sind»[26].

Das tiefere Nachdenken über die Wirklichkeit führt die Vorsokratiker zu einer Läuterung allzu anthropomorpher Gottesvorstellungen. Um nichts Unangemessenes über die Gottheit zu sagen, werden die Formulierungen – im Vergleich zu den Mythen – abstrakt und negativ. An die Feststellung: «Es ist nur ein Gott unter Göttern und Menschen der größte» fügt Xenophanes unmittelbar die Aussage: «weder an Gestalt den Sterblichen gleich noch an Gedanken»[27].

Seine allseitig kritische Haltung führt Xenophanes auch zu einer tieferen Einsicht in die Grenzen menschlicher Erkenntnismöglichkeiten. Er bekennt: «Und ein Mann, der das Sichere wüsste über die Götter und alle Dinge, von denen immer ich rede, hat nie gelebt und wird auch nie leben. Denn wenn einer auch zu allermeist in seiner Rede einmal das Vollendete träfe, so weiß ers doch selbst nicht, sondern bloßes Meinen herrscht überall»[28].

Eine solche Einsicht in die Begrenztheit menschlicher Erkenntnis wirkt um so überzeugender, da sie Xenophanes nicht zur Rechtfertigung einer geistigen Trägheit oder zur Resignation missbraucht, sondern mit der anderen, ebenfalls klar formulierten Überzeugung verbindet: «Nicht von Anfang an haben die Götter den Sterblichen alles gezeigt, sondern erst mit der Zeit finden sie suchend das Bessere»[29].

Es ist das erste Mal in der Geistesgeschichte der Menschheit, dass die Überzeugung von der grundsätzlichen Beschränktheit und dem möglichen Fortschritt menschlicher Erkenntnis so eindeutig und überzeugend Ausdruck findet. Während der Mensch der mythischen Welt sein Wirklichkeitsverhältnis gewann, indem er auf die geheiligte Überlieferung hörte, fühlt sich der Mensch der nun anbrechenden Zeit verpflichtet, das Überlieferte kritisch zu bedenken, um auf diese Weise jeweils «suchend das Bessere» zu finden.

Von den Denkern dieser frühen Zeit werden Heraklit und Parmenides im allgemeinen als die großen geistigen Gegenspieler bezeichnet: Während für Heraklit die oft zitierte Formel «Alles ist im Fluss» geradezu wie ein Etikett gebraucht wird, steht Parmenides unter dem fast ebenso oft zitierten Satz: «Das Sein ist, und das Nichtsein ist nicht». Nach der Überzeugung des Parmenides widerspricht es der Konsequenz des Denkens, Werden und Vergehen anzuerkennen. Beides führt er auf den Trug der Sinne zurück.

Tatsächlich wird bei Parmenides erstmals eine Neigung spürbar, die das abendländische Denken jahrhundertelang beherrscht und bis heute nachwirkt: der sinnlichen Wahrnehmung ein hohes Maß an Skepsis entgegenzubringen, dagegen dem reinen Denken ein ebenso hohes Maß an Vertrauen. Bereits bei Parmenides findet sich die dafür bezeichnende Gegenüberstellung von Sein-Denken-Wahrheit auf der einen und Wechsel-Sinne-Trug auf der anderen Seite. Die Wirklichkeit kann nach Überzeugung des Parmenides durch das reine Denken besser erfasst werden als durch die zum Truge neigenden Sinne, so dass bei einem Widerspruch zwischen Sinneserfahrung und Gedankenkonsequenz stets dem Denken der Vorzug gegeben werden muss[30].

Zu Parmenides, der alle Veränderungen als Täuschung und Trug betrachtet, scheint Heraklit mit seiner Formel «Alles ist im Fluss» der absolute Gegenpol zu sein. Tatsächlich ist jedoch auch bei Heraklit keineswegs *alles* im Fluss, da sich alle Veränderungen im Rahmen einer stets gleich bleibenden Weltordnung vollziehen: «Diese Weltordnung (Kosmos), die dieselbe ist in allen Dingen, hat weder der Götter noch der Menschen einer geschaffen, sondern sie war immer und ist und wird sein, ein ewig lebendes Feuer nach Maßen erglimmend und nach Maßen erlöschend»[31].

Während also Parmenides das Problem des Seins und Werdens durch eine Disqualifizierung des Werdens zugunsten des Seins löst, betont Heraklit mit Nachdruck das Werden. Im letzten jedoch ordnet auch er es dem sich im Weltgesetz manifestierenden Sein unter. Die Welt ist zwar in Bewegung und Veränderung, aber dennoch Kosmos, da die Veränderungen sich nach Maßen vollziehen. Die Begriffe Logos, Kosmos und Metron ermöglichen es, den Wechsel der Dinge geistig zu bewältigen und dabei die Erfahrung der Veränderung und der Zeitlichkeit durch den Gedanken eines ständigen Kreislaufs zu überspielen.

Die Kennzeichnung der Welt als Kosmos hat Heraklit wahrscheinlich von Pythagoras übernommen, der nach einer freilich verhältnismäßig späten Quelle als erster die Welt Kosmos genannt hat[32]. Sicher ist, dass die späteren Pythagoreer die Überzeugung, dass die Welt Kosmos sei, in einer für die gesamte weitere Wissenschaftsgeschichte bedeutsamen Weise begründet haben: Sie erklären, dass die Welt deshalb Kosmos sei, weil sie durch Zahlenverhältnisse gekennzeichnet werden könne[33]. In diesem Sinne lehrt Philolaos, einer der ersten Vertreter dieser Schule: «Die Natur der Zahl ist erkenntnisspendend, führend und lehrend für Jeglichen in jeglichem Dinge, was ihm zweifelhaft oder unbekannt ist: denn nichts von den Dingen wäre irgendwem klar, weder in ihrem Verhältnis zu sich noch zu anderen, wenn die Zahl nicht wäre und ihr Wesen»[34].

Gegenüber der Kennzeichnung der Wirklichkeit als einer Manifestation ewig gültiger Zahlenverhältnisse erschienen die alten Erklärungen des Mythos, der für bestimmte Einzelerscheinungen eine je eigene Begründung gab, als willkürlich und überholt. Nichts in der Welt geschieht nach der neuen kritischen Überzeugung aufs Geratewohl, sondern alles kraft einer bestimmten logischen Notwendigkeit. Eine der eindrucksvollsten Entdeckungen ist die Bedeutung von Zahlenverhältnissen in der Musik, die sich durch eine entsprechende Verkürzung der Saite auf dem Monochord jederzeit nachweisen lässt. Angesichts der Zahlenverhältnisse im Kosmos wagte man aus dieser Entdeckung die Folgerung, dass die Bewegungen der Gestirne wohlklingende Töne, die Sphärenharmonie, auslösten.

Gegenüber derartigen Spekulationen ist die Lehre Demokrits, die wir freilich auch nur aus Fragmenten kennen, durch wissenschaftliche Nüchternheit gekennzeichnet. Demokrit bemüht sich um eine konsequente mechanische Welterklärung, die sowohl den Grundgedanken des Parmenides wie auch denen Heraklits gerecht wird. Demokrit interpretiert das Seiende als das Volle und das Nichtseiende als das Leere und gewinnt dadurch die Möglichkeit von beidem zu sagen, dass es existiere. Die Welt besteht nach seiner Auffassung aus dem leeren Raum und unteilbaren Urkörperchen, den Atomen, die sich in diesem Raum bewegen. Dabei unterscheiden sich die Atome voneinander nicht durch innere Qualitäten, sondern nur durch ihre geometrische Gestalt, Lage und Anordnung. Hierdurch bewirken sie auch, dass unseren Sinnen die verschiedenen Dinge unterschiedlich erscheinen. Obgleich diese Atomistik Demokrits – soweit uns bekannt ist – das Geist-Materie-Problem nicht ausdrücklich stellt, kann sie als eine Vorform materialistischer Weltanschauungen und Welterklärungen betrachtet werden.

Das wird noch deutlicher bei Epikur, der die Entstehung der Welt mit einer Abweichung der Atome von der senkrechten Fallrichtung begründet. Den Göttern weist Epikur in Zwischenräumen zwischen unendlich vielen Welten einen Ort zu. Für den Menschen sind sie faktisch bedeutungslos, da sie sich um ihn nicht kümmern. Die menschliche Seele, ein luftähnlicher Stoff, zerstreut sich mit dem Tode, und alle Empfindung hört auf. Angesichts dieser Lehre wurde Epikur von seinen Anhängern als der große Befreier von der Furcht vor Göttern und Dämonen gepriesen. Als solchen feiert ihn auch der römische Dichter Lucrez. Allerdings blieb die Atomistik und die in ihrer Nachfolge stehende Epikureische Weltsicht nur die Auffassung einer Minderheit.

Das herrschende kritische Denken war bereits in der Zeit Demokrits in eine tiefe Krise geraten, die durch das Stichwort Sophistik gekennzeichnet wird. Dabei handelt es sich nicht um eine neue Denkrichtung oder einen neuen Denkansatz. Das kritische Denken wird vielmehr durch seine eigene Konsequenz zu immer extremeren Aussagen gedrängt, die schließlich destruktive Züge annehmen. Es ist eine naheliegende Weiterentwicklung kritischen vorsokratischen Denkens, wenn ein Mann wie Protagoras erklärt, «hinsichtlich der Götter wisse er nicht, ob sie seien oder nicht seien ... denn vieles hindere es, das zu wissen, die Dunkelheit der Sache und die Kürze des menschlichen Lebens»[35].

Mit dieser Äußerung geht Protagoras wesentlich über die Kritik hinaus, wie sie einst Xenophanes und andere an mythischen Überlieferungen geübt hatten: Es gilt nicht mehr, den Gottesbegriff von unangemessenen Vorstellungen zu reinigen, sondern die Existenz der Götter selbst wird in Frage gestellt. Die Skepsis des Protagoras ist grundsätzlicher Art. Angesichts des Trugs der Sinne richtet sie sich auch gegen jedes Vertrauen in die Wahrnehmung handfester Gegebenheiten. Protagoras legt dar, dass die Wahrnehmung offenbar etwas anderes sei als das wahrnehmende Subjekt, aber auch etwas anderes als das die Wahrnehmung hervorrufende Objekt. Daraus folgt, dass die Wahrnehmung das Ding nicht so, wie es in sich ist, erkennt, sondern jeweils so, wie es von dem Wahrnehmenden wahrgenommen wird. Da der Wahrnehmende jeweils ein anderer bestimmter Mensch ist, ergibt sich daraus ein Relativismus, den Protagoras in die pointierte Formulierung «Das Maß aller Dinge ist der Mensch» bringt[36].

Protagoras selbst meint diesen sogenannten Homo-Mensura-Satz erkenntniskritisch. Er will den Menschen keineswegs – wie ihm später zuweilen vorgeworfen wurde – zum Herrn sittlicher Maßstäbe machen, sondern ist von der Notwendigkeit ihrer Anerkennung überzeugt. Dies bekundet z.B. eine von Plato überlieferte Nachricht, Protagoras habe in einem Mythos gelehrt, dass Zeus selbst den Menschen die Gottheiten, «Ehrgefühl» (Aidos) und «Rechtsempfinden» (Dike) zugesandt habe. Nach Protagoras sind Ehrgefühl und Rechtsempfinden Voraussetzungen dafür, dass die Menschen Staaten bilden und in angemessener Art dauerhaft zusammenleben können. Daher fordert er, jeden, der diese Gaben nicht besitzt, wie einen Krankheitserreger umzubringen[37].

Die Problematik der geistigen Situation zeigt sich freilich darin, dass dieser Mythos von einem Manne erzählt wird, der über die Existenz der Götter nichts zu sagen wagt. Seinem Mythos fehlt somit die Grundlage, die den Mythen der alten Zeit Verbindlichkeit gab. Sein Mythos ist keine Geschichte, die als heilige Überlieferung den Anspruch erhebt, historische und existentielle Wahrheit in einem zu künden. Weder er noch seine Hörer sind davon überzeugt, dass Zeus tatsächlich vor Zeiten zwei göttliche Wesen in Marsch gesetzt hat. Protagoras unterstreicht vielmehr durch seinen Mythos, den er selbst als Mythos im Sinne des Nichthistorischen bezeichnet, nur die Gewichtigkeit seiner Überzeugung, dass Ehrgefühl und Rechtsempfinden absolut notwendig sind, wenn der Mensch in Gemeinschaft zusammenleben will.

Der Mythos ist jetzt eine Erzählung geworden, die bewusst als Mittel eingesetzt wird, um eine nach der Überzeugung des Erzählers evidente und unvergängliche, jedoch mit den Denkmethoden der Sophistik nicht beweisbare und nicht ableitbare Wahrheit zu bekennen. Er ist in diesem Sinne eine besondere Art der Formulierung einer streng rational nicht beweisbaren Überzeugung. Sowohl überlieferte wie auch neu erfundene Mythen werden nunmehr instrumentell eingesetzt, um die irrationalen Kräfte des Hörers oder Lesers zugunsten einer bestimmten Überzeugung zu mobilisieren.

Es liegt jedoch auf der Hand, dass dieser säkularisierte Mythos kein Bollwerk gegen das weitere Vordringen sophistischer Aufklärung war. Dem kritischen Denken erschien ein mythischer Appell zur Anerkennung von Ehrgefühl und Rechtsempfinden als unzureichend. Es forderte eine rationale Begründung.

Außerdem erhob sich die Frage, was denn durch Ehrgefühl und Rechtsempfinden im Einzelnen gefordert werde. Sie war um so dringlicher, da ein Großteil der als geheiligte Ordnung überlieferten Gepflogenheiten und Gesetze einer kritischen Betrachtung nicht standhielt. So wurden insbesondere alle rechtlichen Unterschiede zwischen den Menschen als willkürliche Satzungen empfunden, da die Natur gleiches Recht für alle verlange. In diesem Sinne fordert Lykophron die Abschaffung des Adels. Alkidamas bekämpft die Sklaverei. Phokas tritt für gleichen Besitz und gleiche Bildung aller Bürger ein. Auch der Gedanke einer politischen Gleichstellung der Frau wird zur Diskussion gestellt. Hippodamos nimmt die wichtigsten dieser Forderungen auf und entwirft als erster eine allein auf Vernunft gegründete Ordnung des Staates.

Bei dieser kritischen Auseinandersetzung mit dem Überlieferten und Bestehenden erwiesen sich auch die herkömmlichen Begriffe schimpflich und gerecht als fragwürdig. Auch sie stammten – zu dieser Feststellung fühlte man sich gezwungen – nicht von Natur, sondern waren kraft Satzung festgelegt. Alle sittlichen Wertungen und Beurteilungen erschienen als nur konventionell und damit letzthin unverbindlich. So führte die neue Art kritischen Denkens auch in der Ethik in die Destruktion.

Wie in der religiösen Vorstellung die Philosophie zunächst zu einer Läuterung des Gottesbegriffes, später jedoch zu einer Skepsis gegenüber den Göttern geführt hatte, so führte in der Ethik die Sophistik zunächst zu Forderungen nach sittlich besseren Rechts- und Gemeinschaftsordnungen, bald jedoch zu einer Infragestellung aller Normen schlechthin.

Die Skepsis gegenüber dem menschlichen Erkenntnisvermögen mündete schließlich in absoluten Zweifel, der in den drei berühmten Thesen des Gorgias seine extremste Formulierung fand: «1. Es ist nichts, 2. Wenn etwas wäre, so würde es unerkennbar sein, 3. Wenn etwas wäre und dieses erkennbar wäre, so wäre die Erkenntnis nicht mitteilbar»[38].

In der Ethik und Politik erschien schließlich einer Reihe von Sophisten das Recht des Stärkeren als das einzige von Natur und nicht durch Satzung bestehende Recht. Der Starke, der zugleich der Weise sei, wurde ermächtigt, alle Gesetze zu durchbrechen und nur dem Trieb seiner eigenen Natur zu folgen. Dementsprechend erklärt Kallikles in einem der Dialoge Platos: «Das ist eben das von Natur Schöne und Rechte, was ich hier nun ganz frei heraus sage, dass, wer richtig leben will, seine Begierden muss so groß werden lassen als möglich und sie nicht einzwängen und diesen Begierden ... muss er dennoch Genüge zu leisten vermögen ... Der Wahrheit nach ... verhält es sich so: Üppigkeit und Ungebundenheit und Freigebigkeit ... sind eben Tugend und Glückseligkeit, jenes andere aber (wie etwa Gerechtigkeit und Gesetz) sind Wirrereien, widernatürliche Satzungen, leeres Geschwätz der Leute und nichts wert.»

Die gekennzeichnete geistige Entwicklung hatte unmittelbare Rückwirkungen auf das politische und gesellschaftliche Leben. Auch hier steht am Anfang ein Abbau fragwürdiger überkommener Ordnungen und der Versuch besserer Gestaltungen, der in der attischen Demokratie seinen Höhepunkt fand. Zu dieser Zeit bekennt sich Perikles in einer von Thukydides überlieferten Rede nicht nur zu den formalen Errungenschaften der attischen Demokratie, sondern ebenso entschieden zu den ungeschriebenen Gesetzen, die man «nicht übertreten darf, ohne sich der allgemeinen Verachtung auszusetzen»[39]. Es taucht also – durchaus nicht zufällig – im Munde des Perikles der gleiche Begriff jener ungeschriebenen Gesetze auf, die sich in der «Antigone» des Sophokles gegenüber menschlicher Willkür als von Gott gegeben und gültig erweisen.

Führende Politiker der folgenden Generationen denken jedoch anders. Jetzt werden – um es modern auszudrücken – alle Tabus gebrochen. Brutal überfällt im Jahre 416 Alkibiades die kleine neutrale Insel Melos, die sich gegen eine Einbeziehung in den attischen Seebund sträubt. Bevor der Kampf begann, führten Athener und Melier nach der Überlieferung des Thukydides eine letzte Verhandlung, in der die Melier auf ihre gerechte Sache und die dadurch erhoffte Gunst der Götter hinweisen. Doch die Athener antworten kühl: «Was die Gunst der Gottheit anlangt, so glauben wir, dass es auch uns daran nicht fehlen wird ... Unseres Erachtens gilt nämlich in der ganzen Welt bei der Gottheit, wie wir glauben, unter den Menschen, wie wir aus Erfahrung wissen, eben ein für allemal das Recht des Stärkeren ... So handeln wir auch jetzt danach und zweifeln nicht daran, dass ihr wie jeder andere es bei gleicher Macht auch so machen würdet.»[40]

Hier wurde genau das zum Prinzip der praktischen Politik, was zahlreiche Sophisten als Lehre verbreitet hatten. Am Ende konnte man sich die Frage stellen, ob insgesamt die Unzulänglichkeiten der ursprünglichen Überlieferung oder die Unzulänglichkeiten der neuen Auffassungen verhängnisvoller waren. Die Bewegung kritisch aufklärenden Denkens, die in der ersten Phase eine Läuterung überkommener Vorstellungen und eine Verbesserung politischer und gesellschaftlicher Zustände gebracht hatte, führte in der zweiten Phase zu einer absoluten Skepsis des Denkens und zu einer gewalttätigen Willkür des Handelns. Einen «Weg zurück» jedoch schien es nicht zu geben.

Als die durch das moderne Denken ausgelöste Verwirrung heillos zu sein schien, nahm der Athener Sokrates den geistigen Kampf mit den Sophisten auf. Er bediente sich dabei weithin ihrer eigenen Methoden. Im Gegensatz zu ihnen war er jedoch davon überzeugt, dass es objektive Maßstäbe für das sittliche Urteilen und Handeln gäbe. Im Gespräch prüfte er einzelne Sachverhalte und suchte dabei deren Wesen und Begriff. So mahnt er den Euthyphron, der statt eines Begriffes Beispiele von Frömmigkeit anführt: «Erinnerst Du Dich ... dass es mir auf jene allgemeine Erscheinung ankam, durch die das Fromme fromm ist ... Zeige mir auf, welches diese Gestalt ist, denn dadurch kann ich dann, indem ich sie zum Muster nehme, diejenigen unter Deinen und eines anderen Handlungen, die so beschaffen sind, für fromm erklären»[41].

Sokrates hoffte durch klare begriffliche Bestimmung dessen, was einzelne Tugenden wie Frömmigkeit oder Gerechtigkeit sind, der heillosen Verworrenheit und Willkür sophistischer Argumentation ein Ende zu bereiten.

Soweit sich erschließen lässt, gelang es Sokrates zwar, die Fragwürdigkeit der sophistischen Position deutlich zu machen, indem er seine Gesprächspartner zwang, alle Konsequenzen ihrer Ansätze auszusprechen, aber er vermochte es nicht, seine Gesprächspartner zur Aufgabe ihrer Positionen zu zwingen.

Sokrates (470-399 v. Chr.)
überwindet die Sophisten

Aristoteles (384-322 v. Chr.)
Wegweisender Philosoph

Bezeichnenderweise können auch seine geistigen Widersacher in den meisten von Plato formulierten Dialogen ihre Positionen so durchhalten, dass die Gespräche ohne endgültige Entscheidungen enden.

Wenn Sokrates dennoch als der Überlegene in das Bewusstsein seiner Schüler und der Nachwelt eingegangen ist, so gründet dieses Bewusstsein nicht allein in seiner Kunst intellektueller Beweisführung, durch die er seine Gegner zwar nicht zur Kapitulation, aber zum geistigen Offenbarungseid zwang, sondern vor allem darin, dass er durch sein gesamtes Leben und insbesondere durch seinen Tod für die Wahrheit seiner Seite einstand und dadurch seine Worte stärker und glaubhafter machte als die seiner Gegner.

Diese Überlegenheit des Sokrates gegenüber den Sophisten dokumentierte sich nicht zuletzt darin, dass er zum Ausgangspunkt der klassischen griechischen Philosophie wurde. Durch die philosophischen Werke seines Schülers Plato und dessen Schülers Aristoteles wurde die erste große Krise kritischen Denkens überwunden, und die Geschichte der abendländischen Philosophie begann.

3. Gottes Offenbarung als Anlass zu kritischer Reflexion

Das Alte Testament ist in vieler Hinsicht ein einzigartiges Buch. Nach Überzeugung von Juden und Christen ist es von Gott inspiriert, d.h. in besonderer Weise «mitverfasst». Im Gegensatz zum Koran, der von den Anhängern des Islam als unmittelbares Gotteswort betrachtet wird, ist jedoch das Alte Testament – und ebenso das Neue – nach der Überzeugung von Christen Gotteswort und Menschenwort oder Gotteswort in Menschenwort. Wenn das Alte Testament dieser Überzeugung entsprechend tatsächlich in besonderer Weise von Gott «mitverfasst» ist, so liegt es im Rahmen der hier anstehenden Überlegungen nahe, in ihm – als hervorragendes Zeugnis der Uroffenbarung – eine Kundgabe zu erwarten, die dem Menschen hilft, eine angemessene Antwort auf Grundfragen seines Daseins zu finden.

Vorweg sei jedoch bemerkt: Über den geschichtlichen Ursprung des Alten Testaments wissen wir nur wenig wissenschaftlich einigermaßen Gesichertes. Das gilt insbesondere für den Pentateuch, also die ersten fünf Bücher, die nach alter Überlieferung dem Moses zugeschrieben werden, was jedoch aus guten Gründen bezweifelt wird. Denn der Pentateuch schließt mit dem Satz: «In Israel aber stand fortan kein Prophet mehr auf wie Mose, mit dem Jahwe von Angesicht zu Angesicht verkehrt hätte, mit all den Zeichen und Wundern, zu denen ihn Jahwe entsandte und die er im Ägypterlande an Pharao, an all seinen Dienern und an seinem ganzen Lande wirkte, und mit all der starken Macht und all dem großen Schrecken, die Mose wirkte vor den Augen ganz Israels»[42].

Wie schon dieser Satz beweist, kann der Pentateuch zumindest nicht in allen Teilen des uns vorliegenden Textes unmittelbar von Moses stammen. Je intensiver sich die kritische Forschung mit dem gesamten Problem des Pentateuchs beschäftigte, desto vielfältiger und schwieriger wurden die anstehenden Fragen. Wie der Text selbst verhältnismäßig eindeutig erkennen lässt, muss der uns vorliegende Pentateuch bereits als eine Zusammenfassung mehrerer älterer Überlieferungen betrachtet werden. Ihr Verhältnis zueinander lässt sich allerdings nicht eindeutig klären. Im allgemeinen nimmt man heute an, dass es sich vor allem um vier zunächst eigenständige Überlieferungen handelt: Den Jahwisten, den Elohisten, das Deuteronomium und den Priestercodex.

Unmittelbar von Moses stammt nach der heute vorherrschenden Auffassung keiner dieser Bestandteile des Pentateuch. Den ältesten Text, der wahrscheinlich im 10. Jahrhundert am Hofe Salomons formuliert wurde, repräsentiert der Jahwist. Es folgte der Elohist in einem der beiden folgenden Jahrhunderte.

Das Deuteronomium wird zumeist dem 7. Jahrhundert und der Priestercodex einem der folgenden beiden Jahrhunderte zugeschrieben. Sicher ist das alles jedoch keineswegs. Noch unsicherer sind Spekulationen über die Zusammenfassung der Überlieferungen. Mit voller Sicherheit weiß man dagegen, dass der Pentateuch spätestens im Jahre 300 v. Chr. abgeschlossen vorlag. Denn im 4. Jahrhundert behielten die Samariter ihn im Schisma als einzige Heilige Schrift.

Der Pentateuch liegt also spätestens zu diesem Zeitpunkt als fertiges Werk vor. Fragen über seine Entstehung können nur vage und spekulativ beantwortet werden. Wie die «Jerusalemer Bibel» versichert, ist trotz allem die alte Tradition, die Moses als Verfasser des Pentateuchs nennt, keineswegs völlig irreführend und willkürlich. Denn worauf es ankomme, sei «die ursprüngliche Herkunft dieser Überlieferungen, die wir nur in einem bereits ausgebildeten Stadium erfassen.

Nun geben die ‹jahwistischen› und ‹elohistischen› Erzählungen, trotz ihrer Unterschiede, im wesentlichen die gleiche Geschichte wieder; diese beiden Überlieferungen haben also einen gemeinsamen Ursprung ... Ihr Ursprung geht also in jenen Zeitpunkt zurück, in dem sich das Volk Israel bildete ... So reichen der Grundbestand des Pentateuchs, die Substanz der Überlieferung, die er enthält, der Kern seiner Gesetzgebung in die Zeit der Volkwerdung Israels zurück. Diese Zeit wird aber von der Gestalt des Mose beherrscht. Er war der Organisator des Volkes, sein Religionsstifter, sein erster Gesetzgeber.»[43]

Dem Pentateuch, der mit dem Tod des Moses schließt, folgen im Alten Testament Bücher, die die weitere Geschichte Israels behandeln. Unter einzelnen Gesichtspunkten sind die «geschichtlichen» Teile des Alten Testaments mit Überlieferungen anderer Völker vergleichbar. Sofern man es als Ganzes betrachtet, hebt es sich jedoch eindeutig von allen vergleichbaren Schriften ab: Die gesamte Geschichte Israels wird entscheidend bestimmt durch einen Bund, den es mit dem *einen* Gott geschlossen hat, der am Anfang Himmel und Erde schuf. Dieser Bund wird im Laufe der Geschichte mehrmals erneuert und vertieft. Als Subjekt der Geschichte erscheint im gesamten Alten Testament nicht primär der Mensch, sondern entscheidende Initiativen gehen insbesondere in kritischen Situationen von Gott aus.

Wie bereits angedeutet wurde, kann das Alte Testament als eine vorweggenommene Antwort Gottes auf Grundfragen des Menschen betrachtet werden und ist auch immer wieder so betrachtet worden. Dies gilt zunächst für die Frage nach dem Ursprung der Welt und all dessen, was sich in ihr vorfindet. Schon diese Frage selbst ist keineswegs selbstverständlich. Nicht nur Vertreter der magischen Weltsicht, sondern auch bedeutende philosophische Denker des Altertums haben sie für irrelevant gehalten, da die Welt keinen Ursprung, sondern ewigen Bestand habe.

Diese Überzeugung begründete Aristoteles damit, «weil ein so herrliches Werk nicht aufgrund eines neu gefassten Entschlusses seinen Anfang genommen haben kann, und sie ist nach allen Seiten so vollkommen, dass keine Kraft ... zustande kommen kann, wodurch jemals der Zerfall oder der Untergang dieses Weltenbaus herbeigeführt werden könnte.»[44]

Auch die Überzeugung, dass Gott vor der Welt gewesen sei, ist keineswegs so selbstverständlich, wie es heutigen Menschen, die in der christlichen Tradition stehen, erscheinen kann. Immerhin verkünden viele Mythen eine grundlegend andere Reihenfolge. Entsprechend dieser Auffassung schrieb auch der frühe griechische Denker Hesiod etwa im Jahre 700 v. Chr.: «Wahrlich, zuerst entstand das Chaos und später die Erde, breit gebrüstet ein Sitz von ewiger Dauer für alle Götter, die des Olymps beschneite Gipfel bewohnen.»[45] Diese Götter entstanden nach der Darlegung Hesiods erst verhältnismäßig spät im Zuge einer weiteren langen Entwicklung.

Schon der erste Satz des Alten Testaments ist somit ein höchst bedeutender und herausfordernder Satz: «Am Anfang schuf Gott den Himmel und die Erde.»[46] Durch diesen Satz erhält Gott Priorität vor der Welt. Nicht die «materielle Basis», sondern die schöpferische und gestaltende Kraft Gottes steht am Anfang aller Wirklichkeit. Nicht weniger beachtenswert ist, wie die Genesis mit einer ungezwungenen Selbstverständlichkeit von Gott im Singular spricht. Tatsächlich zeichnet sich Israel von Anfang an durch die Verehrung eines einzigen Gottes aus und betrachtet es als dessen Gebot, keine fremden Götter neben ihm zu verehren. Dies ist weithin bekannt. Wenig beachtet wird jedoch, dass es sich hierbei um eine höchst kritische Haltung, ja geradezu eine Provokation gegenüber den Gottesvorstellungen aller Nachbarvölker handelt.

Gewiss ist von Experten mit Recht darauf hingewiesen worden, im Anfang habe Israel seinen Gott Jahwe wahrscheinlich – anderen Völkern durchaus vergleichbar – primär als Stammesgott verehrt. Dieser Hinweis ist jedoch nur die halbe Wahrheit. Denn er beachtet zu wenig, dass der Anspruch auf ausschließliche Verehrung schon rein formal wesentlich über all das hinausgeht, was bei anderen Völkern üblich war.

Über deren Götter hat Israel anscheinend zwar zunächst keine kritischen Überlegungen angestellt. Es entsprach jedoch der inneren Konsequenz des Denkens, dass die Juden die Götter der anderen Völker – im Gegensatz zu Jahwe, den Schöpfer des Himmels und der Erde – schließlich als «Wahngebilde» erkannt und unter dem Gesichtspunkt der Wahrheit verworfen haben. In diesem Sinne bekundet einer der Psalmen:

> *Denn groß ist Gott und er muss hoch gepriesen werden.*
> *Er muss mehr gefürchtet werden als alle Götter.*
> *Denn alle Götter der Heidenvölker sind Einbildungen.*
> *Der Herr aber hat die Himmel gemacht.*
> *Hoheit und Würde gehen vor ihm her.*
> *Macht und Glanz sind an seinem heiligen Sitz.*[47]

Dieser Überzeugung entsprechend ist Jahwe nicht nur der Gott seines Volkes Israels, sondern der – wenn auch weithin noch unerkannte – Gott aller Völker. In diesem Sinne verkündete der Prophet Jeremias als Ausspruch Gottes: «Ich habe die Erde geschaffen und sie stets gegeben, wem es mir gefiel.»[48]

Die geschichtliche Bewährung des von ihnen verehrten Gottes war wahrscheinlich das gewichtigste Argument für dessen Wahrheit und für dessen Anspruch auf alleinige Verehrung. Bezeichnenderweise erscheint Jahwe immer wieder als der Gott, der die Juden aus dem Sklavenhaus Ägyptens befreit hat. So werden die zehn Gebote eingeleitet mit dem Satz: «Ich bin Jahwe, dein Gott, der dich aus dem Ägypterlande, dem Sklavenhause, herausgeführt hat.»[49]

Besonders deutlich zeigt sich das Eingreifen Gottes in die Geschichte auch bei der Rückführung aus der babylonischen Gefangenschaft. Nach der Überzeugung des Alten Testaments steht auch der Begründer des persischen Weltreiches Kyros im Dienste «ihres» Gottes: «So spricht Jahwe zu Kyros, seinem Gesalbten ... um meines Knechtes Jakob willen, um Israels, meines auserwählten willen rief ich dich beim Namen ... obwohl du mich nicht kanntest.»[50] Tatsächlich gestattete Kyros den von den Assyrern nach Babylon verschleppten Juden die Rückkehr. Darüber hinaus förderte er durch entsprechende Weisungen mit erstaunlicher Entschiedenheit den Wiederaufbau des Tempels. So wurde die Überzeugung Israels von dem allein legitimen Anspruch Jahwes als Gott aller Völker nach dem Zeugnis des Alten Testaments nicht zuletzt durch ihre geschichtlichen Erfahrungen gefestigt.

Das Alte Testament gibt jedoch – nach der Überzeugung von Juden und Christen – nicht nur eine Selbstoffenbarung des einen Gottes, der Himmel und Erde erschaffen hat, und damit eine überzeugende Antwort auf die Frage der Entstehung der Welt, des Lebendigen und des Menschen, sondern eine nicht minder bedenkenswerte Antwort auf die Frage nach dem Ursprung des Bösen. Die Urschuld, durch welche die gesamte folgende Geschichte der Menschheit mitgeprägt ist, besteht nach dieser Auskunft darin, dass der Mensch einer Versuchung erlag. Diese wird in der Darstellung des Alten Testaments in den Worten der Schlange formuliert. Sie versichert dem Menschen, wenn er den Befehl Gottes missachte, werde er selbst sein wie Gott.

Auch diese Auskunft der Genesis über den Ursprung des Bösen ist eine Antwort auf eine kritische Grundfrage des Menschen. Er ist der Überzeugung, dass es das Böse eigentlich nicht geben sollte, und fragt, woher es kommt und wo es letzthin seinen Ursprung hat. Wie die Genesis kundtut, bringt die einzigartige Stellung des Menschen selbst eine Versuchung mit sich: Er ist zur Herrschaft über die Erde samt der Tier- und Pflanzenwelt berufen und kann den Eindruck gewinnen, dass er über alles allein nach seinem Willen nicht nur verfügen *könne*, sondern auch verfügen *dürfe*. Damit steht er ständig in Gefahr, dem Bösen zu verfallen, sofern er seine Stellung allein sich selbst zuschreibt und nicht mehr bedenkt, dass er seine Herrschaft von Gott übertragen bekam, dem er dafür Rechenschaft schuldet.

Der Begriff der «Urschuld» besagt dementsprechend nicht nur, dass sie am Anfang der Menschheitsgeschichte steht, sondern vor allem auch, dass sie eine bleibende Verstrickung des Menschen darstellt und in diesem Sinn jedem Menschen anhaftet. Daher hat die Theologie diese Urschuld auch als «Erbsünde» bezeichnet. Es zeugt von der perversen Ideologie des Nationalsozialismus, dass man diese Schuld leugnete und versicherte, zumindest der nordische Mensch sei nicht erbsündig, sondern erbadelig. Im Gegensatz zu derartigen Illusionen gibt die Genesis eine nüchterne und realistische Einschätzung des Menschen, die zugleich eine Warnung und damit ein Impuls zum Guten einschließt.

In eine neue Phase trat das kritische und selbstkritische Denken des Alten Testaments ein, als die Juden den Weisheitslehren der alten Kulturvölker begegneten. Bislang hatten die geschichtlichen Erfahrungen in ihnen die Überzeugung geweckt, dass Gottes Gerechtigkeit jeweils unverdientes Unheil ausgleiche und dass Gott den Guten allenfalls als vorübergehende Versuchung leiden lasse. Thematisiert ist diese Grundüberzeugung im Buche Hiob. Dieser wird mit Gottes Zulassung vom Satan mit kaum fassbaren Leiden überhäuft. Er hält jedoch durch, und am Schluss heißt es: «Jahwe wandte das Schicksal Hiobs ... und vermehrte alles, was Hiob besessen hatte, auf das Doppelte ... Jahwe segnete die folgende Lebenszeit Hiobs mehr als die frühere. Er besaß 14000 Schafe, 6000 Kamele, 1000 Joch Rinder und 1000 Eselinnen. Er hatte auch sieben Söhne und drei Töchter ... Danach lebte Hiob noch 140 Jahre und sah seine Kinder und Kindeskinder, vier Geschlechter.»[51]

Diese Vorstellung von der Gerechtigkeit ließ sich jedoch bei nunmehr einsetzendem kritischen Nachdenken nicht durchhalten. In den sogenannten Weisheitsbüchern des Alten Testaments dokumentiert sich die anfängliche Ratlosigkeit gegenüber der realistischeren Weltsicht und Welterfahrung der Heiden. So bekundet «Kohelet»[52] im Buch «Prediger»: «Ich sah alle Werke an, die unter der Sonne geschehen; da zeigte sich: Alles ist Nichtigkeit und Haschen nach Wind.»[53]

Und vom Menschen heißt es: «Wer weiß denn, was für den Menschen gut ist im Leben, für die paar Tage seines nichtigen Lebens, die ihm wie Schatten dahingehen?»[54] Schließlich stellt Kohelet fest: «Alles habe ich gesehen in meinen nichtigen Tagen: Es gibt Gerechte, die zugrunde gehen trotz ihrer Gerechtigkeit, und es gibt Frevler, die lange leben trotz ihrer Bosheit.»[55]

Trotz dieser «realistischen» Feststellungen schließt das Buch jedoch mit der vertrauensvollen Mahnung: «Fürchte Gott und halte seine Gebote! Denn das ist die Pflicht jedes Menschen. Gott bringt ja alles Tun vor das Gericht, alles Verborgene, ob es gut oder böse war.»[56]

Wie schon diese Zitate zeigen, führt das kritische Nachdenken dieser Zeit zu neuen tieferen Erkenntnissen: die Dinge gehen in diesem Leben keineswegs so auf, dass der Gerechte seinen Lohn und der Ungerechte seine Strafe erhält. Daher wird – vermutlich unter dem Einfluss platonischen Denkens, jedoch zugleich mit Blick auf den Schöpfungsbericht der Genesis – der bislang latente Gedanke der Unsterblichkeit und einer jenseitigen Vergeltung ausdrücklich formuliert: «Gott hat ja den Menschen zur Unverweslichkeit erschaffen und ihm zum Abbild seines eigenen Wesens gemacht. Durch den Neid des Teufels aber ist der Tod in die Welt gekommen, und die ihm angehören, werden ihn erfahren. Die

Seelen der Gerechten aber sind in Gottes Hand, und keine Qual kann sie berühren.»[57]

Dank des Glaubens an Jahwe wird Weisheit nunmehr – anders als in der Weisheitsliteratur der übrigen Völker – mit Gerechtigkeit und Gottesfurcht identisch. Jahwe wird gepriesen als der, von dem alle Gerechtigkeit und Weisheit ausgeht. Nach Überzeugung der Repräsentanten Israels ist daher die von Gott verliehene Weisheit jeder rein weltlichen Weisheit überlegen. Sie versichern: «Und Jahwe verlieh dem Salomon sehr hohe Weisheit und Einsicht, und eine Weite des Herzens gleich dem Sand am Ufer des Meeres, so dass Salomons Weisheit die Weisheit aller Morgenländer und sogar die Weisheit Ägyptens übertraf.»[58]

Die intensive kritische Auseinandersetzung zwischen Israel und den geistigen Errungenschaften der alten Kulturen spiegelt sich einerseits darin wieder, dass sich in den Weisheitsbüchern des Alten Testaments zahlreiche philosophisch formulierte Aussagen über Gott und sein Wirken – sogar wörtliche Zitate aus ägyptischen Weisheitsschriften – befinden und dass die Juden ihrerseits der gebildeten Welt des Vorderen Orients ihre heiligen Schriften zugänglich machten: Schon früh wurden Teile des Alten Testaments in die griechische Weltsprache übersetzt. Spätestens seit dem Jahr 130 v. Chr. war in der sogenannten «Septuaginta» die gesamte alttestamentliche Überlieferung allen Völkern der damaligen Welt zugänglich. Bezeichnenderweise sind späte Bücher des Alten Testaments nunmehr unmittelbar in griechischer Sprache niedergeschrieben worden.[59]

Konsequenterweise entfalteten die Juden in eben dieser Zeit auch eine große Aktivität, um den jüdischen Monotheismus – also die Verehrung des einen wahren Gottes – überall auszubreiten. Dazu heißt es in einer neueren jüdischen Darstellung: «Die Hinwendung zum Judentum lässt sich in verschiedenen Klassen und Nationen beobachten, auch bei den Römern. Systematische Bestrebungen, den jüdischen Glauben in der Stadt Rom zu propagieren, sind bereits für das Jahr 139 v. Chr. urkundlich bezeugt.»[60] Die jüdische Gottesverehrung erfreute sich bei römischen Intellektuellen gewisser Sympathien. Der römische Gelehrte Terentius

Varro (116-27 v. Chr.) fand sie imponierend, «weil sie ohne Statuen und Bilder auskamen.»[61]

Da die jüdische Religion mit der Zugehörigkeit zum jüdischen Volk eng verbunden war, gab es allerdings trotz aller Sympathie für den jüdischen Monotheismus und auch für manche jüdische Gepflogenheiten, wie etwa die Einhaltung des Sabbat, keine Massenbekehrungen.

In dieser Hinsicht trat eine völlig neue Situation ein, als nach dem Kreuzigungstod und der Auferstehung Jesu Christi der Monotheismus – nunmehr in seiner trinitarischen Fortentwicklung – von den Christen bekundet und verbreitet wurde.

Man hat immer wieder gefragt, wie es kommen konnte, dass sich das Christentum in verhältnismäßig kurzer Zeit im gesamten Römischen Reich ausbreitete, obwohl es zuweilen intensiv bekämpft wurde. Sicher ist diese Ausbreitung zunächst dem Bekennermut der Gläubigen zuzuschreiben, die für die Wahrheit ihres Glaubens Nachteile und Verfolgungen auf sich nahmen und sogar in den Tod gingen. Im Zusammenhang damit darf jedoch nicht übersehen werden, dass das Christentum nicht zuletzt als Verfechter der Wahrheit und des Fortschritts überzeugte. Wie dargelegt wurde, genoss schon das Judentum, das Gott als den Schöpfer Himmels und der Erde verehrte, gewisse Sympathien. Insbesondere die Weisheitsbücher des Alten Testamentes sind gegenüber den Gottesvorstellungen der Antike nicht nur eindrucksvolle Dokumente religiös fundierten, sondern auch aufgeklärten Denkens.

Diese Komponente der alten Offenbarungsschriften wird im Neuen Testament in aller Konsequenz aufgenommen. Während im Alten Testament die Verheißungen Gottes zwar grundsätzlich auf die ganze Menschheit gerichtet sind, jedoch faktisch Israel als das auserwählte Volk im Mittelpunkt des Denkens und Handelns steht, werden im Christentum aus dem allgemeinen Heilswillen Gottes die konkreten Konsequenzen gezogen. Bezeichnenderweise ist in der Offenbarung des Johannes bei der Beschreibung der Auserwählten nicht nur die Rede von den «Besiegelten» aus den zwölf Stämmen Israels, sondern es heißt weiterhin: «Darauf sah ich hin, und siehe, es war eine große Schar, die niemand zu zählen vermochte, aus jeder Nation und aus allen Stämmen, Völkern und Sprachen; sie standen vor dem Thron und vor dem Lamm, angetan mit weißen Gewändern und mit Palmen in den Händen. Sie riefen mit lauter Stimme: ‹Das Heil unserem Gott, der auf dem Throne sitzt, und dem Lamme!›»[62]

Über die Frage, wie das Verhältnis der nichtjüdischen Völker zu dem einen Gott der alttestamentlichen Offenbarung und wie das Verhältnis der nichtchristlichen Völker zum dreifaltigen Gott angemessen – d.h. zutiefst von Gott selbst her – zu beurteilen ist, können wir – auch als Gläubige – keine einigermaßen gesicherten Aussagen machen. Wir wissen nur, (1.) dass sich der Heilswille Gottes von der Schöpfung an nicht nur auf die Juden richtete und (2.) dass die Erlösungstat Jesu Christi nicht nur den Christen, sondern grundsätzlich allen Menschen gilt, und wir wissen zudem, (3.) dass die Wege Gottes nicht unsere Wege sind.

Im Hinblick auf die Menschheit insgesamt bzw. auf die Möglichkeit aller Menschen, die Wahrheit zu erkennen, wird im Neuen Testament herausgestellt, es gäbe nicht nur die biblische, sondern darüber hinaus eine allgemeine Offenbarung Gottes: «Denn sein unsichtbares Wesen, seine ewige Macht und Göttlichkeit sind seit Erschaffung der Welt an seinen Werken durch die Vernunft zu erkennen.»[63] Dementsprechend haben die Vertreter der Offenbarung gegenüber regionalen Kulten und mythischen Überlieferungen zu allen Zeiten an die Vernunft appelliert und so auf die Unzulänglichkeit heidnischer Gottesvorstellungen hingewiesen.

Als frühes und besonders eindrucksvolles Beispiel für diese «Aufklärung» christlicher Predigt kann auf die in der Apostelgeschichte formulierte Areopag-Rede des Apostels Paulus verwiesen werden: «Der Gott, der die Welt und alles in ihr geschaffen hat, der Herr des Himmels und der Erde wohnt nicht in Tempeln, die von Menschenhand erbaut sind; ... so dürfen wir nicht meinen, die Gottheit sei gleich dem Gold, Silber oder Stein, einem Gebilde menschlicher Kunst und Erfindung.»[64]

Diese Korrektur überkommener Gottesvorstellungen fand allerdings zum Teil auch Widerstand, insbesondere dann, wenn wirtschaftliche Interessen ins Spiel kamen. So berichtet die Apostelgeschichte über einen aufschlussreichen Vorfall in Ephesus: «Um jene Zeit entstand ein gewaltiger Aufruhr wegen der (von Paulus vorgetragenen) Lehre. Ein Silberschmied namens Demetrius verschaffte durch Anfertigung von silbernen Artemistempelchen den Handwerkern bedeutenden Verdienst.

Diese und andere derartige Handwerker rief er zusammen und sprach: ‹Ihr Männer, wie ihr wisst, fließt aus diesem Gewerbe unser Wohlstand. Nun seht und hört ihr aber, wie dieser Paulus durch seine Lehre, das seien keine Götter, die von Menschenhänden gemacht werden, nicht nur in Ephesus, sondern in fast ganz Asien viel Volk überredet und abwendig macht. Dadurch droht nicht bloß unser Erwerbszweig in Missachtung zu kommen, sondern auch das Heiligtum der großen Göttin Artemis wird in Verachtung gebracht, ja sie selbst, die doch ganz Asien, ja alle Welt verehrt, wird ihrer Majestät verlustig gehen.›»65 Derartige Vorfälle blieben jedoch Episoden.

Tatsächlich kam es dem Christentum bei der Missionierung im griechisch-römischen Kulturraum damals zugute, dass es den geistigen Fortschritt repräsentierte. Gegenüber den überlieferten Mythen und Gottesvorstellungen gab es auch innerhalb der philosophischen Strömungen der Zeit eine kritische Haltung. Damit verband sich eine allgemeine Tendenz zum Monotheismus. An derartige Strömungen konnten die als «Kirchenväter» bezeichneten Vordenker der damaligen Christenheit anknüpfen. Sie hatten durchweg ein positives Verhältnis zur Vernunft und zum vernünftigen Denken. Eine vorübergehende Gegenströmung, als deren Wortführer Tertullian (160-225) formulierte «Die Philosophen sind die Patriarchen der Häretiker»[66], konnte keinen dauerhaften Einfluss gewinnen.

Die Wahrheit und Realität Gottes gab den Christen auch die Kraft, alle Anfechtungen durchzustehen, denen sie von aufgehetzten Volksmassen und zunehmend auch von den politischen Instanzen ausgesetzt waren. Als erster Kaiser ordnete Decius (249-251) an, die Teilnahme am Kaiseropfer durch Bescheinigungen zu kontrollieren.[67] Wer die Teilnahme verweigerte, wurde mit dem

Tode bestraft. Die Christen waren jedoch davon überzeugt, dass der Kaiser nur vordergründig die höchste politische Instanz sei. Bezeichnenderweise lautet der Schlusssatz der Märtyrerakten, der in ähnlichen Worten häufig wiederkehrt: «Es litt aber der Knecht Gottes Maximus in der Provinz Asien unter dem Herrscher Decius und dem Statthalter Optimus – unter der Königsherrschaft unseres Herrn Jesu Christi, dem da ist die Herrlichkeit in alle Ewigkeit. Amen.»[68]

Die Verfolgungen der Christen erreichten einen letzten Höhepunkt unter Kaiser Diokletian. Er ging mit der ihm eigenen Planmäßigkeit vor. Kaiserliche Edikte befahlen, die Kultstätten zu zerstören, die Heiligen Schriften auszuliefern und die Priester zum Staatsopfer zu zwingen. An alle Soldaten ging der strikte Befehl, am Kaiseropfer teilzunehmen. Zahlreiche Christen wurde zu Tode gebracht. Aber auch dieser Sturm ging vorüber.

Nach dem Rücktritt Diokletians im Jahre 305 stellten seine Nachfolger die Verfolgung ein, und im Jahre 313 erließ Kaiser Konstantin – zusammen mit dem Regenten des Ostens – zu Mailand ein Toleranzedikt, das den Christen ausdrücklich freie Religionsausübung gestattete, «damit die Gottheit und das himmlische Wesen, wer es auch sein mag, uns und allen unseren Untertanen gewogen und gnädig sei».[69]

Entgegen den Befürchtungen mancher staatstreuer Römer bedeutete der mit dem Bekenntnis zum Christentum verbundene Verzicht auf den Kaiserkult faktisch keinerlei Minderung des kaiserlichen Ansehens.

Im Gegenteil: An die Stelle eines rein formalen Opfers war die echte Verehrung des Kaisers als des irdischen Stellvertreters des allbeherrschenden Gottes getreten. Von ihm erwartete man sich Segen und Heil. Kennzeichnend dafür ist eine Münze, welche die Standarte Konstantins mit dem Namen Christi zeigt samt der Beischrift «spes publica – die politische Hoffnung».

Die Problematik der so dokumentierten Haltung zeigte sich erst im Zuge der weiteren Entwicklung. Unter Konstantins Nachfolgern wurde das Christentum schließlich nicht nur toleriert, sondern zur offiziellen Religion des Römischen Reiches gemacht. Die alten

Staatspriesterschaften verloren jede staatliche Unterstützung. Ihr Besitz wurde zugunsten des Kaisers und der Kirche eingezogen. Trotz erbitterten Widerstandes zahlreicher Senatoren wurde die Statue der Victoria aus der Kurie entfernt. In einzelnen Teilen des Reiches wurden Heiden angefeindet und verfolgt. Die Christen gerieten in Gefahr, als das «auserwählte Volk» des Neuen Bundes ein unangemessenes Selbstbewusstsein zu entwickeln, andere Menschen mit einem fragwürdigen Überlegenheitsgefühl zu behandeln und sie notfalls mit Druck oder gar Gewalt zu «ihrem Heil» zu zwingen.

Nicht zu Unrecht ist zuweilen auf die Problematik einer «offiziellen» religiösen Neuorientierung durch staatliche Instanzen und auf den dadurch ausgelösten allgemeinen Trend hingewiesen worden. Polemisch wurde formuliert: Damals sei die Kirche von einer Kirche der Bekenner zu einer Kirche der Mitläufer geworden. Das ist allerdings eine einseitige Interpretation.

Geschichtliche Tatsache ist: Während vor der Konstantinischen Wende nach wissenschaftlichen Schätzungen etwa zehn Prozent der Reichsbevölkerung Christen waren, gehörten ein halbes Jahrhundert später nahezu alle Bewohner des Römischen Reiches der Kirche an. Jedoch erfolgte insgesamt die mit der Konstantinischen Wende eingeleitete Hinwendung zur Kirche aus freien Entscheidungen. Damit war – unbeschadet einzelner erfreulicher und auch unerfreulicher Begleiterscheinungen – die damals bekannte «Kulturwelt» mit innerer Zustimmung für das Christentum gewonnen. Das bedeutete einen entscheidenden Schritt zur Verwirklichung des Auftrags Jesu Christi, «alle Völker zu Jüngern» zu machen.

Ungeklärt war jedoch zunächst, welche Stellung der Kaiser in der Kirche einzunehmen habe. Als ranghöchstes Mitglied fühlte er sich als deren Repräsentant und berief, wie im Folgenden noch darzulegen ist, auch die entscheidenden Konzilien der damaligen Zeit ein. Dennoch kam die Tendenz zum sogenannten «Caesaropapismus» geschichtlich nicht zum Zuge. Da die Kirche zur Zeit der Konstantinischen Wende ihrerseits bereits eine eigene relativ gefestigte Organisationsstruktur hatte, gelang es weder Konstantin noch seinen Nachfolgern als Kaiser auch die «Herrschaft» über die Kirche auszuüben.

Das gilt insbesondere für den westlichen Teil des Römischen Reiches, in dem die Autorität des römischen Bischofs als Papst nicht nur grundsätzlich, sondern auch faktisch allgemein anerkannt wurde. So blieb die Kirche auch nach der Konstantinischen Wende eine eigene Institution. Ausdrücklich formuliert und proklamiert wurde die Eigenständigkeit von Staat und Kirche von Papst Gelasius im Jahre 494: «Eine wahre Verbindung von Königtum und Priestertum gebe es nur in Christus. Jede menschliche Nachahmung der göttlichen Machtfülle sei Teufelsblendwerk. Denn wegen der Gefahr des Stolzes habe Gott eine weise Gewaltenteilung getroffen. Die christlichen Kaiser seien für das ewige Leben auf die Päpste, die Päpste für die zeitlichen Dinge auf die kaiserlichen Anordnungen angewiesen.»[70]

Durch die Trennung von Kirche und Staat bzw. von geistlicher und weltlicher Gewalt gewann der Mensch im Rahmen der geschichtlichen Entwicklung zugleich einen persönlichen Freiheitsraum: Niemand konnte ihm in jeder Hinsicht bzw. in allen Lebensbereichen Weisungen erteilen, und umgekehrt konnte er sich nicht mehr «blindlings» auf eine einzige Autorität verlassen. Es gab legitime Ansprüche mehrerer Autoritäten. Sie stimmten zwar in vielen Fragen überein. Sie konnten jedoch auch in Konflikt miteinander stehen. Daher erhob sich schon früh die Frage, wonach sich der einzelne Mensch in solchen Fällen jeweils zu richten habe.

Das kritische Denken des einzelnen Menschen war dadurch in einer neuen Weise herausgefordert.

Die Hoffnung Konstantins, dass der Christengott als spes publica Rom für alle Zukunft beistehen werde, wurde schwer erschüttert, als die Westgoten im Zuge der Völkerwanderung im Jahre 410 Rom einnahmen. Da diese alte Hauptstadt des Reiches seit dem Galliersturm – also seit 800 Jahren – kein äußerer Feind mehr betreten hatte, ging eine Erschütterung durch die ganze Welt. Selbst im fernen Betlehem erwartete der Kirchenvater Hieronymus, dass nach dem Fall der Stadt Rom das Ende der Welt bevorstehe.

In Rom selbst wiesen die letzten heidnischen Senatoren grollend darauf hin, man habe ja gegen ihren Willen die Statue der Siegesgöttin Victoria aus der Kurie entfernt; jetzt sei offenbar, dass Jupiter ein besserer Schützer der Stadt gewesen sei als der neue von den Christen verehrte Gott. Tatsächlich hatte sich die «politische Hoffnung» Konstantins nicht erfüllt. Daher fragten auch viele Christen kleinmütig, ob denn die Apostelfürsten Petrus und Paulus nicht in der Lage seien, die Stadt ihrer Gräber zu schützen.

In dieser Ratlosigkeit griff der größte der abendländischen Kirchenlehrer, Aurelius Augustinus, zur Feder. Der ehemals heidnische Rhetor fragte kritisch nach dem Gang der Weltgeschichte insgesamt und akzentuierte ihre Deutung völlig neu. Ob Rom Feinden in die Hände falle oder nicht, sei nicht entscheidend. Denn das grundlegende Thema der Weltgeschichte sei nicht das Schicksal des Römischen Reiches, sondern das Wirken der civitas Dei, des Gottesreiches, samt seiner Auseinandersetzung mit dem Reich des Bösen. In diesen Kampf sei jeder Einzelne hineingestellt, in jedem einzelnen Menschen falle die Entscheidung, zu welcher civitas er gehöre.

Diese Auffassung bedeutete eine völlig neue Konzeption der Weltgeschichte: Es ging nicht mehr primär um das Schicksal der großen politischen Gebilde, um den Aufstieg oder Untergang von Staaten und Völkern. Die Geschichte erhielt vielmehr eine zutiefst theologische Interpretation, in der jeder einzelne Mensch weltgeschichtliche Bedeutung gewann. Denn jeder einzelne Mensch hatte Dank der Liebe Gottes einen unersetzbaren Wert. Es gab niemanden mehr, dessen Geschick als völlig uninteressant und als unerheblich betrachtet werden durfte. Von daher konnte im Laufe der weiteren Jahrhunderte der Grundgedanke von der Würde jedes einzelnen Menschen auch als geschichtlich-politisches Postulat entwickelt werden.

Als Ergänzung für seine grundlegenden Gedanken zur Deutung der Geschichte veranlasste Augustinus den spanischen Priester Orosius, eine Weltgeschichte zu schreiben. In ihr legte er den niedergedrückten Zeitgenossen dar, es habe in der Welt immer schon Unglück gegeben und die christlichen Zeiten seien durchaus nicht unglücklicher als die vorausgegangenen. Bei der Durchführung seiner Aufgabe zog Orosius alle damals vorhandenen Geschichtswerke heran und schuf auf diese Weise ein Werk, das in Pauly-Wissowas Realenzyclopädie mit vollem Recht als die «erste in sich geschlossene und literarisch hochstehende Welt- und Universalgeschichte» bezeichnet wird. Zwar gab es unbestreitbar schon lange vor Orosius hin und wieder Anspruch auf Welt*herrschaft*, der von einzelnen Reichen bzw. ihren Herrschern erhoben wurde. Welt*geschichte* jedoch ist mehr: Sie bedeutet eine Konzeption, welche – unbeschadet verschiedener räumlicher und zeitlicher Zugehörigkeit – die einzelnen politischen Gebilde übergreift und ihre Veränderungen in einen größeren geschichtlichen Zusammenhang stellt.

Natürlich umfasst – objektiv betrachtet – die Weltgeschichte des Orosius keineswegs die Geschichte aller Völker, da selbstverständlich die damals noch unbekannten Erdteile in ihr keine Erwähnung finden. Entscheidend ist jedoch, dass Orosius die gesamte damals bekannte Menschheit in seine Darstellung einzu-

Paulus (10-64)
Völkerapostel

Augustinus (354-430)
deutet die Weltgeschichte neu

beziehen sucht, und dass dank der von Augustinus entwickelten Konzeption auch der «Rest der Welt» grundsätzlich einbezogen werden konnte. Der Glaube an den einen Gott als den Schöpfer der Welt und den Herrn aller Völker hatte nunmehr in der Konzeption der Geschichte als Weltgeschichte den ihm gemäßen Ausdruck gefunden.

So hatte das Christentum in kritischer Auseinandersetzung mit vorgefundenen Auffassungen den zunächst nur von den Juden vertretenen Monotheismus in seiner nunmehr trinitarischen Ausprägung der damals bekannten Welt übermittelt und es hatte zugleich eine neue Interpretation der Weltgeschichte zur Anerkennung gebracht, in der jedem einzelnen Menschen weltgeschichtlich relevante Bedeutung zugesprochen wurde.

4. Die Weiterentwicklung kritischen Denkens und Glaubens im Mittelalter

Wie dargelegt wurde, hat das Christentum den zunächst nur von den Juden vertretenen Monotheismus in seiner nunmehr trinitarischen Ausprägung der damals bekannten Welt übermittelt. Diese trinitarische Ausprägung war jedoch zunächst Gegenstand innerkirchlicher Überlegungen und Auseinandersetzungen. Wenngleich schon das Alte Testament eine gewisse Offenheit zum trinitarischen Gottesverständnis hat,[71] so betont es doch unübersehbar: «Der Herr, unser Gott, ist einer.»

Diese Tatsache ist in jüngster Zeit nochmals von dem jüdischen Denker Chalom Ben-Chorin herausgestellt worden: «Wir kennen keinen Sohn Gottes und erwarten ihn nicht für die Zukunft, sondern wir wissen allzumal, dass wir alle ‹Kinder des lebendigen Gottes› sind, und dass er unser aller Vater und König ist ... Gott bleibt in jüdischer Sicht immer Gott, und der Mensch bleibt immer Mensch, und selbst der Messias, wenn er ihn erwartet, wird als Mensch von Fleisch und Blut gedacht, nicht als ein dem Vater wesensgleicher Sohn: ‹Ganzer Gott und ganzer Mensch› – wie das Dogma heißt. Israel bekannte und bekennt – und solange ein Jude Atem in sich hat, wird er bekennen: ‹Höre, Israel, der Herr, unser Gott, der Herr ist einer.› Wie sollte da der Sohn mit dem Vater in diese Einheit gesetzt und gar noch durch eine dritte Person, den Heiligen Geist, komplettiert werden? Das ist abermals eine Vorstellung, die das hebräische Glaubensdenken nicht vollziehen kann und nicht vollziehen will, denn die wahre Einzighaftigkeit und Einheit Gottes, das unantastbare ‹Eschad›, würde dadurch in für uns unvorstellbarem Sakrileg verletzt.»[72]

Diese jüdische Überzeugung wurde in jüngster Zeit nochmals offiziell von der höchsten dafür zuständigen Stelle bestätigt. Im März 1979 entschied der oberste Gerichtshof Israels in Jerusalem, dass Juden, die an Jesus als ihren menschlichen Messias glauben, als Juden anerkannt werden können, dass jedoch der Glaube an die Trinität, die Inkarnation und die Gottessohnschaft Jesu mit dem Judentum unvereinbar sei.

Dementsprechend erwartete schon das alte Israel zwar einen verheißenen Messias, jedoch keineswegs einen Sohn Jahwes. Erst durch die Offenbarung Jesu Christi, der sich in der Art wie er vom «Vater» sprach[73] in unüberhörbarer Eindeutigkeit als dessen «Sohn» zu erkennen gab und der den Heiligen Geist als den kommenden Beistand verhieß, den der Vater senden werde[74], wurde der monistische Gottesglaube in Frage gestellt. Das war auch für die Jünger Jesu, die ja Juden waren, und die frühen Christen zunächst schwer begreiflich. Daher dauerte es noch etwa drei Jahrhunderte, bis der Glaube an den *einen,* jedoch trinitarischen Gott in der Weise formuliert wurde, wie ihn heute alle Christen im Glaubensbekenntnis sprechen.

Wie das Neue Testament in all seinen Schriften bekundet, wurde der überkommene Monotheismus selbst jedoch weder durch den Anspruch Jesu Christi noch durch die Verheißung des Heiligen Geistes jemals in Frage gestellt. Die alte Wahrheit, dass der Herr unser Gott einer ist, ist auch das klare Bekenntnis der Jünger Jesu und der gesamten Christenheit. Angesichts dieses unumstrittenen Bekenntnisses stellte sich um so dringender die kritische Frage, wie die Einheit des Sohnes mit dem Vater und wie das Verhältnis des Heiligen Geistes zu beiden zu verstehen sei.

Hierüber hat es unterschwellig schon in den ersten Jahrhunderten Auseinandersetzungen gegeben, die jedoch angesichts der Unterdrückung der Kirche durch den Staat zunächst nicht in voller Schärfe entbrannten.

Nach der Konstantinischen Wende jedoch propagierte der Priester Arius (ca. 265-336) in dieser umstrittenen Frage eine zwar um Vermittlung bemühte, jedoch höchst problematische Antwort. In Sorge um den Glauben an den einen Gott verkündete er, Jesus Christus sei zwar als erstes Geschöpf mit göttlichen Kräften ausgestattet, aber nicht ewig und wesensgleich mit dem Vater. Dabei bezog er sich auch auf eine Stelle des Alten Testaments, wo es von der Weisheit, die er mit dem Schöpferwort Gottes, dem Logos, identifizierte, heißt: «Gott schuf mich als Anfang seiner Wege.»[75] Demgegenüber hielten die meisten Christengemeinden unter der geistigen Führung Alexandrias, wo Athanasius zunächst als Diakon, seit 328 als Bischof wirkte, an dem schon im Neuen Testament verankerten Gedanken einer ungeschmälerten Gottheit Jesu Christi fest.

Um die Einheit «seiner Kirche» zu wahren bzw. wiederherzustellen, berief Kaiser Konstantin im Jahre 325 ein Konzil nach Nikäa in Kleinasien. Über 300 Bischöfe, vor allem aus dem Ostteil des Reiches, waren anwesend. Der römische Bischof wurde durch Legaten vertreten. In großer Einmütigkeit verkündete das Konzil als Lehre der Kirche, Christus sei «Gott von Gott, Licht vom Lichte, wahrer Gott vom wahren Gott, gezeugt, nicht geschaffen, gleicher Wesenheit mit dem Vater».

Der Streit innerhalb der Christenheit war jedoch mit dem Konzil von Nikäa und seinen Beschlüssen noch nicht beendet. Vorübergehend konnte es scheinen, als halte nur der Westen mit dem Papst an dem trinitarischen Bekenntnis des Konzils fest, während im Osten arianische Auffassungen die Oberhand gewännen.

Schließlich bestätigte jedoch Theodosius (379-395), der letzte Kaiser des Gesamtreiches, die Autorität des römischen Bischofs in Glaubensfragen. Er mahnte ausdrücklich: «Wir wollen, dass alle unsere Untertanen an dem den Römern vom heiligen Apostel Petrus überlieferten Glauben festhalten»[76] und veranlasste auch den östlichen Teil des Römischen Reiches, den Arianismus aufzugeben. Entscheidend dafür war ein Konzil, das er im Jahre 381 nach Konstantinopel berief. Es verurteilte den Arianismus endgültig und klärte auch die Stellung des Heiligen Geistes im trinitarischen Gottesverständnis, indem es formulierte:

«Wir glauben an den Heiligen Geist,
der Herr ist und lebendig macht,
der aus dem Vater (und dem Sohne)[77] *hervorgeht,*
der mit dem Vater und dem Sohn angebetet
und verherrlicht wird ...»

Mit dieser Formulierung bekannte sich die Kirche klar und eindeutig zu dem einen, jedoch dreipersonalen Gott. Wie spätere Theologen herausgearbeitet haben, ergibt sich diese Lehre nicht nur aus den Grundaussagen des Neuen Testaments, sondern sie hat auch in sich eine beachtenswerte Plausibilität. Es gehört offenbar zum Wesen der Person – das gilt nachweisbar für die menschliche Person – auf andere Personen bezogen zu sein. Sofern man Rückschlüsse von der menschlichen Person, die nach dem Bilde Gottes geschaffen wurde, auf Gott ziehen darf, ist ein personaler Gott nur als trinitarischer Gott vorstellbar, da nur in ihm personale Relationen möglich sind.

Zugleich wird dadurch die Liebe als Motiv der Schöpfung offenbar. Jede Liebe drängt über sich hinaus. So wird die innertrinitarische Liebe Gottes zum Motiv der Schöpfung, die ihrerseits auf Erwiderung dieser Liebe und somit auf den Menschen abzielt und – wie auch das Neue Testament bekundet – in der Menschwerdung Gottes selbst ihren Höhepunkt findet.

Allerdings war der Arianismus auch mit dem Konzil von Konstantinopel noch nicht endgültig überwunden, denn inzwischen hatte eine Reihe germanischer Völker das Christentum in dieser Form angenommen. Daher dauerte es noch bis ins 7. Jahrhundert, bis alle christlichen Völker sich zum Trinitätsglauben bekannten.

Im gleichen Jahrhundert fand jedoch der nichttrinitarische Monotheismus eine neue Ausprägung im Islam. Dessen Gründer Mohammed stand als arabischer Kaufmann in Verbindung mit jüdischen Händlern, die sich in großer Zahl in Städten Arabiens niedergelassen hatten. So gewann er einen Einblick in die jüdische Religion. Auf seinen Reisen lernte er auch das Christentum kennen und war anscheinend beeindruckt vom Leben christlicher Mönche und Einsiedler, die sich in die Wüste zurückgezogen hatten.[78] Er schloss sich jedoch weder dem Judentum noch dem Christentum an. Aber er empfand, dass beide in ihrer Verehrung des einen Gottes den arabischen Götterkulten überlegen waren. Zugleich erkannte er die moralische Reformbedürftigkeit der arabischen Gesellschaft.

Schließlich bemächtigte sich seiner ein prophetisches Sendungsbewusstsein und er verkündigte seinen Landsleuten in Mekka zwölf Jahre lang den einen Gott Allah[79] und versicherte, er habe überirdische Erscheinungen gehabt, die er auf Weisungen des Erzengels

Gabriel offenbare. Wie die in dieser Zeit grundgelegten Suren des Koran dokumentieren, berief er sich bei seinen Predigten nicht zuletzt auf die großen Gestalten des Alten Testaments.[80] Wie jetzt Mohammed, so habe einst Abraham die Vielgötterei seines Volkes bekämpft.

Allerdings fand Mohammed bei seinen Bürgern in Mekka zunächst keinen Glauben. Im Gegenteil: Die Stadtherren begegneten ihm mit so offener Feindschaft, dass er 622 mit wenigen Getreuen nach Medina floh. Diese «Auswanderung» – Hidschra oder auch Hedschra – wurde später vom Kalifen Omar I. zum Ausgangspunkt der mit dem 15./16. Juli des Jahres 622 beginnenden und nach Mondjahren berechneten islamischen Zeitrechnung[81]. In Medina gewann Mohammed rasch eine große Anhängerschaft. Schon im Jahre 630 konnte er auch Mekka fast kampflos in seine Hand bekommen. Er «reinigte» die Kaaba von allen Götterbildern und machte sie zum Mittelpunkt einer neuen von ihm gegründeten streng monotheistischen Glaubensgemeinschaft.

Nach der Auffassung Mohammeds und seiner Anhänger ist der Islam die einzig legitime Weiterführung bzw. Wiederherstellung der einst dem Abraham zuteil gewordenen Offenbarung Gottes. Abraham aber «war weder Jude noch Christ, vielmehr war er lauteren Glaubens, ein Muslim ...»[82] Nach dieser Auffassung haben Juden und Christen den Glauben Abrahams nicht angemessen bewahrt, sondern in je eigener Weise verfälscht und aufgegeben. Daher erscheint der Islam – als einzig wahre Fortführung der Offenbarung Abrahams – legitimer, älter und erhabener als diese anderen beiden Religionen.

Vom Christentum erfolgte zudem eine klare dogmatische Abgrenzung. Eindeutig abgelehnt wird der Glaube an die Trinität: «Der Messias Jesus, der Sohn der Maria, ist (nur) der Gesandte Allahs und sein ‹Wort›, das er in Maria legte[83], und Geist von ihm. So glaubet an Allah und an seinen Gesandten und sprechet nicht: ‹Drei›. Stehet ab davon, gut ist's euch. Allah ist nur ein einziger Gott.»[84] Nach der Darstellung des Koran hat auch Jesus den Anspruch auf Gottessohnschaft nicht erhoben. So bedeutet es keine Kritik an Jesus selbst, wenn in der 19. Sure, die sich ausführlich mit Maria befasst, dessen Gottessohnschaft mit emotionaler Empörung verworfen wird. Es heißt hier unter anderem: «Und sie (die Christen) sprechen: ‹Gezeugt hat der Erhabene einen Sohn›. Wahrlich, ihr behauptet ein ungeheuerliches Ding! Fast möchten die Himmel darauf zerreißen, und die Erde möchte sich spalten, und es möchten die Berge stürzen in Trümmer, dass sie dem Erbarmer, dem es nicht zukommt, einen Sohn zu zeugen, einen Sohn beilegen.»[85] Auf diese Weise wird Jesus zwar als hervorragender Prophet anerkannt, sein der Welt das Heil vermittelnder Erlösungstod am Kreuz jedoch ausdrücklich geleugnet: «Doch ermordeten sie ihn nicht und kreuzigten ihn nicht, sondern einen ihm ähnlichen.»[86] Damit wird Jesus zu einem Propheten unter anderen, deren Reihe schließlich mit Mohammed ihren unüberbietbaren Höhepunkt und Abschluss findet.

Von einem Teil der Christen, die zuvor dem Arianismus zugeneigt hatten, wurde die Proklamierung eines nichttrinitarischen Monotheismus durch den Islam als Bestätigung ihrer Auffassung empfunden. Dies gilt insbesondere für die Bevölkerung der syrischen und afrikanischen Provinzen des Römischen Reiches, deren Bevölkerung zudem über den verhassten Steuerdruck der kaiserlichen Regierung in Konstantinopel klagte.

So wurden – aus recht verschiedenen Motiven – die Heere der Kalifen, die den Islam gewaltsam auszubreiten suchten, vielerorts freudig begrüßt. Ja, die Bewohner der syrischen und ägyptischen Städte rüsteten für ihre neuen Herren bereitwillig eine starke Flotte aus, die in der zweiten Phase der islamischen Expansion eine wichtige Rolle spielte.

Die vom Islam nicht besetzten römischen Provinzen – und ebenso die germanischen Völker, die sich inzwischen vom Arianismus abgewandt hatten – hielten jedoch an dem trinitarischen Gottesglauben fest. Auch in Spanien, auf Sizilien sowie auf der Balkanhalbinsel und in Ungarn – alles Gebiete, die vorübergehend unter islamische Herrschaft gerieten – blieb die Masse der Bevölkerung trotz damit verbundener wirtschaftlicher und gesellschaftlicher Nachteile bewusst christlich und bekannte sich somit nicht zuletzt zum trinitarischen Gottesverständnis.

Während der orthodoxe Islam rein geistig keine bedeutende Gefahr für den christlichen Glauben darstellte, kam im Zuge der weiteren Entwicklung in seinem Gefolge eine philosophische Strömung nach Europa, die einen erheblichen Einfluss gewann: Der Averroismus.

In dem damals weithin vom Islam beherrschten Spanien hatten Gelehrte grundlegende Gedanken der antiken Philosophie aufgenommen und weiterentwickelt. Einer der bedeutendsten von ihnen war Averroes (gestorben 1198). Er lehnte seine Philosophie vor allem an Aristoteles an. Dieser hatte einst – wie schon kurz erwähnt wurde[87] – die Ewigkeit der Welt proklamiert. Außerdem kannte er keine unwiederholbare Zeit, sondern nur jeweils zyklische Veränderungen, die sich ständig wiederholten. Die Averroisten bauten diese aristotelische Lehre weiter aus, so dass schließlich alle Veränderungen determiniert erschienen und weder für das souveräne Walten eines persönlichen Gottes noch für die menschliche Willensfreiheit Raum blieb.

Dadurch gerieten sie zunächst unmittelbar zu den streng orthodoxen Anhängern des Islam in Gegensatz. Aber auch mit christlichen Grundüberzeugungen waren ihre Gedanken unvereinbar. Als unter ihrer Regie die Schriften des Aristoteles vom Arabischen in das Lateinische übersetzt wurden, stellten sie eine ernsthafte Gefahr für die Offenbarungswahrheiten dar, so dass die christliche Theologie in Schwierigkeiten geriet.

Die damals zutage tretende Hilflosigkeit christlicher Denker ist um so verwunderlicher, da inzwischen die «Scholastik» als christliche Wissenschaft mit erstaunlichem Selbstbewusstsein begonnen hatte, erneut die Übereinstimmung zwischen Offenbarung und vernünftigem Denken herauszustellen. Wie dargelegt wurde, hatte schon Paulus einst erklärt, Gottes ewige Macht und Göttlichkeit seien «seit Erschaffung der Welt an seinen Werken durch die Vernunft zu erkennen».[88]

Diese Grundüberzeugung hatte die Scholastik aufgenommen und weiterentwickelt: Wenn Gott grundsätzlich auch ohne die Offenbarung erkennbar ist, dann müsste es – so glaubte man – möglich sein, die geoffenbarten Wahrheiten allesamt auch ohne «Rückgriff» auf die Schriften des Alten und Neuen Testaments mit Hilfe der Vernunft, also auf philosophischem Weg zu erkennen.

Aus diesem Gedanken heraus entwickelte Anselm von Canterbury, der «Vater der Scholastik», sein Programm. Hierzu schreibt er selbst in der Einleitung seines grundlegenden Werkes «Cur deus homo?» – «Warum Gott Mensch geworden», das er in zwei Teile gliedert: «Von ihnen enthält nun der erste die Einwürfe der Ungläubigen, die den christlichen Glauben, weil er nach ihrer Meinung der Vernunft widerspreche, zurückweisen, und die Erwiderung der Gläubigen. Und schließlich, mit Beiseitesetzung Christi, so, als ob niemals etwas von ihm gewesen wäre, beweist es mit zwingenden Gründen, dass es unmöglich sei, dass ein Mensch ohne ihn gerettet werde.

Im zweiten Buche wird ähnlich, als ob man von Christus nichts wüsste, mit nicht weniger klarer Begründung und Wahrheit gezeigt, dass die menschliche Natur dazu eingerichtet sei, dass einmal der ganze Mensch, das heißt mit Leib und Seele, der seligen Unsterblichkeit sich erfreue; und dass es notwendig sei, dass das mit dem Menschen sich vollziehe, um dessen Willen er geschaffen wurde, aber nur durch einen Mensch gewordenen Gott; und dass alles, was wir von Christus glauben, mit Notwendigkeit geschehen müsse.»[89]

Der diesem Bemühen zugrundeliegende Gedanke, dass man mit Hilfe der Offenbarung auch rein philosophisch Dinge erkennen könne, die man sonst nicht sehen würde, ist keineswegs so abwegig, wie es von manchen nichtchristlichen Skeptikern hingestellt wird. Es sei nur darauf hingewiesen, dass wir in einem verhältnismäßig dunklen Raum die einzelnen Gegenstände dann leichter und besser zu erkennen vermögen, wenn wir diesen Raum zuvor einmal beleuchtet gesehen haben. Aber wir erkennen diese Gegenstände jetzt wirklich.

Allgemein verbreitet und in diesem Sinne zum Siege geführt wurde die junge Scholastik vor allem durch Abälard. Leider ist er vielen Europäern nur durch seine Liebe zu Heloise, der Nichte des Kanonikers Fulbert, bekannt, die seinem Leben eine tragische Wende gab. Geschichtlich von größerer Bedeutung ist jedoch, dass er im Jahre 1113 in Paris eine Schule eröffnete, zu der auch zahlreiche Studenten aus den Nachbarländern nach Frankreich strömten. Wesentlich für seine philosophische Beweisführung war die Methode des «sic et non» – «ja und nein», die zugleich Titel einer seiner Schriften ist. Bei strittigen Fragen stellt er zunächst die bisher vorgebrachten Argumente beider Seiten einander gegenüber, dann sucht er durch eine dialektische Erörterung eine Lösung der scheinbaren oder wirklichen Widersprüche.

«Denn indem wir verlegen nachdenken, kommen wir zur richtigen Fragestellung, und indem wir fragen, werden wir der Wahrheit inne.» Dabei gibt Abälard die Grenzen seiner Methode zu, da die Geheimnisse der göttlichen Offenbarung die menschliche Vernunft übersteigen. Außerdem warnt er ausdrücklich vor einem Missbrauch der Dialektik.

Die Vorgehensweise der scholastischen Philosophie vollzog sich nunmehr im wesentlichen in drei Schritten:

1. *quaestio*: Die anstehende Frage wird klar herausgearbeitet.
2. *distinctio*: Die ins Spiel kommenden Begriffe werden gegeneinander abgegrenzt und deren Unterscheidungsmerkmale herausgearbeitet.
3. *disputatio*: Es erfolgt die Erörterung von Gründen und Gegengründen.

Zu einem gewissen Abschluss kam die erste Phase der scholastischen Entwicklung mit den Sentenzen des Petrus Lombardus. Hierbei handelt es sich um eine systematische Zusammenfassung der bis dahin entwickelten Theologie. Die in der Mitte des 12. Jahrhunderts erschienenen Sentenzen sind in vier Bücher gegliedert. Das erste handelt von Gott als dem absoluten Guten, das zweite von den Kreaturen, das dritte von der Menschwerdung und Erlösung und das vierte von den sieben Sakramenten, in denen uns das Heil vermittelt wird, und von den «letzten Dingen».

Zum Motiv für die Abfassung des Werkes schreibt Petrus Lombardus selbst, er wolle das Licht der Wahrheit auf den Leuchter stellen und dem nach Wahrheit Suchenden helfen, indem er ihm die Mühe nimmt, in einer Fülle von Büchern jeweils selbst das Notwendige herauszusuchen.

Bei seiner Arbeit griff er weitgehend auf die patristische Tradition zurück und berief sich insbesondere auf Augustinus, aber auch auf Hilarius, Ambrosius, Hieronymus, Gregor den Großen und andere. Sein Werk zeichnet sich insgesamt durch Klarheit und Knappheit aus. Dadurch wurde es zu einem der wichtigsten theologischen Kompendien des Mittelalters.

Trotz dieser beachtlichen Leistungen der Scholastik stand die christliche Philosophie vor einem Dilemma, als sie – insbesondere in dem geistig führenden Paris – mit den Averroisten und den von ihnen vorgetragenen Argumenten des Aristoteles in Konflikt geriet. Die Päpste erließen schließlich strenge – aber doch letztlich wirkungslose – Aristoteles-Verbote.

Diese kritische Lage wurde schließlich von den Dominikanern Albertus Magnus und insbesondere seinem Schüler Thomas von Aquin gemeistert. In einem Zwei-Fronten-Kampf gegen die Averroisten und gegen die streng kirchlichen Aristoteles-Gegner lösten sie zunächst den Aristoteles aus der einseitigen Interpretation, die er durch die Übersetzung aus dem Arabischen ins Lateinische erfahren hatte. Sie ließen ihn von einem ihrer Ordensbrüder direkt aus dem Griechischen übersetzen.

Sodann entwickelten sie – im Gegensatz zu den Averroisten – aus dem Gedanken der Ewigkeit der Welt nicht deduktiv ein philosophisches System, sondern stellten diese These selbst zunächst in Frage. Dabei griffen sie auf den aristotelischen Grundgedanken zurück, dass die Ideen durch Erforschung der Realität erkannt werden müssten. Das bedeutete konkret, aus der tatsächlich vorliegenden Welt müssten Rückschlüsse auf das, was ihr zugrunde liegt, gezogen werden. Mit dieser Methode legte Thomas von Aquin überzeugend dar, dass der gegenwärtige Zustand der Welt es keineswegs erfordere, auf deren Ewigkeit zu schließen.

Damit war der averroistischen Position ihre Basis entzogen. Allerdings bemerkt Thomas auch ausdrücklich, der *tatsächliche* zeitliche Weltanfang lasse sich nicht mit der Vernunft allein beweisen, sondern werde durch die Offenbarung kundgetan.

Diese Offenbarung setzt jedoch Gott als Schöpfer und Offenbarenden voraus. Thomas war – konform mit dem Apostel Paulus[90] – von der Richtigkeit dieser Voraussetzung überzeugt. Kronzeuge dafür war ihm der gleiche «Heide» Aristoteles, gegen dessen Lehre von der Ewigkeit der Welt er erfolgreich argumentierte. In Anlehnung an die aristotelische Metaphysik entwickelte er seine Gottesbeweise:

1. Da es Bewegung und Veränderung gibt, muss es einen ersten Beweger geben, der selbst nicht bewegt ist. 2. Da es bewirkende Ursachen gibt, muss es eine erste Ursache geben, die selbst nicht verursacht ist. 3. Da es nichtnotwendiges Sein gibt, muss es ein notwendiges Sein geben, das die Ursache alles anderen ist. 4. Da es mehr oder weniger Gutes gibt, muss es ein absolut Gutes und Vollkommenes geben. 5. Da sich eine zweckmäßige Ordnung in der Natur findet, muss es eine Intelligenz geben, von der diese Ordnung herrührt. Durch diese «Bearbeitung» bei Thomas wurde künftig der zunächst «gefährliche» Aristoteles geradezu zu *dem* Philosophen einer christlichen Konzeption.

Auf längere Sicht hatte allerdings dieser «Erfolg» der Scholastik auch eine bedenkliche Nebenwirkung. Sie hatte ihrerseits zwei Wurzeln:

1. Die aristotelische Metaphysik, aus der heraus Thomas seine Gotteslehre (quaestio 1-26) entwickelte, weiß naturgemäß nichts von der Dreifaltigkeit Gottes, also von seiner einzigartigen Personalität. Auf diese kommt Thomas erst im folgenden Teil (quaestio 27-43) zu sprechen, der über Gott als den Dreieinigen handelt. Dabei geht Thomas beim Personenbegriff von einer Definition des Philosophen Boethius aus, der die Person als «naturae rationalis individua substantia» – also als das unteilbare Selbstsein der Geistnatur – bezeichnet. Dabei wird die unabdingbar zur Person gehörige Bezogenheit auf andere Personen nicht berücksichtigt.

2. Das hängt unmittelbar damit zusammen, dass Aristoteles – ohne darin von Thomas korrigiert zu werden – für das Verständnis der Wirklichkeit ein Modell benutzt, das man als Substanz-Akzidenzien-Modell bezeichnen kann. Er war davon überzeugt, dass das in den Einzeldingen jeweils realisierte Allgemeine und begrifflich

Fassbare zugleich das Wesentliche und das wissenschaftlich Relevante sei. Demgegenüber wurde das im Einzelnen anzutreffende Besondere als relativ unerheblich und wissenschaftlich nicht erfassbar abgewertet, ohne dass nach seiner möglichen positiven Bedeutung angemessen gefragt wurde.

Gegenüber dieser Konzeption hat schon Duns Scotus (gestorben 1308) die Bedeutung der individuellen Ausprägung betont. Sie sei keine Minderung einer allgemeinen Wesenheit, vielmehr komme in ihr zur allgemeinen Wesenheit noch etwas Weiteres, durchaus Positives hinzu. Beispielhaft legt er dar, ein konkreter Mensch, wie etwa Sokrates, sei keineswegs eine unvollkommene Realisierung des allgemeinen Menschseins, sondern zum allgemeinen Menschsein trete hier etwas spezifisch Positives hinzu, nämlich – wie er es nennt – die Socratitas, also das Sokratessein.

Diese Darlegungen des Duns Scotus zeigen zugleich, dass die beiden «aristotelischen» Mängel des Thomismus zutiefst zusammengehören: Die besondere Ausprägung von Vater, Sohn und Heiligem Geist bedeutet ja keineswegs etwas nachträglich zu Gott

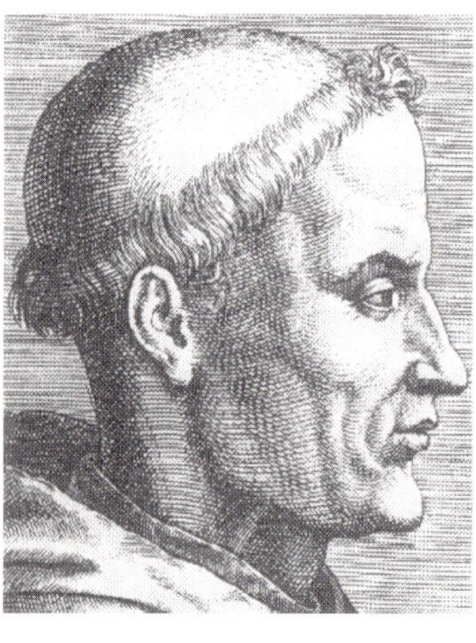

Thomas von Aquin (1225-1274)
«Der» katholische Theologe

Duns Scotus (1265-1308)
betont d. Recht des Individuums

Hinzukommendes. Da Thomas jedoch bei seiner Gotteslehre die Trinität – samt der in ihr gründenden positiven Bedeutung personaler Besonderheiten – nicht von vornherein mitbedenkt, wird auch die Bedeutung des je Besonderen und Individuellen in der Schöpfung Gottes unterbewertet und in seiner Qualität ignoriert.

Das ist umso erstaunlicher, da Thomas in seiner Lehre von der Schöpfung die Trinität hin und wieder erwähnt[91] und auch bei seiner Deutung des Sechs-Tage-Werkes zum Schluss kurz darauf zu sprechen kommt.[92] So wird unter dem Einfluss des Aristoteles in der Thomistischen Theologie die Bedeutung der Einmaligkeit des Geschaffenen, die in den unaustauschbaren göttlichen Personen ihr Urbild hat und sich in der menschlichen Person als Abbild wiederfindet, nur wenig bedacht.

Zu diesem konkreten Mangel kam in der gesamten Scholastik eine zunehmend stärkere Tendenz zur Formalisierung des Denkens. Sie hatte schon mit den klassischen drei Denkschritten – quaestio, distinctio, disputatio – begonnen und führte zu der Illusion, das begriffliche Denken könne die Wirklichkeit in jeder Hinsicht oder zumindest in allen wesentlichen Gesichtspunkten zutreffend erfassen, wenn man formal konsequent vorgehe. Infolge dieser Konzeption orientierte sich das philosophisch-theologische Denken der kommenden Jahrhunderte mehr an der formalen Schlüssigkeit abstrakter Denkoperationen als an der Fülle der konkreten lebendigen Wirklichkeit.

Die Frage nach der Wahrheit geriet in Gefahr, zu einer rein theoretischen Frage zu werden, die in einer merkwürdigen Weise «neben» der konkreten Wirklichkeit stand, diese jedoch nicht überzeugend zu deuten und entsprechend zu gestalten vermochte.

5. Kritische Infragestellung der Tradition durch Renaissance und Reformation

Neue Impulse erhielt das kritische Denken des Menschen durch eine Bewegung, die von Italien ausging und zunächst politischer Art war. Ihr Ausgangspunkt waren die italienischen Städte. Im Gegensatz zum übrigen Europa besaßen sie Stadtschulen und Fachhochschulen, in denen einzelne Fertigkeiten und Wissenschaften – insbesondere Jurisprudenz und Medizin – ohne eine strenge Bindung an Theologie und Philosophie gelehrt wurden. Das gebildete Laienbürgertum wurde zum Träger einer neuen Geisteshaltung, die sich an der Antike orientierte.

Dabei spielte nicht zuletzt die Kontinuität eines besonderen Rom-Bewusstseins eine Schlüsselrolle. «Rom» lebte nicht nur weiter im «römischen» Kaisertum des Ostens und des Westens, sondern es lebte auch weiter im politischen Bewusstsein der römischen Bevölkerung. Sie hatte schon bei der Kaiserkrönung Karls des Großen durch ihre Akklamation mitgewirkt. Im Bewusstsein der Franken war das zwar letztlich ohne Bedeutung. Aber im Bewusstsein der Römer war es mehr als eine reine Formalität. In der Stadt lebte vielmehr – im Gegensatz zur damaligen Realität – das Bewusstsein weltpolitischer Bedeutung weiter.

Wie zäh und lebendig dieses Bewusstsein war, zeigte sich auch einige Jahrhunderte später, als Friedrich Barbarossa (1152-1190) sich der Stadt näherte, um die Kaiserkrone zu erhalten. Die Römer schickten ihm eine Gesandtschaft entgegen, die ihm erklärte:

«Wir, die Abgesandten der Stadt ... sind ... vom Senat und Volk von Rom an deine Erhabenheit abgeordnet. Höre ...was dir von dieser Stadt, der segenspendenden Herrin des Erdkreises, angetragen wird ... Du erstrebst die Herrschaft über den Erdkreis; dir die Krone zu bieten, erhebe ich mich gern und komme ich freudig entgegen ... möchten doch, so wünsche ich, die alten Zeiten zurückkehren; möchten doch, so bitte ich, die Vorrechte der berühmten Stadt erneuert werden; möchte die Hauptstadt des Erdkreises unter diesem Fürsten das Steuer zurückerhalten und möchte unter diesem Kaiser der dreist sich erhebende Erdkreis gezügelt und unter die Herrschaft der Stadt zurückgeführt werden!»[93] Diese Gesandtschaft wurde damals von Friedrich Barbarossa entschieden zurückgewiesen und bleibt politisch eine Episode am Rande. Die Idee von der weltgeschichtlichen Bedeutung des römischen Volkes lebte jedoch weiter.

Einen ersten Versuch einer Realisierung dieser Idee unternahm Ludwig der Bayer (1314-1347), als er sich in Auseinandersetzungen mit dem Papst befand und seine Herrschaft von diesem unabhängig zu legitimieren suchte. Damals schrieb der auf Ludwigs Seite stehende Marsilius von Padua in seiner Schrift Defensor pacis: «Auf dem klar ausgesprochenen Volkswillen ruht Kraft und Autorität der Regierung.»[94] Sodann legte er klar, der Kaiser sei durch den Auftrag des römischen Weltvolkes – also unabhängig vom Papst – der Friedenswart der ganzen Welt. Dieser Theorie entsprechend, wurde der vom Papst gebannte Ludwig im Jahre 1328 vom römischen Volke zum Kaiser gewählt. Der Stadtregent aus dem Hause Colonna setzte ihm in der Peterskirche die Krone aufs Haupt. Auch das blieb freilich eine Episode.

Aber schon wenige Jahrzehnte später machte sich Cola de Rienzi (1313-1354) zum Vorkämpfer der Rom-Idee. Begeistert hatte er sich an der Lektüre der antiken Autoren. 1347 vertrieb er die Führer der Adelsparteien aus Rom und übernahm selbst als «Volkstribun» die Regierung. Alle Großen Italiens lud er zu einem Kongress nach Rom. In glanzvollen Reden feierte man die alte und die wiedererstehende Größe der Stadt.

Schon bald machte jedoch ein Stimmungsumschwung der Herrschaft Rienzis ein Ende. Jetzt erschien der «Volkstribun» in Prag bei König Karl IV. und mahnte ihn zum Romzug. Als Karl IV. im Jahre 1354 tatsächlich aufbrach und schon in Italien stand, kam Rienzi jedoch bei einem weiteren Versuch politischer Umgestaltung in Rom ums Leben.

Jetzt trachtete der Dichter Petrarca (1304-1374), Karl IV. für eine Erneuerung der Größe Roms zu begeistern. Dieser ließ sich zwar in Rom zum Kaiser krönen, zog jedoch dann – fast fluchtartig – wieder nach Norden ab. Verbittert erklärte ein Florentiner Chronist, «unkaiserlich wie ein Krämer» habe Karl IV. sich die

Krone geholt, die Kassen gefüllt, aber Rom und Italien seinen Nöten überlassen.

Durch den Tod Rienzis und das Verhalten Karls IV. waren die politischen Hoffnungen der italienischen Patrioten zunichte geworden. Angesichts dieser Rückschläge mahnte Petrarcas Freund Boccaccio, Rom solle sich «bemühen, als Ersatz für das gefallene Imperium durch seine Kunst und Poesie eine neue Majestät vom Kapitol her aufzurichten.»[95] Diese Mahnung traf sich mit einer geistigen und künstlerischen Bewegung, die tatsächlich schon längst im Gange war. Die Menschen wurden von einem neuen Selbstbewusstsein und einem Drang nach Lebensfülle und Lebensgenuss ergriffen. Sie strebten nach Entfaltung und Steigerung all ihrer Kräfte. Die Welt sollte neu gestaltet werden, insbesondere sollte Italien, das Land des alten Rom, in neuer Größe erstehen.

Angesichts dieses emotionalen Gestaltungswillens verblassten die als abstrakt und gekünstelt empfundenen Prinzipien der spätscholastischen Gelehrsamkeit. Eine Erneuerung der Wissenschaft schien nur durch eine neue Weltoffenheit im geistigen Kontakt mit den lebensvollen Menschen der Antike möglich. Das neue Selbstverständnis des Menschen und sein Verhältnis zur Wirklichkeit wird durch einige Sätze gekennzeichnet, die, wie Pico della Mirandola versichert, Gott zum ersten Menschen spricht. «Keinen festen Sitz, keine Gestaltung, keine besondere Verrichtung habe ich dir gegeben, auf dass du Wohnsitz, Gestaltung und Verrichtung dir selbst wählst, und was du wählst, soll dein sein. Alle anderen Geschöpfe habe ich mit einer bestimmten Natur bedacht und sie damit in feste Grenzen eingeschlossen. Dich engen keine Schranken ein. Nach deinem Willen, in dessen Hand ich dich gegeben habe, schaffst du sie dir selbst.»[96]

In diesen Sätzen wurde die geoffenbarte Grundwahrheit, dass der Mensch Geschöpf sei, nicht geleugnet. Er erhielt jedoch von Gott selbst eine Stellung zugewiesen, die ihm eine Freiheit und ein Selbstbestimmungsrecht sicherte, das die mittelalterlichen Vorstellungen sprengte oder zumindest überstieg. Während das Mittelalter die Schöpfung nicht ohne Schöpfer, den Leib nicht ohne Seele, menschliche Größe nicht ohne göttliche Gnade gedacht hatte, wurden jetzt die Bereiche der irdischen Wirklichkeit in ihrer jeweiligen Eigenständigkeit und Eigengesetzlichkeit neu entdeckt. Man erlebte in unmittelbarer Begegnung die Natur und suchte ihre Gesetze und Geheimnisse zu enträtseln. Man erfreute sich der Schönheit des Leibes und studierte die Anatomie des menschlichen Körpers, man bewunderte um ihrer selbst willen jedes Heldentum und jede menschliche Größe. Es gab künftig nicht nur den guten Helden, sondern auch den Helden im Bösen.

Diese neue Sicht war Gewinn und Verlust zugleich. Romano Guardini hat dazu kritisch bemerkt, das Mittelalter habe stets die letzte Wahrheit im Blick gehabt, aber die vorletzte, die doch auch Wahrheit sei, nur unzulänglich gesehen; die Neuzeit habe die Fülle der vorletzten Wahrheit neu entdeckt, dabei aber die letzte Wahrheit aus dem Auge verloren.[97] Das Christentum wurde zwar kaum bekämpft, aber mit einer religiös unentschiedenen Philosophie und Phantasie umsponnen. Eine Haltung bahnte sich an, aus der heraus der deutsche Humanist Mutianus Rufus schließlich schrieb: «Es gibt nur einen Gott und eine Göttin, aber verschiedene Vorstellungen und Namen davon, z.B. Jupiter, Sol, Apollo, Moses, Christus, Juno, Ceres, Proserpina, Tellus, Maria.»[98]

Wie sehr sogar das Papsttum von der neuen Bewegung ergriffen war, zeigen schon die Namen wichtiger Päpste. So nannte sich Pius II. (1458-64) nach dem «Pius Aeneas» des von ihm verehrten Vergil. Immerhin betrachtete er es noch als seine Hauptaufgabe, alle christlichen Kräfte zum Kampf gegen die Türken zusammenzufassen, während seine Nachfolger zum Teil einer päpstlichen reinen Hausmachtpolitik ihre Hauptaufmerksamkeit widmeten. Einen Tiefpunkt erreichte das Papsttum unter Alexander VI. (1492-1503) aus dem Hause Borgia. Er war geradezu das Urbild eines Renaissancepolitikers: lebenskräftig, klug, skrupellos, zu Ausschweifungen und Gewalttaten geneigt. Dazu war er um die Versorgung seiner Kinder bemüht und duldete insbesondere die machtpolitischen Pläne und Verbrechen seines Sohnes Cecare.

Sein Nachfolger Julius II. (1503-13), der seinen Namen nach dem von ihm bewunderten Julius Caesar gewählt hatte, bemühte sich zwar im Rahmen seiner Politik auch um eine Reform der

Kirche. Mit besonderem Engagement jedoch nahm er an der Spitze eigener Truppen persönlich an den Kämpfen in Italien teil und wurde bald allgemein «il terribile» genannt. Er war es, der Bramante mit dem Neubau der Peterskirche beauftragte und auch Raffael und Michelangelo nach Rom berief. Dessen Moses auf seinem Grabmal ist sein eindrucksvolles Denkmal. Ihm folgte der Mediceer Leo X. (1513-21). Er widmete sich intensiv der Kunst und Wissenschaft und gründete ein eigenes Kollegium zur Herausgabe griechischer Schriftsteller. In einem Druckprivileg für den wiedergefundenen Tacitus nannte er die klassischen Autoren «Norm des Lebens und Trost im Unglück». Damit wies er ihnen eine Rolle zu, die in vorangegangenen Jahrhunderten nur die Heilige Schrift gehabt hatte.

Hervorragende Verkörperung eines neuen Menschentyps ist Leonardo da Vinci, der Universalmensch, der alles zu begreifen und zu gestalten suchte. Er war Maler, Bildhauer und Architekt, er dichtete und musizierte, er erdachte und konstruierte Maschinen, er baute Festungen und Geschütze, betrieb exakte anatomische Studien und schrieb eine theoretische Abhandlung «Über Bewegung und Messung des Wassers», in der er die wichtigsten Gesetze der Hydrostatik formulierte. Er diente vielen Brotherren, die seine Dienste benutzten. Sein Interesse an den Rätseln der Naturerscheinungen und an der Lösung künstlerischer Probleme beherrschte ihn derart, dass er darüber die Frage nach dem «Wozu?» und «Für wen?» vernachlässigte und schließlich von sich sagte «ich diene dem, der mich bezahlt».

Künstlerisch fand die neue Haltung eindeutigsten Ausdruck in der Malerei, weil hier der Einfluss antiker Vorbilder weithin fehlte. Die neuen Meister suchten die Wirklichkeit genauer und richtiger darzustellen als ihre Vorgänger. Einer erscheinungsgetreuen Darstellung diente neben systematischen Beobachtungen und anatomischen Studien vor allem die neue Errungenschaft der Zentralperspektive. Sie ermöglicht eine eindeutige «richtige» Wiedergabe einzelner Gegenstände und der Landschaft. So erweckt sie den Eindruck höchster Objektivität, die freilich tatsächlich dadurch zustandekommt, dass die Sehweise eines einzelnen

Auges von einem bestimmten Standort aus auf eine Ebene projiziert und dadurch eine für jeden nachvollziehbare Sichtweise erreicht wird. Damit wird zugleich die Darstellungsmöglichkeit auf den Horizont des auf diesen Standort fixierten Betrachters beschränkt. Man kann diesen Horizont durch Kunstgriffe wie Fenster und Spiegel erweitern, aber was außerhalb liegt, kann und will man mit den Mitteln der Zentralperspektive nicht darstellen.

Dementsprechend suchen die Renaissancekünstler das Transzendente in den weltlichen Formen transparent und damit ansichtig zu machen. Auch Christus und seine Heiligen erscheinen primär als Teilhaber an der irdischen Wirklichkeit, wenngleich die Darstellung oft in «erhabenen» Formen geschieht. Gegenüber der künstlerischen Form als Eigenwert beginnt die Frage nach der Wahrheit und Bedeutung des Dargestellten in den Hintergrund zu treten. Ein neues Selbstbewusstsein drängt den Künstler, nicht nur die Ausführung von Bildern nach einem ihm vorgegebenen Auftrag zu übernehmen, sondern auch das inhaltliche Programm selbst zu formulieren. Neue Sparten von Bildern, wie Landschaften, Allegorien und Porträts werden in verhältnismäßig freiem Umgang mit konventionellen Prinzipien gestaltet.

Der neue Sinn für «Realität» zusammen mit einem Streben nach formaler Vollendung zeigt sich nicht zuletzt darin, dass auch für religiöse Darstellungen wie insbesondere die Darstellung Marias – hervorragendes Beispiel ist die Sixtinische Madonna – konkrete Menschen als Modell dienten und dass man es in vielen Fällen nur dem Titel des Bildes entnehmen kann, ob ein christliches Motiv, eine Szene aus dem Mythos, eine Begebenheit der Geschichte oder ein Ausschnitt aus dem normalen Leben des Menschen dargestellt ist. Bezeichnenderweise haben Bilder von Giorgione († 1510), dessen ursprüngliche Intentionen unbekannt sind, nacheinander und nebeneinander widersprechende Deutungen erfahren. Dass sie dennoch bis heute als Gipfelpunkte der Kunst angesehen werden, zeigt, in welch hohem Maße Formprobleme unabhängig vom Inhalt bearbeitet und gelöst wurden.

Die Auswirkungen der neuen Haltung auf das politische Denken spiegelt eindrucksvoll Machiavellis (1469-1527) Abhandlung «il principe» wider. Machiavelli leitet seine politischen Lehren nicht aus theologischen oder philosophischen Grundsätzen ab, sondern schöpft sie aus der Wirklichkeit, wie er sie mit wachen Augen beobachtet. Er versichert: «Nach meinem Dafürhalten ist es besser, wenn ich dem wirklichen Wesen einer Sache nachgehe als einem Phantasiegebilde von ihr.

Es ist ein außerordentlicher Unterschied zwischen der Art, wie man wirklich lebt und wie man leben sollte ... Die Erfahrung unserer Tage lehrt uns, dass bloß jene Fürsten mächtig geworden sind, die es mit Treue und Glauben leicht nahmen und sich darauf verstanden, andere zu täuschen und zu betrügen, und dass jene, welche redlich ihre Verbindlichkeiten befolgten, am Ende übel wegkamen ... Ein Fürst kann nicht so handeln, wie die Menschen gewöhnlich handeln sollen, um rechtschaffen genannt zu werden; das Staatserfordernis nötigt ihn oft, Treue und Glauben zu brechen und der Menschenliebe, der Menschlichkeit und Religion entgegen zu handeln»[99].

Mit diesen Sätzen distanziert sich Machiavelli ebenso von mittelalterlichen Fürstenspiegeln, die die Gebote Gottes zur Richtschnur fürstlichen Handelns machen, wie von den philosophischen Überlegungen des Plato, des Aristoteles und der Scholastiker, die die Gerechtigkeit als Grundlage des Staates betrachten.

Die Art der Argumentation Machiavellis hat prinzipielle Bedeutung, da sie auch auf andere Bereiche angewandt werden kann. Zur Verdeutlichung genügt es, den eben zitierten Text geringfügig zu ändern: «Die Erfahrung unserer Tage lehrt uns, dass bloß jene Geschäftsleute reich geworden sind, die es mit Treue und Glauben leicht nahmen und sich darauf verstanden, andere zu täuschen und zu betrügen, und dass jene, welche redlich ihre Verbindlichkeiten befolgten, am Ende übel wegkamen ... Ein Geschäftsmann kann nicht so handeln, wie die Menschen gewöhnlich handeln sollen, um rechtschaffen genannt zu werden. Das Geschäftsinteresse nötigt ihn oft, Treue und Glauben zu brechen und der Menschenliebe, der Menschlichkeit und Religion entgegenzuhandeln.»

Entscheidend ist, dass der Mensch der Renaissance die irdische Realität in ihrer Eigenbedeutung und Eigengesetzlichkeit entdeckt hat und es unter Berufung auf empirische Beobachtungen und reale Erfahrungen ablehnt, Prinzipien anzuerkennen, die von vornherein für alle Bereiche der Wirklichkeit in gleicher Weise gelten. Es kennzeichnet die Lage, dass Machiavelli nicht von allgemein gültigen und grundlegenden Überlegungen ausgeht und auch seine eigenen Erfahrungen nicht zu allgemeinen Prinzipien erhebt, sondern sich darauf beschränkt darzulegen, dass im politischen Bereich, den er untersucht hat, besondere Sachgesetze gelten.

Er denkt also nicht daran, das Dasein Gottes oder die Wahrheit der Offenbarung zu bestreiten. Er hat nur entdeckt, dass auch das Diesseits Gesetzmäßigkeiten hat, und billigt der diesseitigen Realität Eigenständigkeit, Eigenwert und Eigengesetzlichkeit zu. Die Folge davon ist, dass künftig richtig und falsch sowie gut und schlecht nicht nur theologisch sub specie aeternitatis, sondern auch unter dem spezifischen Gesichtspunkt des jeweiligen Sachbereichs der irdischen Realitäten betrachtet werden.

Die Darlegungen Machiavellis wirkten auf seine Zeitgenossen überzeugend. Bezeichnenderweise wurde Machiavellis «Il Principe» bis ins 18. Jahrhundert zum grundlegenden Traktat bei der Fürstenerziehung in den meisten europäischen Ländern, die damals miteinander konkurrierend um Einfluss kämpften. Dieser «Erfolg» Machiavellis ist aus der gesamten damaligen Situation gut verständlich. Allerdings beruht der Erfolg dieses machiavellistischen Denkens nicht zuletzt darauf, dass man damals noch keineswegs allgemein von vornherein auf das Täuschen und Betrügen des anderen gefasst war. Es hat sich jedoch gezeigt, dass auf längere Sicht auch im Bereich der Politik zumeist derjenige dauerhafteren Erfolg verbuchen kann, auf dessen Verlässlichkeit man aus guten Gründen insbesondere aus Erfahrung vertraut.

Der neue geistige und künstlerische Aufbruch der Renaissance blieb keineswegs auf Italien beschränkt, sondern erfasste schon bald ganz Europa. Kaiser Maximilian förderte ihn mit allen Kräften. Die Deutschen leugneten nicht, den Italienern vieles zu verdanken, aber Jakob Wimpheling rühmte seinerseits: «Auf keine Erfindung oder Geistesfrucht können wir Deutschen so stolz sein wie auf die des Bücherdrucks, die uns zu neuen geistigen Trägern der

Lehren des Christentums, aller göttlichen und irdischen Wissenschaft und dadurch zu Wohltätern der ganzen Menschheit erhoben hat. Welch ein anderes Leben regt sich jetzt in allen Klassen des Volkes.»[100]

Als Repräsentant der neuen wissenschaftlichen Haltung wurde Erasmus von Rotterdam geradezu wie ein König verehrt. Früh verwaist war er von den «Brüdern vom gemeinsamen Leben», einer freien Gemeinschaft von Priestern und Laien, in Deventer erzogen worden. Das theologische Studium an der Pariser Universität weckte in ihm Widerwillen gegen die lebensferne Scholastik. Nach seiner Ansicht war eine Erneuerung der «toten Theologie» nur «durch das Studium der alten, frommen, tugendhaften Heiden und der Kirchenväter möglich.»[101]

Liebe und Herzensfrömmigkeit sollten Früchte einer «Philosophia Christi» sein, die nicht an starre äußere Formen gebunden war. Die Bedeutung von Sakrament und Dogma trat gegenüber einem praktisch-frommen Leben zurück.

In einem Brief an den Mediceer Papst Leo X. (1513-1521) begrüßte Erasmus das begonnene neue Jahrhundert mit überschwänglichen Erwartungen: «Möge doch in diesem unserem Jahrhundert, das wahrlich ein goldenes Jahrhundert zu werden verspricht, wenn je ein goldenes gewesen ist, ich es mit ansehen können, wie unter deinen besonders glücklichen Auspizien und deiner allerheiligsten Führung jene drei vornehmen Güter des menschlichen Geschlechts wiederhergestellt werden, jene wahrhaft christliche Frömmigkeit, die auf vielerlei Weise in Verfall geraten ist, die beste Wissenschaft, die zum Teil verwahrlost, zum Teil verdorben ist, und die politische immerwährende Einheit der Christenheit, welche Quelle und Mutter ist für beide: für Frömmigkeit und Bildung.»[102]

Der neue geistige Aufbruch gab auch mannigfaltige Impulse und Anregungen für die metaphysischen Grundfragen nach Gott, Mensch und Welt. Dabei verblasste jedoch nicht nur die formalistische und rationalistische Fragehaltung der Scholastik, sondern es ging weithin auch deren geistige Konsequenz und Disziplin verloren. Der Ernst der Frage nach objektiver Wahrheit trat hinter der Ernsthaftigkeit subjektiven Empfindens und Bemühens zurück. Da sich dieses subjektiv redliche Bemühen auch bei Heiden feststellen ließ, konnten diese in einem Atemzug mit den Heiligen der Kirche genannt werden, und sogar die heidnischen Götter konnten, wie das Zitat von Mutianus Rufus zeigt[103], als alternative und gleichberechtigte Ausdrucksformen des christlichen Glaubens an den einen Gott betrachtet werden.

Das Infragestellen überkommener Auffassungen und Normen wurde auch durch die Reformation begünstigt. Sie ist keine Kirchenspaltung, wie sie im Laufe der Kirchengeschichte – von den frühen Schismen der ersten Jahrhunderte bis ins 19. Jahrhundert bei der Abspaltung der Altkatholiken – immer wieder aufgetreten sind. Anlass solcher «klassischer» Spaltungen sind jeweils unvereinbare Auffassungen in Glaubensfragen, die bis dahin noch nicht oder zumindest noch nicht eindeutig geklärt waren.

Es geht bei diesen klassischen Kirchenspaltungen also um «neue» Lehrentscheidungen der Hierarchie, die von einem Teil der Gläubigen nicht anerkannt werden. So trennten sich als letzte die Altkatholiken von der römischen Kirche, als die oft diskutierte, doch bis dahin nicht klar entschiedene Frage des Grades der Zuverlässigkeit und Verbindlichkeit von lehramtlichen Entscheidungen des Papstes auf dem ersten Vatikanischen Konzil zugunsten der Unfehlbarkeit entschieden wurde. Bei Kirchenspaltungen dieser Art erkennen beide Seiten die vor der Spaltung liegende kirchliche Entwicklung als auch ihre Tradition und die vor der Spaltung erfolgten dogmatischen Entscheidungen als verbindlich an.

Im Gegensatz zu solchen Spaltungen wendet sich Luther und seine Reformation unter Berufung auf die Auslegung der im Spätmittelalter zunehmend als höchste Autorität angesehenen Schrift gegen Teile der bis dahin anerkannten überlieferten Lehre, zuerst nur in der Lehre von Buße und Rechtfertigung, nach der Verurteilung durch Rom jedoch auch gegen den Papst und alle Lehrautoritäten, wenn deren Auffassung als der Schrift widersprechend erschien. Als offiziell bestellter Ausleger der Heiligen Schrift fühlte sich Luther gewissensmäßig an den wörtlichen Sinn der Schrift gebunden, wie er nach den Regeln damaliger Auslegung erhoben wurde. Darum unterwarf er sich auch nicht von vornherein grundsätzlich der Entscheidung eines künftigen Konzils, an das er und seine Anhänger gegen die Entscheidungen des Papstes Berufung einlegten. Vielmehr erklärte er in Konsequenz seiner Haltung unmissverständlich, dass auch Päpste und Konzilien irren könnten, wenn sie sich zum deutlichen Wortlaut der Heiligen Schrift in Widerspruch befänden.

Durch das Eigengewicht, das dadurch der in ihrem Wortlaut schulmäßig auszulegenden Schrift nicht nur gegenüber gegenwärtig anstehenden, sondern auch gegenüber vergangenen Entscheidungen kirchlicher Instanzen zufiel, stellte Luther die gesamte Lehrüberlieferung der Kirche neu zur Disposition. Alle Entscheidungen waren immer wieder neu an der Schrift zu überprüfen und zu bewähren. Die volle Tragweite dieser Auffassung Luthers hat als einer der ersten Kaiser Karl V. erkannt und die dadurch geschaffene Situation auf dem Reichstag zu Worms in die Formulierung gefasst: «Ein einfacher Mönch, geleitet von seinem privaten Urteil, hat sich erhoben gegen den Glauben, den alle Christen seit mehr als tausend Jahren bewahrten, und er behauptet dreist, dass alle Christen sich bis heute geirrt hätten»[104].

In der Sicht Luthers und seiner Anhänger dagegen handelt es sich um einen Konflikt der Schriftautorität mit der kirchlichen Lehrautorität. Diese habe sich im Laufe der Zeit zunehmend von den mit der Schrift übereinstimmenden Lehrgrundlagen der alten Kirche entfernt. Gegenüber den Vorwürfen seiner Gegner berief sich Luther immer wieder auf die Bindung seines Gewissens an die Autorität der Schrift, wie er meinte, sie verstehen zu müssen. Er lehnte den Widerruf ab, «da gegen das Gewissen handeln beschwerlich, unheilsam und gefährlich ist»[105]. Dieser Hinweis auf das Gewissen beruft sich auf die anerkannte Lehre vom Gewissen als der höchsten subjektiven Instanz für das Handeln.

Allerdings hatte diese Lehre der Kirche schon des öfteren zu schwierigen Auseinandersetzungen geführt. Denn diese subjektive höchste Norm des Handelns, also das Gewissen, war nach alter kirchlicher Lehre ihrerseits gebunden an die höchste objektive Norm des Handelns, den Willen Gottes, der sich nach seit alters herrschender Auffassung nicht zuletzt in den Geboten und in den Weisungen der Kirche dokumentiert. Dementsprechend entstanden jeweils besondere Schwierigkeiten, wenn der Wille Gottes nicht klar erkennbar war bzw. wenn es über diese Frage Konflikte zwischen kirchlichen Autoritäten und einzelnen Gläubigen bzw. auch Gruppen von Gläubigen gab.

Nochmals kompliziert wurde die Gesamtlage dadurch, dass sich die Kirche auch verantwortlich dafür wusste, dass die Gläubigen nicht durch «falsche Lehren» irregeführt würden. Die Schwierigkeit, die daraus entstehen konnte, spiegelt sich auch in Ausführungen des Thomas von Aquin wider. Er betont einerseits, dass der Gläubige seinem Gewissen sogar dann zu folgen habe, wenn es ihm die Trennung von der Kirche gebiete.

Er unterstreicht jedoch auch, dass jeder, der die Gläubigen in die Irre führt und damit ihr ewiges Heil gefährdet, unschädlich gemacht werden müsse. Dabei handelt es sich keineswegs um nur theoretische Überlegungen, sondern im Laufe der Zeit waren immer wieder einzelne engagierte Menschen, die gegen wirkliche oder vermeintliche Missstände der Kirche angingen, verurteilt und hingerichtet worden. Das bedeutete insgesamt: Trotz grundsätzlicher Anerkennung des Gewissens als höchster subjektiver Instanz neigte man in der Praxis dazu, keineswegs jede Gewissensentscheidung anzuerkennen.

Diese Praxis suchte man auch theoretisch zu «rechtfertigen», indem man das Gewissen eines Christen, das ein Leugnen eindeutig anerkannter Lehren der Kirche oder eine grundsätzliche Ablehnung von deren Autorität gebot, als «schuldhaft irrig» bezeichnete. Nur einem Nichtchristen gestand man eine nichtschuldhafte abweichende Glaubensüberzeugung und Gewissensentscheidungen zu. Dass ein Christ ohne Schuld die bisher anerkannte Lehre der Kirche bestreiten könne, konnte oder wollte man sich nicht vorstellen, ebensowenig, dass die Erfahrungen mit der konkreten Kirche so irritierend sein könnten, dass auch Gutwillige in ihr die Kirche Jesu Christi nicht mehr zu erkennen vermöchten.

Jetzt jedoch beruft sich Luther, herausgefordert durch die Situation samt der kirchlichen Missstände seiner Zeit, bei der

Verwerfung bisher anerkannter Glaubensinhalte auf sein Gewissen und fordert, diese Gewissensentscheidung anzuerkennen. Er ist damit Repräsentant einer allgemeinen Entwicklungstendenz: Die evangelischen Fürsten auf dem Speyerer Reichstag von 1526 argumentieren gleicherweise und verweigern der Mehrheit den Gehorsam, weil «in Sachen Gottes Ehre und unser Seelen Heil und Seligkeit belangend ein jeglicher für sich selbst vor Gott stehen und Rechenschaft geben» muss. Mit dieser Erklärung wurde die Berufung auf das Gewissen – zunächst in Verbindung mit der Autorität der Schrift – zu einem Argument, das politisch respektiert zu werden beanspruchte.

Die Berufung auf die Gewissensfreiheit bedeutet allerdings faktisch zunächst keine völlige Freigabe der Urteilsbildung. Auch auf protestantischer Seite konnten Konflikte insbesondere zwischen Wissenschaft und kirchlicher Lehre entstehen. Wenn Behauptungen und Ergebnisse profaner Wissenschaften im Gegensatz zu Aussagen der Schrift traten, wurden auch evangelische Kirchenbehörden reglementierend aktiv.

Jedoch wurde die Selbständigkeit der profanen Wissenschaften begünstigt durch Luthers Lehre von den beiden Reichen, der Kirche als dem Reich Christi und dem Reich der Welt, in dem Gottes Wille nur auf die Erhaltung seiner Schöpfung zielt, die maßgeblich der menschlichen Vernunft anvertraut ist. Die wissenschaftliche Vernunft konnte sich daher auf ihre Autonomie in der Welterkenntnis berufen, auch wenn ihre Ergebnisse in Fragen der Astronomie oder Physik, der Chronologie und zunehmend auch hinsichtlich historischer Fakten in Widerspruch zu Aussagen der Schrift gerieten. Insofern trug die neue Glaubensauffassung zur Stärkung des Bewusstseins von der Unabhängigkeit wissenschaftlicher Forschung und praktischer Weltgestaltung bei.

Die Glaubensdifferenzen führten in der Folgezeit zwischen Katholiken und Lutheranern, aber auch zwischen Lutheranern und Calvinisten zu erbitterten Auseinandersetzungen. Sie entluden sich in vielen europäischen Ländern in blutigen Bürgerkriegen und in zahlreichen Mordtaten. Dabei lässt sich weder der einen noch der anderen Seite die größere «Schuld» oder Brutalität nachweisen.

Dagegen ist unbestreitbar, dass sich in vielen Fällen innen- und nicht zuletzt auch außenpolitische Motive mit konfessionellen Parteinahmen verbanden. Hervorragendes Beispiel dafür ist der Dreißigjährige Krieg mit dem Eingreifen immer weiterer Mächte.

Nach einem Jahrhundert vergeblicher Anstrengungen, die konfessionellen Gegensätze politisch oder kriegerisch zu überwinden, stand man vor der Notwendigkeit, politische Kompromisse zu schließen und das gemeinsame Leben und Denken auf vom Konfessionsstreit unabhängige Grundlagen zu stellen.

Hinweise auf religiöse Überzeugungen wurden schon durch die Tatsache der Spaltung der Christenheit selbst relativiert und damit entwertet. In einer konfessionell gespaltenen christlichen Welt, die außerdem zunehmend Kontakte mit nichtchristlichen Völkern pflegte, war es aus pragmatischen und methodischen Gründen naheliegend, bei dem Bemühen um allgemein verbindliche Feststellungen von einem «Rückgriff» auf Gott und die Offenbarung abzusehen. Die höchste objektive Norm des Handelns, der Wille Gottes, war umstritten und dadurch als fester Orientierungspunkt für das Gewissen, die höchste subjektive Instanz des Handelns, fragwürdig geworden. In dieser Lage wurde anstelle der Offenbarung Gottes die – von persönlichen Glaubens- und Gewissensentscheidungen vermeintlich unabhängige – wissenschaftliche Argumentation zur allgemein anerkannten Diskussionsbasis der europäischen Christenheit.

Kennzeichnend für die neue Lage ist die Entwicklung des internationalen Rechtes. Als Hugo Grotius ein Völkerrecht zu schaffen suchte, das von allen Menschen ohne Rücksicht auf nationale und religiöse Verschiedenheiten anerkannt werden müsse, berief er sich auf das «Naturrecht». Dabei verzichtete er nicht nur darauf, dieses Naturrecht in irgendeiner Form ausdrücklich auf Gott zurückzuführen, sondern er versicherte, dass selbst Gott dieses Recht nicht zu ändern vermöge und dass es auch dann bestünde, «wenn es keinen Gott gäbe». Durch seine Darlegungen und Argumentationen suchte Hugo Grotius – obgleich er wahrscheinlich persönlich vom Dasein Gottes überzeugt war – eine von Gott völlig unabhängige Rechtsordnung zu schaffen, auf deren Grundlage Menschen verschiedener Religionen und Weltanschauungen ihre Angelegenheiten regeln konnten. Damit wurde die Jurisprudenz zu einer autonomen Wissenschaft ohne jede Rückbindung an die Theologie; im Rechtsdenken brach die Neuzeit an.

Allerdings wurde – das muss kritisch hinzugefügt werden – durch die Lösung von religiöser Gebundenheit das Recht keineswegs «objektiver». Es wurde in einer eigenen Weise manipulativ eingesetzt von denen, die es darlegten und handhabten. Bezeichnenderweise befasste sich eine der ersten grundlegenden Schriften des Hugo Grotius mit dem Thema «Über das Beuterecht». Hierin versuchte er, die räuberischen Praktiken niederländischer Seefahrer mit juristischer Spitzfindigkeit zu rechtfertigen.

Insgesamt war durch die kritische Infragestellung der theologischen und philosophischen Tradition durch Renaissance und Reformation die bisherige relative Geschlossenheit europäischen Denkens zerbrochen. Die Theologie hatte ihre Schlüsselstellung weithin verloren. An ihre Stelle war die wissenschaftliche Argumentation als übergreifendes Prinzip getreten. Sie schien als einzige dem neuen kritischen Denken zu genügen.

Martin Luther (1483-1546) hinterfragt die Tradition

Kaiser Karl V. † 1576. Sucht die Einheit der Kirche zu wahren.

6. Neue kritische Impulse durch Naturwissenschaften und Aufklärung

Die Hinwendung zur konkreten irdischen Wirklichkeit in der Renaissance brachte nicht zuletzt neue Impulse zur Erforschung der Natur. Es sei nur an Leonardo da Vinci erinnert, der zwar primär als Künstler in die Geschichte eingegangen ist, jedoch auch eine theoretische Abhandlung «Über Bewegung und Messung des Wassers» geschrieben hat.

Entscheidend für die Begründung der neuzeitlichen Naturwissenschaften sind jedoch nicht einzelne Erkenntnisse, auch nicht die vielberufene kopernikanische Wende, die die Sonne zum Mittelpunkt unseres Planetensystems macht, noch Keplers Entdeckung, dass die Planeten sich nicht auf einfachen Kreisbahnen, sondern auf elliptischen Bahnen bewegen. Diese Entdeckungen erforderten gewiss in vieler Hinsicht ein Umdenken. Aber dieses Umdenken hätte sich innerhalb des alten wissenschaftlichen Systems vollziehen können.

Entscheidend für den Bruch zwischen mittelalterlichem und neuzeitlichem Denken war der Sieg neuer wissenschaftlicher Methoden und eine damit verbundene Neuorientierung der wissenschaftlichen Fragestellung. Dieser Sieg wurde nicht durch Kopernikus und Kepler, sondern durch Galilei errungen.

Gegenüber der mittelalterlichen Naturwissenschaft, die ihre Schlüsse entweder spekulativ aus der Theologie und der Philosophie entwickelte oder sich mit einer bloßen Zusammenfassung von Naturbeobachtungen begnügte, sucht Galilei die Beziehungen zwischen den Erscheinungen in mathematischen Naturgesetzen zu erfassen; denn das Buch der Natur ist seiner Überzeugung nach in mathematischer Sprache geschrieben. Gott habe die Welt nach Maß und Zahl geordnet.[106]

Seine Gegner, die sich auf die anerkannten Denker der Antike und des Mittelalters beriefen, weist Galilei entschieden ab: «Kommt mit Gründen, nicht mit Texten und Autoritäten; denn wir haben es mit der Welt unserer Sinne, nicht mit einer Welt von Papier zu tun. In den Naturwissenschaften, deren Folgerungen wahr und notwendig sind, können tausend Demosthenes und tausend Aristoteles nicht der Sache zum Trotz wahr machen, was falsch ist»[107]. Durch solche Sätze unterstreicht Galilei in einer für die damalige Zeit herausfordernden Weise die Eigenständigkeit der Naturwissenschaften und lehnt jede Bevormundung durch Theologie und Philosophie ab.

Seine Naturgesetze fand er durch eine Verbindung von empirischen Beobachtungen und mathematischem Denken. Dabei spielt das Experiment die wichtige Rolle einer gezielten Frage an die Natur. Allerdings wird sie im Experiment nicht so befragt, wie man sie unbeeinflusst vorfindet, sondern sie wird zunächst verändert. Erst die planvolle Veränderung der Natur im Experiment ermöglicht die Formulierung von exakten Naturgesetzen.

Die Ambivalenz dieses Vorgangs wird deutlich, wenn man sich zwei Interpretationen vor Augen hält, die in der Folgezeit vorgebracht wurden: die eine betont, dass der Mensch der Natur die Möglichkeit zur Beantwortung seiner Fragen gebe in der respektvollen Bereitschaft, ihre Auskünfte anzuerkennen. Die andere dagegen hebt hervor, dass der Mensch die Natur wie ein Richter behandle, der jemanden «auf die Folter spannt», um ihn zu Aussagen auf gezielte Fragen in einem vorentworfenen System zu zwingen.

Carl Friedrich von Weizsäcker kennzeichnet das neue Verfahren pointiert: «Galilei tat seinen großen Schritt, indem er wagte, die Welt so zu beschreiben, wie wir sie nicht erfahren. Er stellte Gesetze auf, die in der Form, in der er sie aussprach, niemals in der wirklichen Erfahrung gelten, und die darum niemals durch irgendeine einzelne Beobachtung bestätigt werden können, die aber dafür mathematisch einfach sind. So öffnete er den Weg für eine mathematische Analyse, die die Komplexheit der wirklichen Erscheinungen in einzelne Elemente zerlegt.

Das wissenschaftliche Experiment unterscheidet sich von der Alltagserscheinung dadurch, dass es von einer mathematischen Theorie geleitet ist, die eine Frage stellt und fähig ist, die Antwort zu deuten. So verwandelt es die gegebene «Natur» in eine manipulierbare Realität»[108].

Carl Friedrich von Weizsäcker vergleicht dann das Vorgehen Galileis mit dem des Aristoteles und macht durch diese Gegenüberstellung die schockierende Neuheit der Methoden der modernen Naturwissenschaften deutlich: «Aristoteles wollte die Natur bewahren, die Erscheinungen retten. Sein Fehler ist, dass er dem gesunden Menschenverstand zu oft recht gibt. Galilei zerlegt die Natur, lehrt uns, neue Erscheinungen willentlich hervorzubringen und den gesunden Menschenverstand durch Mathematik zu widerlegen. So sagt zum Beispiel Aristoteles, dass schwere Körper schnell fallen, leichte Körper langsam und ganz leichte Körper sogar aufsteigen. Dies ist genau, was die Erfahrung jeden Tags uns lehrt: Der Stein fällt schnell, das Blatt Papier langsam, die Flamme steigt auf. Galilei behauptet, alle Körper fielen mit gleicher Beschleunigung und müssten deshalb nach gleicher Zeit gleiche Geschwindigkeit erlangt haben. In der alltäglichen Erfahrung ist dieser Satz einfach falsch. Galilei fährt fort, im Vakuum würden sich die Körper aber in der Tat so verhalten. Er stellt also die Hypothese auf, es könne ein Vakuum, einen leeren Raum geben, wieder im Widerspruch nicht nur zur Philosophie des Aristoteles, sondern auch zur Erfahrung jeden Tags»[109].

Diese Ausführungen Carl Friedrich von Weizsäckers kennzeichnen alle klassischen Naturgesetze. Alle diese Gesetze gelten jeweils nur unter sogenannten idealen Bedingungen, das heißt sie gelten nur dann, wenn außer den in dem betreffenden Naturgesetz selbst formulierten Beziehungen keinerlei Kräfte wirksam sind. Diese idealen Bedingungen sind jedoch faktisch nicht einmal im Experiment herstellbar, ja es lässt sich nicht einmal entscheiden, ob sie auch nur prinzipiell realisierbar sind.

In diesem Zusammenhang sei im Anschluss an das von Carl Friedrich von Weizsäcker vorgetragene Beispiel daran erinnert, dass die meisten Physiker heute die Überzeugung vertreten, einen absolut leeren Raum könne es grundsätzlich nicht geben, da Raum stets nur im Zusammenhang mit Materie bestehe. Gerade wenn man sich dies alles vor Augen hält, tritt die ungeheure geistige Leistung Galileis in ihrer ganzen Paradoxität in Erscheinung: Indem er es wagt, die Natur so zu beschreiben, wie sie tatsächlich niemals ist, eröffnet er neue Möglichkeiten zu einer exakten Berechnung realer Vorgänge.

Den letzten entscheidenden Schritt zur Grundlegung der klassischen Naturwissenschaften tat Newton im Jahre 1684 mit seinem Werke «Die mathematischen Prinzipien der Naturlehre». Als besonders bezeichnend dürfen die oft zitierten Sätze am Ende des dritten Buches gelten: «Ich habe noch nicht dahin gelangen können, aus den Erscheinungen den Grund dieser Eigenschaften der Schwere abzuleiten, und Hypothesen erdenke ich nicht. Alles nämlich, was nicht aus den Erscheinungen folgt, ist eine Hypothese, und Hypothesen ... dürfen nicht in die Experimentalphysik aufgenommen werden ... Es genügt, dass die Schwere existiere, dass sie nach den von uns dargelegten Gesetzen wirke und dass sie alle Bewegungen der Himmelskörper und des Meeres zu erklären imstande sei»[110].

Obgleich diese Sätze mit einem «noch nicht» beginnen – es heißt ja: «Ich habe *noch nicht* dahin gelangen können, aus den Erscheinungen den Grund dieser Eigenschaften der Schwere abzuleiten ...» – dokumentiert sich hier eine entscheidende Verlagerung des forschenden und darüber hinaus des geistigen Interesses überhaupt. Denn dieses «noch nicht» in Verbindung mit der oft zitierten Absage an alle Hypothesen wurde in der Geschichte der Wissenschaften tatsächlich zu einem endgültigen Verzicht.

In diesem Sinne geht es der Wissenschaft – im Gegensatz zur überkommenen Philosophie – seither nicht mehr um eine Theorie des «Seins», die das Wesen und den Sinn der Dinge ergründen will, sondern darum, die Formeln zu finden, nach denen die erfahrbare Wirklichkeit funktioniert.

Damit ist auch dem wissenschaftlichen Fortschritt eine neue Richtung gewiesen: Während am Beginn des abendländischen Denkens die Frage nach der «arché», dem Anfang und dem Wesen der Dinge stand, gilt es nunmehr, alle Erscheinungen in immer vollkommenerer Weise mathematisch zu berechnen und auf diese Weise für alles eine «Erklärung» zu geben. Was berechnet werden konnte, galt als erklärt. Die Dinge «verstehen» hieß nunmehr: sie berechnen können.

Sofern das Staunen, das am Ausgangspunkt des alten philosophischen Denkens stand, überhaupt bleibt, entzündet es sich nicht primär an der philosophischen Frage: «Warum gibt es Sein und nicht nur Nichts?», sondern man bewundert das gesetzmäßige Funktionieren des als «Weltmaschine» interpretierten Kosmos und schon bald auch die eigenen Fortschritte, die sich darin dokumentieren, dass es gelingt, planvoll verändernd in die Wirklichkeit einzugreifen bzw. sie durch Kenntnis ihrer Gesetze zu beherrschen. Seither verleiht das Wissen dem Menschen nicht nur wie eh und je Macht, sondern es ist von vornherein der Macht zugeordnet.

Die Faszination des wissenschaftlich-mechanistischen Denkens erweist sich nicht zuletzt darin, dass es weithin auch jene Geistesbewegung prägt, die unter dem Sammelnamen Aufklärung in die Geschichte eingegangen ist.

In Deutschland verbindet das Allgemeinbewusstsein mit dem Stichwort Aufklärung in erster Linie Begriffe wie Toleranz, Vernunft, Autonomie, Freiheit. Dagegen denken nur wenige daran, dass nahezu die gesamte Aufklärung gekennzeichnet ist durch den Einbruch methodischer Prinzipien und Vorstellungsmodelle der modernen Naturwissenschaften in das gesamte menschliche Denken.

Dieser Einbruch naturwissenschaftlichen Denkens ist für die weitere Geschichte Europas mindestens ebenso folgenschwer wie die Proklamierung humanitärer Forderungen. Daher muss am Anfang der Überlegungen zur Aufklärung auf eine Reihe von Tatsachen und Zusammenhängen hingewiesen werden, die zu Unrecht oft übersehen oder zumindest in ihrer geistesgeschichtlichen Bedeutung unterschätzt werden.

Bei vielen Aufklärern wird schon der Begriff der Vernunft selbst beschränkt und einseitig an den Naturwissenschaften orientiert. So erklärt Dietrich von Holbach, jener Baron aus der Pfalz, der in Paris Freundschaft mit Diderot schloss, sein Haus und sein Portemonnaie den Führern der französischen Aufklärung offenhielt und so nicht zu Unrecht als «Nährvater der Enzyclopädisten» bezeichnet worden ist, Vernunft sei «nichts anderes als auf das soziale Leben angewandte Naturwissenschaft».

«Anwendung» der Naturwissenschaften auf andere Gebiete bedeutet zugleich Übertragung ihrer methodischen Vorentscheidungen auf andere Bereiche der Wirklichkeit. Die Folge davon ist eine neue Gesamtsicht der Welt. In seinem Buch über das «System der Natur oder die Gesetze der physischen und moralischen Welt» schreibt Holbach: «Die Welt zeigt uns allenthalben nichts als Materie und Bewegung, sie ist eine unendliche Kette von Ursachen und Wirkungen. Die Materie und die Bewegung ist ewig, und die Schöpfung aus dem Nichts ist ein leeres Wort»[111].

Aus dieser Sicht stellt Holbach schließlich die Frage: «Und ist denn der Mensch etwas anderes als eine zusammengesetzte, zu immer neuen Gestalten übergehende Materie?»[112]

Mit solchen Gedanken steht er keineswegs allein. So verfasst – um noch einen Namen zu nennen – um die gleiche Zeit der zur Tafelrunde Friedrich des Großen gehörende Arzt Lamettrie sein Werk «l'homme machine».

Sicher sind Holbach und Lamettrie nicht die bedeutendsten Vertreter der Aufklärung, und unbestreitbar vertreten sie extreme Positionen. Aber auch eindeutig anerkannte Repräsentanten der Aufklärung sind stärker vom naturwissenschaftlichen Denken geprägt, als man weithin annimmt. Zur Verdeutlichung sei auf zwei Persönlichkeiten hingewiesen, die in je eigener Weise für ihre Zeit repräsentativ sind: Friedrich den Großen und Immanuel Kant.

Friedrich der Große hat sich selbst als Philosoph gefühlt und bezeichnet. Im Gegensatz zum methodischen Ansatz der Naturwissenschaften verzichtet er nicht darauf, sich über letzte Fragen Gedanken zu machen und sie auch auszusprechen. Aber diesen Bemühungen fehlte der Ernst der klassischen Philosophie. Sie sind für ihn mehr oder weniger geistiger Luxus ohne letzte Verbindlichkeit. In diesem Sinn erklärt er: «Für das Glück der Gesellschaft macht es wenig aus, wie wir über spekulative Fragen denken, aber von großer Bedeutung ist, wie wir handeln ... Gott hat den Menschen so viel Verstand gegeben, als sie brauchen, um sich durchs Leben zu schlagen, nicht jedoch soviel, dass sie ihre Wissgier befriedigen könnten; denn der Mensch ist zum Handeln geschaffen und nicht zum Grübeln»[113].

Solche Sätze stehen im vollen Gegensatz zur Philosophie in der Tradition des Plato und des Aristoteles. Ihr zufolge ist eine möglichst vollkommene Erkenntnis der Wirklichkeit die notwendige Voraussetzung für angemessenes Handeln.

Friedrich der Große dagegen erklärt die Frage nach der richtigen Erkenntnis der Wirklichkeit für unbeantwortbar – hier liegt ein Verzicht, der auf anderer Ebene dem Newton'schen Verzicht genau entspricht – und er verweist den Menschen allein auf das Handeln. Handeln jedoch bedeutet in diesem Zusammenhang «Funktionieren». Es hat nach Auffassung Friedrichs des Großen seinen Wert darin, dass man einen bestimmten Posten ausfüllt. In diesem Sinne erklärt er von sich selbst: «Es ist nicht nötig, dass ich lebe, wohl aber, dass ich meine Pflicht tue»[114].

Im Begriff der Pflicht schwingen bei Friedrich dem Großen durchaus noch überkommene Überzeugungen und Gefühle aus der christlichen Herrscherethik mit. Und doch wird Pflichterfüllung in der Konsequenz seines Denkens identisch mit der Wahrnehmung bestimmter Funktionen im Dienste der Gesellschaft, die ebenso wie der Einzelmensch – l'homme machine – als Mechanismus betrachtet wird. Bezeichnenderweise formuliert Friedrich, der König bedeute «für das Volk dasselbe wie das Herz für den Mechanismus des Körpers»[115]. Es kommt für den Menschen nicht darauf an, über den Sinn des Lebens nachzudenken, sondern an seiner jeweiligen Stelle richtig zu funktionieren und so das Seine dazu beizusteuern, dass der Gesamtmechanismus der Gesellschaft optimal in Gang gehalten wird.

Bei einer solchen Konzeption liegt es angesichts der Vielschichtigkeit des Lebens nahe, die verschiedenen Lebens- bzw. Handlungsbereiche in der Art von Funktionskreisen zu interpretieren und diese voneinander zu trennen. Nachdem bereits Machiavelli eine Eigengesetzlichkeit der verschiedenen gesellschaftlichen Lebensbereiche proklamiert hatte, vollzieht Friedrich der Große nunmehr eine Aufspaltung in der Person des einzelnen Menschen selbst, in seinem Falle konkret in der Person des Königs. Er bekennt, es sei sein Bestreben, «den König von dem Philosophen, den anständigen Menschen von dem Politiker zu trennen»[116].

Die Radikalität dieses «aufgeklärten» Denkens wird deutlich, wenn man sich an einige oft zitierte Sätze Platos erinnert: «Und ich sah mich zu dem Bekenntnis zum Ruhme der rechten Philosophie gezwungen, dass nur von ihr aus die gerechte Ordnung des öffentlichen und des gesamten privaten Lebens einsichtig wird»[117].

Während nach der Überzeugung Platos von der Philosophie her die «rechte Ordnung des öffentlichen *und* des gesamten privaten Lebens einsichtig wird», hält Friedrich der Große eine Trennung der öffentlichen und privaten Sphäre für notwendig und unterstreicht zur Begründung, «dass letzten Endes ein Privatmann ganz andere Gründe hat, ein Ehrenmann zu sein, als ein Herrscher. Bei einem Privatmann handelt es sich nur um den Vorteil seiner eigenen Person ... für den Herrscher ist der Vorteil einer großen Nation das Hauptziel»[118]. Während der Privatmann nach der Auffassung Friedrichs des Großen nicht das Recht hat, seinen eigenen Vorteil zur obersten Richtschnur seines Handelns zu machen, wird dem Staatsmann dieses Recht im Interesse des Staates zugestanden, ja aufgenötigt.

Dass es sich bei solchen Überlegungen nicht um bloßes Gedankenspiel handelt, zeigt das tatsachliche Verhalten des preußischen Königs: Der gleiche Friedrich, der im Allgemeinbewusstsein[119] in seinem Verhalten gegenüber dem Müller von Sanssouci zu einer Symbolfigur königlicher Gerechtigkeit geworden ist, sah die gewalttätige Vergrößerung des Staates nicht nur als sein Recht, sondern geradezu als Herrscherpflicht an. Noch in seinem Testament schärft er seinem Nachfolger ein, dass der «Erwerb Sachsens» zur Abrundung des preußischen Staatsgebietes notwendig sei und erzwungen werden müsse.

Trotz seiner völlig anderen Stellung im Leben zeigen unter dem hier erörterten Gesichtspunkt aufgeklärten Denkens die Gedanken Immanuel Kants eine bemerkenswerte Übereinstimmung mit Friedrich dem Großen[120].

Dabei tritt bei Kant die Abhängigkeit vom naturwissenschaftlichen Denken noch unmittelbarer zutage.

Auch in Kants Denken steht an einer entscheidenden Stelle ein Verzicht. Nachdem er zunächst eine scharfsinnige, jedoch methodologisch problematische Isolierung zwischen Subjekt und Objekt vorgenommen hat, erklärt er die von daher konstruierte Frage nach dem «Ding an sich», die in seinem System als die Wesensfrage erscheint, für unbeantwortbar.

Auch er legt schließlich das ganze Gewicht auf das Handeln des Menschen. Um das menschliche Handeln in die richtigen Bahnen zu lenken, ruft er nach einem Kepler oder Newton der Geschichte als Entdecker ihrer Naturgesetze. Eine Kenntnis der Gesetze der Geschichte soll den ferneren Gang der Menschheit genau so berechenbar und manipulierbar machen, wie die Kenntnis der Naturgesetze die Natur.[121]

Kants Endziel ist, «ein Ganzes für Physik und Moral aus einem Prinzip zu stiften»[122]. Diese Formulierung erinnert eindeutig an den schon zitierten Titel der Schrift Holbachs: «System der Natur oder die Gesetze der physischen und moralischen Welt»! Auch hierin zeigt sich der Zusammenhang der geistigen Bewegung. Aber nach welchen Prinzipien soll nach Kants Auffassung das Handeln erfolgen, dessen Moral mit Physik verwandt ist? Der Königsberger Philosoph hat dafür eine Formel gefunden, die einige Generationen von deutschen Gebildeten als «kategorischen Imperativ» mit fast religiöser Ergriffenheit zitiert haben: «Handle so, dass die Maxime deines Willens jederzeit zugleich als Prinzip einer allgemeinen Gesetzgebung gelten könne»[123].

In der Tat konnte diese Formel tragen und als Grundlage des Handelns dienen, solange sich die Menschen über die Prinzipien einer allgemeinen Gesetzgebung letztlich einig waren. Das war in der Zeit Kants und noch im vorigen Jahrhundert weitgehend der Fall, da christliche Wert- und Normvorstellungen – wenngleich zum Teil säkularisiert – in allen Schichten der Bevölkerung lebendig waren. Heute aber liegt die Unzulänglichkeit der Kantischen Formel zutage: Sie kann von Christen ebenso unterschrieben werden wie von Nationalsozialisten, von liberalen Humanisten ebenso wie von stalinistischen Kommunisten. Ein Handeln nach dieser Formel gewährleistet zwar ein Funktionieren innerhalb einer Gesellschaft, die sich über allgemeine Prinzipien einig ist, sagt jedoch über diese Prinzipien inhaltlich nichts aus. Sie ist in dieser

Hinsicht rein formal. Daher gewährleistet sie keine menschenwürdige Ordnung, sondern nur das reibungslose Funktionieren in jeder beliebigen allgemein anerkannten Ordnung in einer Weise, die dem Einzelnen das subjektive Gefühl – genau genommen die Illusion – der Autonomie gibt.

Wie sehr der Gedanke des reibungslosen Funktionierens der gesellschaftlichen Ordnung das Kantische Denken beherrscht, zeigt sich an einigen Stellen in beklemmender Weise: In seiner berühmten Schrift «Was ist Aufklärung?» unterscheidet Kant ausdrücklich zwischen dem «öffentlichen Gebrauch» der Vernunft und dem «Privatgebrauch». Er schreibt unter anderem: «Nun ist zu manchen Geschäften ... ein gewisser Mechanismus notwendig, vermittels dessen einige Glieder des gemeinen Wesens (= des Staates) sich bloß passiv verhalten müssen, um durch eine künstliche Einhelligkeit zu öffentlichen Zwecken gerichtet ... zu werden. Hier ist nun freilich nicht erlaubt zu räsonieren; sondern man muss gehorchen. Ein Offizier, dem von seinen Oberen etwas anbefohlen wird ... muss gehorchen. Es kann ihm aber billigerweise nicht verwehrt werden, als Gelehrter über die Fehler im Kriegsdienste Anmerkungen zu machen»[124].

Um zu erkennen, wie wenig solche Sätze in konkreten Konfliktsituationen helfen, braucht man sich nur vorzustellen, dass sie zu den Männern des 20. Juli 1944 oder zu den Grenzposten der alten DDR gesprochen werden: Sie müssen Hitlers Anweisungen ausführen bzw. dem Schießbefehl «korrekt» folgen. Es kann ihnen aber «billigerweise nicht verwehrt werden, als Gelehrte über die Fehler» ihrer Vorgesetzten Anmerkungen zu machen. Kant nimmt hier die gleiche Spaltung der Person vor, die Friedrich der Große angestrebt hat. Derselbe Mensch muss als König anders handeln denn als Privatmann, und derselbe Mensch muss als Offizier etwas tun, was er als Gelehrter für fehlerhaft erklärt.

Für Kant ist diese Spaltung der Person notwendig, damit das mündige Denken, das er fordert, den «gewissen Mechanismus» der zu «öffentlichen Zwecken» gerichteten «künstlichen Einhelligkeit» nicht stört. Unmissverständlich erklärt er: «Alle Widersetzlichkeit gegen die oberste Gewalt ist unerlaubt.» Er betont, sogar bei einer tyrannischen Regierung sei «dennoch dem Untertan kein Widerstand als Gegengewalt erlaubt»[125].

Angesichts des faktischen Übergewichts des funktionalen und mechanistischen Denkens wird entgegen den Absichten Kants seine menschlich personale Losung: «Der Mensch kann und darf von niemandem nur als ein Mittel gebraucht werden» faktisch entwertet. Denn ein Mensch, dessen Pflicht es im konkreten Falle ist, den Funktionsmechanismus der Gesellschaft nicht zu stören, ist trotz seines grundsätzlich sittlichen Wollens dem Getriebe der Gesellschaft bzw. denen, die die Schlüsselstellungen innehaben, hilflos ausgeliefert.

Daher ist verständlich, dass die auf eine wissenschaftlich begründete Ethik abzielenden Untersuchungen Kants geschichtlich nicht die positiven Wirkungen gehabt haben, die er sich erhofft hat und angesichts des sittlichen Ernstes der an dieser Stelle vorgetragenen Gedanken durchaus erhoffen durfte.

Trotz aller Unterschiede in der Gesamtkonzeption stimmen die Gedanken Friedrichs des Großen und Kants mit denen Holbachs und Lamettries im Grundansatz überein: Sie setzen ein mechanistisches Naturverständnis als gegeben und verbindlich voraus. Dadurch werden zwei am Anfang dieser Überlegungen vorgetragenen Thesen bestätigt: 1. In der Aufklärung bekommt das von den Naturwissenschaften konzipierte Denken entscheidenden Einfluss auf das gesamte Denken schlechthin. 2. Der Fortschritt, den die Aufklärung proklamiert, ist im Gegensatz zur christlichen Hoffnung dadurch gekennzeichnet, dass er analog dem wissenschaftlich-technischen Fortschritt vom Menschen selbst entworfen und geschaffen werden muss.

In diesem Sinne schreibt Kant bereits im Jahre 1784 – also vor der Französischen Revolution – in seinen «Ideen zu einer allgemeinen Geschichte in weltbürgerlicher Ansicht»: «Die Natur hat gewollt, dass der Mensch ... keiner anderen Glückseligkeit oder Vollkommenheit teilhaftig werde, als die er sich selbst frei von Instinkt durch eigene Vernunft verschafft hat»[126]. Dieses Glück erreicht der Mensch nicht als Einzelner, sondern indem er «das größte Problem für die Menschengattung, zu dessen Auflösung die Natur ihn zwingt», löst, nämlich «die Erreichung einer allgemein das Recht verwaltenden bürgerlichen Gesellschaft»[127]. Daher deutet Kant die Menschheitsgeschichte unter dieser Zielsetzung: «Man kann die Geschichte der Menschengattung im großen als die Vollziehung eines verborgenen Planes der Natur ansehen, um eine ... vollkommene Staatsverfassung zustande zu bringen als den einzigen Zustand, in welchem sie alle ihre Anlagen in der Menschheit völlig entwickeln kann»[128].

Bereits diese Darlegungen setzen die Vorstellung einer ständigen Entwicklung zum Vollkommeneren voraus. Tatsächlich wird die Frage, «ob das menschliche Geschlecht im beständigen Fortschreiten zum Besseren sei», von Kant nach der Französischen Revolution ausdrücklich gestellt. Auf die Frage, wie man so etwas wissen könne, oder mit Kants Worten, wie eine «Geschichte a priori» möglich sei, antwortet Kant: «Wenn der Wahrsager die Begebenheiten selbst macht und veranstaltet, die er im Voraus verkündigt»[129]. Der Mensch erscheint als das Subjekt, das sich selbst durch eigene Vernunft den Fortschritt schafft.

«Die Erreichung einer allgemein das Recht verwaltenden bürgerlichen Gesellschaft» bedeutet nach Kants Auffassung freilich nicht Fortschritt um des gesicherten Wohlstandes willen, sondern weil in dieser Gesellschaft eine größere sittliche Vollkommenheit und eine Herrschaft sittlicher Freiheit möglich wird. Denn in einer solchen Gesellschaft kann der Mensch nach Kants Überzeugung Freiheit und Pflichterfüllung durch ein im Sinne des kategorischen Imperatives autonomes Handeln auf einer höchsten Stufe miteinander vereinigen[130].

So stark die Prinzipien naturwissenschaftlichen Denkens die Aufklärung prägen, so wenig sind sie die einzige Komponente dieser geistigen Bewegung. Insbesondere die humanitären Forderungen der Aufklärung werden außerdem gespeist von säkularisierten Überzeugungen und Geboten der christlichen Tradition. Es kennzeichnet die Gesamtbewegung, dass nur ein Teil der Aufklärer mit dem Christentum bricht, während andere in der aufgeklärten Gesellschaft zugleich eine Vollendung christlicher Lebensgestaltung erblicken.

In diesem Zusammenhang kann an Lessings Schrift über die «Erziehung des Menschengeschlechtes» gedacht werden[131]. Lessing ist der Überzeugung, dass die Menschheit, wie jeder einzelne Mensch, über drei Entwicklungsstufen zu gehen habe: die des Kindes, des Heranwachsenden und schließlich des Mannes. Und so wie dem einzelnen Menschen die Erziehung hilft, zum Manne heranzureifen, so habe Gott als Erzieher des Menschengeschlechtes in der Kindheit der Menschheit durch das Alte Testament und beim Heranwachsen der Menschheit durch das Neue Testament seine Erziehung vollzogen, bis die Menschheit ihr Mannesalter erreicht habe, in dem sie zur Mündigkeit im Erkennen und Handeln gelangt sei. Die Abhängigkeit des Menschen von Gott, die in der Zeit der Kindheit und Jugend der Menschheit legitim gewesen sei, solle nunmehr der Autonomie des vernünftigen Erwachsenen weichen.

In Verkennung der tatsächlichen Gegebenheiten versichert Lessing in seiner vierten These: «Erziehung gibt dem Menschen nichts, was er nicht auch aus sich selbst haben könnte: sie gibt ihm das, was er auch aus sich selbst haben könnte, nur geschwinder und leichter.» Daraus folgert er: «Also gibt auch die Offenbarung dem Menschen nichts, worauf die menschliche Vernunft, sich selbst überlassen, nicht auch kommen würde, sondern sie gab und gibt ihm die wichtigsten dieser Dinge nur früher»[132].

Im Sinne dieser Auffassungen fühlt sich Lessing berufen, durch seine Schriften die «Zeit des neuen ewigen Evangeliums» einzuleiten, in der Vernunft und Offenbarung identisch sind. Die bisherige Geschichte erscheint bei ihm als Vorgeschichte eines nunmehr anhebenden ewigen Zeitalters der Vernunft.

Angesichts solcher Konzeptionen ist die Frage, ob man Gott anerkennen und verehren solle, bei vielen Aufklärern keine Frage nach der Wahrheit, sondern eine Frage nach dem Grad der Aufgeklärtheit und dem Effekt. So fragt Voltaire: «Werden die Menschen tugendhaft, wenn sie einen Gott, der die Tugend befiehlt, nicht mehr anerkennen? Zweifellos nicht». Die Konsequenz zieht er in dem oft zitierten Satz: «Wenn es Gott nicht gäbe, so müsste man ihn erfinden»[133]. Fortschritt im Sinne einer Verwirklichung besserer

Zustände erwartet Voltaire vor allem durch die Einsicht der Herrschenden. Diese Erwartung sieht er durch Erfahrungen bestätigt: «Die Kaiserin von Russland, der König von Polen, der König von Preußen, der das abergläubische Österreich geschlagen hat, haben die Fahne der Toleranz und der Philosophie gehisst ...»[134]

Im Gegensatz zu den Hoffnungen Voltaires vertritt jedoch dessen Zeitgenosse Rousseau die Auffassung, dass die Grundsätze politischer Ordnungen völlig neu bedacht werden müssten. Der Ausgangspunkt seiner Staatslehre ist der gleiche wie ihn schon der Engländer Hobbes entwickelt hatte: «Die gesellschaftliche Ordnung ... ruht auf Verträgen»[135]. Rousseau betont jedoch im Gegensatz zu Hobbes, dass die Regierung jeweils nur einen Auftrag erhalte, während die Gesamtheit der Bürger eigentlicher Souverän bleibe. Nur das Volk habe das unveräußerliche – auch durch gewählte Repräsentanten nicht wahrnehmbare – Recht, Gesetze zu geben. Durch derartige und ähnliche Überlegungen war programmatisch der Weg zur Französischen Revolution gewiesen.

Leonardo da Vinci † 1519
Der neue «Universalmensch»

Erasmus v. Rotterdam († 1536)
fordert moderne Frömmigkeit

7. Die Spannung zwischen Deutschem Idealismus und historischen Wissenschaften

In Deutschland folgt der Aufklärung der sogenannte Deutsche Idealismus. Seinen Denkern[136] geht es ebenso wie Kant, an den sie anknüpfen, um den geistig sittlichen Fortschritt der Menschheit auf dem Wege zu einer moralischen Vollkommenheit des Menschengeschlechts.

Diesen Grundgedanken entfalten sie in geschichtsphilosophischen Systemen. Dabei kämpfen sie – das ist ihr kritischer Ansatz – gegen die von den Naturwissenschaften inspirierte kausal-mechanistische Weltinterpretation. Da sie in deren deterministischen Gesetzlichkeit eine Bedrohung für die menschliche Freiheit sehen, nehmen sie entschlossen das Thema der Freiheit und des sittlichen Handelns auf. Der Aufweis der Freiheit, die als Selbstbestimmung sowie schöpferische Spontaneität und Produktivität gekennzeichnet wird, ist ein wesentliches Motiv ihrer spekulativen Entwürfe.

Trotz der als Ziel proklamierten Freiheit läuft allerdings die Gesamtentwicklung nach ihrer Auffassung mit Notwendigkeit in eine bestimmte Richtung, in die des Fortschritts. Diese zwangsläufige Entwicklung gründet jedoch nach ihrer Überzeugung nicht in einer naturgesetzlichen Determiniertheit. Da aber der Geist selbst sich in seiner Freiheit an die Vernunft binde, sei die Selbstbestimmung des Menschengeschlechtes keine beliebige.

Die Bindung an die Vernunft bewahre Freiheit davor, zur egoistischen Willkür einzelner Individuen und Gruppen zu entarten. Durch diese Bindung an die Vernunft werde somit die Freiheit dem allgemeinen Wohle, dem Ganzen, einer «Versöhnung» und somit dem universalen Fortschritt verpflichtet[137].

Dieser Fortschritt ist nach Überzeugung der idealistischen Denker zugleich ein Fortschritt der Freiheit selbst: ein Fortschritt in der Selbstbestimmung des Menschengeschlechtes, das sich im Laufe seiner Geschichte frei arbeite von naturhaft dumpfen Zwängen und in bewusster Bindung an die Vernunft dem Endziel des Menschengeschlechtes entgegenstrebe.

Dadurch entsteht freilich in der Gesamtkonzeption dieser idealistischen Denker eine eigentümliche Paradoxie: Dem Gewinn an Freiheit auf der einen Seite entspricht ein Verlust auf der anderen. Denn in gleichem Maße, in dem der Mensch sich von anfänglichen naturhaften Bindungen befreit, erkennt er den Anspruch, den das Vernunftgesetz an ihn stellt. Da dieses seine Würde und seine Bestimmung repräsentiere, habe er sich ihm zwar freiwillig, aber doch zugleich unbedingt zu unterwerfen. Denn jeder Widerspruch gegen das Vernunftgesetz bedeute sittliche Verworfenheit und existentielle Nutzlosigkeit zugleich.

Durch die absolute Bindung der Freiheit an die von der Vernunft erkannten Notwendigkeiten wird es Denkern des Deutschen Idealismus möglich, einer Forderung Kants entsprechend «ein Ganzes für Physik und Moral aus einem Prinzip zu stiften». Das einheitsstiftende Prinzip ist nach ihrer Überzeugung die Vernunft. Diese kennzeichne nicht nur das Erkenntnisvermögen des Menschen, sondern bringe auch als ein ontologisch-metaphysisches Wirkprinzip bzw. eine göttlich ursprüngliche Produktivität alles Wirkliche aus sich hervor und gestalte es.

Infolge dieses ihres Ursprungs kann die ganze Welt als Realisierung der Vernunft verstanden werden. Durch ihre Erscheinungsweise und ihre Entwicklung – von den physikalischen Gesetzmäßigkeiten und Abläufen angefangen – bekunde die Welt das allumfassende Wirken der Vernunft.

In besonderem Maße jedoch entfalte und offenbare es sich in der Geschichte der Menschheit. Denn in den mit Vernunft ausgestatteten Menschen und gewissermaßen durch sie hindurch handele der absolute Geist am unmittelbarsten. Endzweck des sich in der Geschichte vollziehenden gesellschaftlichen Prozesses sei das Hervortreten der absoluten Idee bzw. dessen, was als Verwirklichung bzw. Offenbarung der Vernunft endgültig sein soll.

Angesichts des allgemeinen übergreifenden Vernunftprozesses schwindet allerdings zwangsläufig die Bedeutung des einzelnen Menschen. Diese Feststellung gilt bereits für Johann Gottlieb Fichte. Für ihn stellt sich die Alternative: Entweder man betrachtet die vorfindliche Welt im Sinne der Naturwissenschaften und ihrer

Gesetzlichkeit als eine reale aus sich selbst erklärbare und bedeutsame *Ding*welt, dann sei alles determiniert und es gäbe keine Freiheit, sondern nur «Dogmatismus des Seins» und «Fatalismus»[138]. Oder aber, man betrachtet das die Vernunft repräsentierende *Ich* als ein setzendes Prinzip, das zwar die Wirklichkeit nicht erschafft, aber im Wesentlichen bestimmt und prägt; dann sind Freiheit und Sittlichkeit möglich. Die Setzungen des Ich entsprechen dabei nicht dem Belieben und der Willkür, sondern einem Entfaltungsgesetz der sittlichen Vernunft. Sie hat sich in dialektischer Auseinandersetzung, d.h. in harter Pflichterfüllung gegenüber Widerständen und Gegensätzlichkeiten durchzusetzen. Dadurch erfährt das Ich seine Vervollkommnung. Die Welt ist in diesem Sinne das konkretisierte «Material der Pflichterfüllung»[139].

Bei dieser Forderung nach Pflichterfüllung war Fichte von auffallender Gefühlskälte. Dies gilt auch für sein persönliches Leben. Während der Besatzung Berlins durch die Franzosen hatte er seine Frau mit ihrem Sohn dort allein zurückgelassen. Als sie lebensgefährlich erkrankte, zeigte er kaum Mitgefühl, sondern machte ihr einen moralischen Vorwurf. Denn die ihr übertragene Verantwortung bzw. die von ihr geforderte Pflichterfüllung hätte die Erkrankung unmöglich machen müssen.

Bei der Forderung nach absoluter Pflichterfüllung steht das individuelle Ich nicht isoliert, sondern in einem Wirkzusammenhang mit anderen durch Freiheit gekennzeichneten Geistwesen. Diese Einheit beruht nach Fichtes Überzeugung auf der Einheit eines überindividuellen Geistlebens, das als moralische Weltordnung oder unendlicher Wille bezeichnet und in der späteren Entwicklung seiner Philosophie bei wachsender Neigung zur Mystik mit Gott identifiziert wird.

Der einzelne Mensch erscheint als Besonderung dieses übergreifenden Geistlebens, so dass Fichte formuliert: «Das einzige Kriterium, an welchem die Erhebung eines Individui zum realen Bewusstsein klar wird, ist, wenn es sich als Glied der Gemeinde, Glied eines Ganzen, als dessen integrierender Teil erscheint»[140].

Der Gesamtgang der Weltgeschichte lässt sich nach Fichtes Überzeugung ohne jeden Blick auf ihren tatsächlichen Verlauf durch eine apriorische Deduktion aus der Zweckbestimmung des Lebens der Menschheit ableiten. Zweck des Erdenlebens der Menschengattung jedoch ist, «dass sie in demselben alle ihre Verhältnisse mit Freiheit nach Vernunft einrichte»[141]. Während diese Zielsetzung bei dem jungen Fichte im Sinne Kants auf einen Weg der Selbsterlösung durch strenge Pflichterfüllung unter dem Gesetz sittlicher Vernunft weist, rückt der Akzent in den späteren Schriften Fichtes immer stärker auf die Inspiration des Einzelnen durch eine überindividuelle göttliche Vernunft.

Seiner geistigen Konzeption entsprechend brachte Fichte den politischen Ereignissen seiner Zeit große Aufmerksamkeit entgegen, ohne dass ihm jedoch zeitübergreifend eine überzeugende Orientierung gelang: Zunächst begeisterte er sich für die Französische Revolution und erhoffte von ihr allgemeinen Fortschritt der Menschheit. An der Schwelle des 19. Jahrhundert entwarf er in seinem «geschlossenen Handelstaat» ein Wirtschaftsprogramm unter der Aufsicht des Staates.

Angesichts der Herrschaft Napoleons wurde er dann zu einem geistigen Vorkämpfer der Freiheitsbewegung. Obgleich er am Endziel eines Fortschritts der gesamten Menschheit festhielt, kennzeichnete er in seinen «Reden an die deutsche Nation» mit schneidender Einseitigkeit alles Gute als deutsch, wobei er versicherte, dass im deutschen Volk das vollkommene Wesen des Menschen am reinsten angelegt sei. Der Weg zur sittlichen Vervollkommnung des Menschen geht für Fichte nunmehr über die Nation, «von welcher das Individuum nur ein Teil ist».

Mit der von Fichte grundgelegten Verbindung zwischen dem Gebot abstrakter Pflichterfüllung, dem Gedanken einer staatlichen Wirtschaftslenkung und dem nationalen Enthusiasmus für das deutsche Volk wurde eine verhängnisvolle Haltung vorgezeichnet, die später vom Nationalsozialismus aufgenommen werden konnte, dessen Theoretiker sich häufig auf Fichte beriefen.

Noch eindeutiger tritt bei dem geschichtsmächtigsten Philosophen des Deutschen Idealismus Wilhelm Friedrich Hegel die Vernunft an die Stelle Gottes. Allerdings muss bei dieser Feststellung mit bedacht werden, dass Hegel selbst im Laufe seines Lebens eine Entwicklung durchgemacht hat, so dass sich in vielen Fällen Einzelzitate von ihm gegeneinander ausspielen lassen. Schon 1795/96 schrieb er eine Abhandlung über das Verhältnis der Vernunftreligion zur positiven Religion. Im Folgenden stand er einem mystischen Pantheismus nahe und erklärte, dass die Welttotalität nicht im Denken, sondern nur in der Religion erfasst werden könne. Die Sprache der Reflexion sei unfähig, das göttliche Leben auszudrücken. Bei dieser Auffassung blieb er jedoch keineswegs stehen. Vielmehr identifiziert er in der Folgezeit Gott immer entschiedener mit jenem höchsten Geist, der im philosophischen Denken durch die Vernunft des Menschen erkannt werde, da dessen menschlicher Geist zutiefst mit dem Weltgeist identisch sei.

Dieser Weltgeist ist allerdings nicht das in sich ruhende «ewige Sein» im Sinne des Aristoteles. Vielmehr lehrt Hegel unter fragwürdiger Berufung auf die Trinitätslehre, Gott sei «Geist, der sich entwickelt als Dreieiner»[142]. Diese Entwicklung vollziehe sich nach dem Schema: These, Antithese, Synthese. Diesem Schema entsprechend manifestiere sich der Geist in allem Wirklichen, vornehmlich jedoch im Geiste des Menschen, der ebenfalls in dem Dreischritt These – Antithese – Synthese denke. Daher komme der Weltgeist im Menschen in höchster Form zu sich selbst. So formuliert Hegel schließlich: «Die göttliche Natur ist dasselbe, was die menschliche ist.»[143]

Da die *gesamte* Wirklichkeit für Hegel Erscheinungsweise des Geistes ist, hat auch das Böse seinen Urgrund in dem als Weltgeist interpretierten Gott. Das Böse sei keineswegs «ein ihm Fremdes».[144] Nur von daher wird auch verständlich, wie Hegel das Verhältnis der Religionen zueinander verstanden haben möchte. Die verschiedenen Religionen werden nicht unter dem Kriterium der Wahrheit als Alternativen, sondern als unterschiedliche Stufen der Verwirklichung des allgemeinen Geistes verstanden.

Der Geist produziere auf jeder Stufe ein bestimmtes Bewusstsein, wie etwa die jüdische Religion, die griechische oder die römische. «Wir (gemeint sind die Christen seiner Zeit) haben es also nicht mit fremden, sondern mit den unsrigen zu tun, und die Erkenntnis, dass es so sei, ist die Versöhnung der wahrhaften

Religion mit den falschen.»[145] Daraus ergibt sich als eine weitere Konsequenz: «Die Geschichte der Religion in diesem Sinne auffassen, heißt: sich auch mit dem versöhnen, was Schauderhaftes, Furchtbares oder Abgeschmacktes in ihnen vorkommt, und es rechtfertigen.»[146] Indem Philosophie diese komplexe Entwicklung der göttlichen Weltvernunft erkenne, habe sie selbst Teil an deren Verwirklichung.

Das eigentliche Thema der Geschichte ist für Hegel – wie schon angedeutet wurde – der Fortschritt im Bewusstsein der Freiheit. Nach seiner Auffassung wusste der Orient nur, dass *einer* frei ist. Die griechische und römische Welt, dass *einige* frei seien. Die germanische Welt seiner Zeit jedoch wisse, dass *alle* frei sind. Die christliche Religion als Religion der Freiheit[147] habe ihre volle Verwirklichung jedoch erst durch das Abschütteln der kirchlichen Autorität durch die Reformation gefunden und so «das Prinzip der christlichen Freiheit zu wahrhaftem Bewusstsein gebracht».[148] Die damit bekundete Hochschätzung der protestantischen Konfession hindert Hegel jedoch keineswegs – im Gegensatz zu seiner frühen Auffassung[149] – die Philosophie grundsätzlich höher zu schätzen als die Religion.

Im Unterschied zur Religion stelle die Philosophie das Absolute nicht bloß dar, sondern erkenne es. So war z.B. nach Hegels Auffassung die überkommene aus dem «organischen Leben» gewonnene Bezeichnung von «Vater» und «Sohn» für die göttlichen Personen nur eine naive Darstellungsweise gegenüber der von ihm philosophisch dargelegten dialektischen Entfaltung der Dreieinigkeit des Geistes.

Bei der Entfaltung des Geistes in der Geschichte kommt dem Staat nach der Überzeugung Hegels die entscheidende Rolle zu. Da der Staat im Prozess der Weltgeschichte grundsätzlich eine Schlüsselstellung habe und «die Wirklichkeit der sittlichen Idee» verkörpere, vollziehe sich die Hingabe des Menschen an die Weltvernunft in vollkommenster Weise in der Mitarbeit am Staate. Dieser Grundgedanke macht es verständlich, dass Hegel keinerlei Recht gegen den Staat kennt. Alles, was dem Staate dient, sei moralisch gut. Hatte Machiavelli einst geschrieben, dass ein Fürst um des Staates willen zuweilen «notgedrungen» der Gerechtigkeit zuwider handeln müsse, so erklärt Hegel nunmehr: «Eine solche (machiavellistische) Politik ist Moral!»[150]

So wurde Moral mit politischer Zweckmäßigkeit im Dienst geschichtlichen Fortschritts unter der Regie der Weltvernunft eng verknüpft. Politischer Opportunismus erhielt damit zwangsläufig den Rang sittlicher Qualität.

Die Kirche hat in Hegels Konzept von Staat und Gesellschaft keine eigene geistig bedeutsame Funktion. Dementsprechend ist sie keine vom Staat unabhängige öffentliche Instanz. Funktionsträger im Prozess des wachsenden Bewusstseins des absoluten Geistes sind im Laufe der Geschichte vielmehr jeweils Völker, Staaten und Kulturen.

Dabei sind auf jeder Entwicklungsstufe bestimmte Völker die herrschenden, denen gegenüber «die Geister der anderen Völker rechtlos» sind. Soweit einzelne Menschen zum Träger weltgeschichtlicher Entscheidungen werden, haben sie nach Hegel die Funktion von «Geschäftsführern» des Weltgeistes.[151] Wenn sie ihren Dienst verrichtet haben, werden sie allerdings weggeworfen «wie leere Hülsen».

Dieser Einschätzung entsprechend erschien Hegel der siegreiche Napoleon als die Weltseele, und er versicherte damals, es sei unmöglich, «diesen Mann nicht zu bewundern». Nach Napoleons Sturz allerdings stellte sich Hegel rasch um und wurde schließlich zum getreuen Diener des nunmehr aufstrebenden preußischen Staates.[152] Diese seine Hingabe an den preußischen Staat war für Hegel offensichtlich ein sittlicher Akt.

Bei seiner Darstellung der Geschichte folgte Hegel in aller Konsequenz dem von ihm entwickelten Schema der Vernunftentfaltung in der Abfolge von These, Antithese und Synthese. Da er glaubte, mit dieser Interpretation der Wahrheit der Geschichte zum Durchbruch zu verhelfen, setzte er sich über deren tatsächlichen Gang notfalls hinweg. Mit Recht heißt es daher, in Ueberwegs «Grundriss der Geschichte der Philosophie»: «Zuzugeben ist allerdings, dass Hegels begrifflich konstruierende Methode ihn mehrfach zu Konflikten mit den Tatsachen geführt hat.»[153]

Diese «Unterwerfung» der Tatsachen unter geschichtsphilosophischen Spekulationen blieb jedoch nicht ohne entschiedenen Widerstand. Kritisch wenden sich die in den gleichen Jahrzehnten aufstrebenden historischen Wissenschaften gegen den Deutschen Idealismus, insbesondere gegen Fichte, der den Gang der Weltgeschichte «ohne jeden Blick auf ihren tatsächlichen Verlauf» durch reine Deduktion erkennen wollte, und gegen Hegel, der die konkrete Geschichte gewaltsam in sein vorentworfenes Schema presste und über das Recht des Einzelnen zugunsten einer vorgefassten übergreifenden Konzeption hinwegschritt.

Es kennzeichnet die geistige Kraft führender historischer Denker, dass sie sich der Gesamtsituation bewusst sind und in der Auseinandersetzung mit den spekulativen Systemen zugleich die innere Einheit der klassischen Geisteswissenschaften begründen. Die Breite der geistigen Bewegung kommt nicht zuletzt darin zum Ausdruck, dass sich kein einzelnes Datum als Ausgangspunkt nennen lässt. Es sind zunächst Jurisprudenz, Geschichtswissenschaft und Philologie, die, sich gegenseitig stützend, ein neues Selbstverständnis gewinnen. Theologie und – mit gewissem Abstand – Philosophie folgen nach.

Nachdem man in der Aufklärung nach einem allgemeinen Recht gesucht und dabei weithin die Grundsätze des römischen Rechts mit einem überzeitlichen Naturrecht gleichgesetzt hatte, wendet sich in den letzten Jahren des 18. Jahrhunderts Gustav Hugo gegen derartige Deduktionen, indem er auch das römische Recht als ein geschichtliches Recht zu verstehen sucht. Das von ihm verkündete Programm wurde von seinem großen Schüler Friedrich Carl von Savigny in die Tat umgesetzt. Savigny betrachtet es als Anmaßung, ein Recht für alle Völker und Zeiten zu fixieren, und als einen «Irrtum, zu glauben, das Allgemeine werde gewonnen durch die Vernichtung aller individuellen Verhältnisse»[154].

Durch diese Auffassung wurde auch das römische Recht seiner bisher weithin anerkannten Stellung als überzeitliche Norm beraubt. Stattdessen betonte man nunmehr, auch das römische Recht müsse geschichtlich betrachtet werden. Demzufolge gelte es festzustellen, wie die Römer selbst ihr Recht verstanden und gehandhabt haben und welche Weiterentwicklungen im Laufe der Jahrhunderte infolge veränderter geschichtlicher Situationen als sinnvolle Umgestaltung betrachtet werden müssen. Dabei erkennt Savigny, dass man das Recht nicht isoliert von der geschichtlichen Wirklichkeit eines Volkes sehen darf, dass es vielmehr in einem organischen Zusammenhang mit dem gesamten Volksleben steht und als *ein* Element der Gesamtkultur verstanden werden muss.

Die Rechtswissenschaft wurde somit zur historischen Wissenschaft. Diese historische Forschung war allerdings nicht Selbstzweck, sondern nach der Überzeugung Savignys und seiner Schule Voraussetzung, um auch der eigenen Gegenwart das Recht als ein konkretes geschichtliches Recht zu schaffen, da es nur als solches im Einklang mit der ebenfalls konkreten Wirklichkeit der gegenwärtigen Gesellschaft stehe.

In den folgenden Jahren übertrug Jakob Grimm, Schüler und zeitweiliger Mitarbeiter Savignys, dessen Konzeption auf Sprache und Literatur. Im Jahre 1819 erschien der 1. Band seiner deutschen Grammatik. Durch die hier entwickelte historische Sprachforschung wurde die Sprache, die vorher als ein willkürliches Gewirr von Regeln und Ausnahmen erschienen war, nunmehr als ein zwar nicht logisch deduzierbares, aber geschichtlich begreifbares Ganzes verstanden.

Daher setzte künftig das Studium der deutschen Philologie Kenntnis des Alt- und Mittelhochdeutschen sowie des Gotischen voraus und schloss Vergleiche mit anderen indogermanischen Sprachen und ihrer Entwicklung ein. Der geschichtliche Werdeprozess, als dessen Ergebnis die gegenwärtige Sprache nunmehr verständlich wird, steht seinerseits in einer so unauflösbaren Verbindung zur Geschichte, dass «das Wesen und die Geschichte unseres Volkes in den Eigenschaften und Schicksalen unserer Sprache sich abspiegeln»[155].

Bald griffen andere Völker die in Deutschland gewonnenen Erkenntnisse auf. Dabei zeigt sich die innige Verbundenheit von Sprache und historischer Gesamtentwicklung auch darin, dass von der Sprachforschung Impulse für politische Forderungen ausgingen. Mit Recht bemerkt Franz Schnabel: «Wo immer in Europa ein Volk nach nationaler Einheit strebte, sind seine geistigen Führer bei Jakob Grimm oder Friedrich Dietz in die Schule gegangen, um mit den Mitteln der deutschen Wissenschaft das geistige Leben des eigenen Volkes zu begreifen und zum Bewusstsein der Gegenwart zu erheben»[156]. Eine negative Begleiterscheinung war allerdings die Indienstnahme dieses Bewusstseins durch einen engstirnigen Nationalismus.

Zum Kristallisationspunkt der gesamten geistigen Bewegung wurde die klassische deutsche Geschichtswissenschaft. Es ist kennzeichnend, dass Jakob Grimm seine deutsche Grammatik Savigny widmete und dass Savigny seinerseits in der Einleitung seiner «Geschichte des Römischen Rechts im Mittelalter» dem Vater der modernen empirischen Geschichtsschreibung, Berthold Georg Niebuhr, seinen Dank abstattete. Niebuhrs 1810 begonnene und in den folgenden Jahren gedruckte Vorlesung über «Römische Geschichte» eröffnet eine neue Epoche der Historie. Er bezieht die Geschichte der Überlieferung grundsätzlich in die Forschung ein, indem er alle Quellen planmäßig sammelt und in ihrem Wert und in ihrer Zuordnung zueinander kritisch prüft.

Leopold von Ranke (1795-1886) brachte die neue Methode der Quellenkritik und Quellenverwertung zu einem gewissen Abschluss. Nachdem er sich zunächst der Theologie zugewandt hatte, wollte er nunmehr das Walten Gottes in der Geschichte aufsuchen. Im Gegensatz zu Hegel geht es ihm dabei nicht um ein alle Erscheinungen übergreifendes allgemeines System, sondern um die geistige Erfassung der konkreten empirisch feststellbaren Wirklichkeit. Ohne die Bedeutung des Allgemeinen zu leugnen, lehnt er es ab, das Einmalige und Individuelle zugunsten eines theoretisch entwickelten deduzierbaren Systems aufzulösen.

Kennzeichnend dafür ist Rankes kritischer Versuch, die Bedeutung der Persönlichkeit in der Geschichte zu klären. Wie die folgenden Sätze zeigen, bemüht er sich um eine ausgeglichene Einschätzung: «Indem eine lebendige Persönlichkeit dargestellt werden soll, darf man die Bedingungen nicht vergessen, unter denen sie auftritt und wirksam ist. Indem man den großen Gang der welthistorischen Begebenheiten schildert, wird man immer auch der Persönlichkeiten eingedenk sein müssen, von denen sie ihren Impuls empfangen»[157].

Im Gegensatz zu den Repräsentanten des Deutschen Idealismus maßt Ranke sich nicht an, ein Schema oder gar Gesetz der historischen Entwicklung zu formulieren, sondern erklärt zurückhaltend: «Die Momente, die den Fortgang der Welthistorie bedingen, sind, ich möchte sagen, ein göttliches Geheimnis»[158]. Den Blick auf die konkrete Wirklichkeit gerichtet, verzichtet er auf jedes nivellierende Schema.

Da die historisch fassbaren Individualitäten seiner Überzeugung nach zwar analog zueinander, aber niemals identisch miteinander sind, kann die historische Erfahrung zwar in *jedem* Punkt auch Allgemeingültiges vernehmen, jedoch niemals durch allgemeingültige Erkenntnisse ersetzt werden; vielmehr ist auch das allgemein Geschichtliche nur in der individuellen Besonderheit zu begreifen[159]. Dementsprechend erkennt Ranke im Gegensatz zu Hegel, für den selbst die großen Gestalten der Geschichte «Vehikel des Weltgeistes» waren, den Wert jedes Menschen an, der «auf seiner Selbstbestimmung und Tätigkeit» beruht.

Die geistige Kraft der historischen Wissenschaften jener Jahrzehnte zeigt sich nicht zuletzt darin, dass sie auch auf die durch Überzeitlichkeit gekennzeichnete Theologie Einfluss gewannen[160]. Während der evangelische Kirchenhistoriker Ferdinand Christian Baur (1792-1860) die Kirchengeschichte in das idealistische Schema Hegels zu bringen suchte, bemühte sich der katholische Theologe Johann Adam Möhler (1796-1838) ein eigenes neues Verständnis der Kirchengeschichte zu gewinnen.

Er fordert, die Identität der Kirche Christi nicht als statische Überzeitlichkeit, sondern als geschichtliche Kontinuität zu begreifen. Diese geschichtliche Kontinuität wird jedoch nicht in ein allgemeines Schema gepresst, sondern Möhler kennzeichnet sie als eine fortschreitende Entwicklung unter der Leitung des Heiligen Geistes. Dementsprechend bezeichnet er es als legitim, dass die Kirche in den verschiedenen Epochen ihrer Geschichte eine je eigene Form ausgeprägt hat, und lehnt es ab, eine bestimmte Zeit – etwa das Frühchristentum der ersten Jahrhunderte – als die «eigentliche» und einzig angemessene Ausprägung des Christentums anzusehen. Bekenntnis zur Kirche bedeutet für ihn das Bekenntnis zur Kirche, «wie sie leibt und lebt». Zukunftsorientiert fordert er «aus der Tradition geschöpfte Ideen, nicht eine nach der Idee geformte Tradition». Durch seine historische Theologie gewann er auch eine neue Basis für ein Gespräch der christlichen Konfessionen.[161]

Um die Mitte des 19. Jahrhunderts konnte es scheinen, als würden auch die Wirtschaftswissenschaften von dem Sog der historischen Betrachtungsweise erfasst. Im Jahre 1843 erschien Wilhelm Roschers «Grundriss zu Vorlesungen über die Staatswirtschaft nach geschichtlicher Methode». Zur Rechtfertigung seines Werkes berief sich Roscher ausdrücklich auf Savigny.

Und doch war um die Mitte des Jahrhunderts der Höhepunkt des Einflusses der historischen Wissenschaften auf die geistige Gesamtentwicklung bereits erreicht oder gar schon überschritten. Nachdem sie in der ersten Jahrhunderthälfte in Auseinandersetzung mit idealistischen Spekulationen ihre Konzeption erfolgreich entwickelt hatten, gerieten sie in der zweiten Hälfte des Jahrhunderts bei den wissenschaftstheoretischen Auseinandersetzungen mit erneut erstarkenden positivistischen Weltanschauungen in die Defensive und konnten sich schließlich selbst auf ihrem ureigensten Boden kaum behaupten.

Die neue Wende zeigt sich zunächst in der Tendenz, für die Geschichte und ihren Ablauf Erklärungen zu geben, die selbst nicht geschichtlicher Art sind. Dabei fiel man zum Teil in spekulative Thesen zurück: so sah Johann Gustav Droysen (1808-1884) den Dreischritt der Hegelschen Dialektik in der Abfolge Orient, Griechentum, Hellenismus bestätigt, und Oswald Spengler (1880-1936) glaubte, dass alle Kulturen wie Organismen die Stadien des Wachstums, der Blüte und des Vergehens zu durchlaufen hätten.

Das eigentliche Dilemma der historischen Wissenschaften wurde jedoch nicht durch derartige Spekulationen, sondern durch ihren eigenen Fortschritt und durch die Konsequenz ihrer eigenen Entwicklung herbeigeführt: Je mehr Jahrtausende und je mehr Völker und Kulturen in die historische Forschung einbezogen wurden, desto bedeutungsloser erschien jede individuelle Einzelentscheidung und jedes einzelne Subjekt der Geschichte. Der Wert des Individuellen, den die historischen Wissenschaften betont hatten, wurde durch den Fortschritt dieser Wissenschaften selbst immer geringer. So stellt Wilhelm Dilthey (1833-1911) fest, dass wir zurückblicken «auf das unermessliche Trümmerfeld religiöser Traditionen, metaphysischer Behauptungen, demonstrierter Systeme».

Es trat also jene Situation ins Bewusstsein, die Friedrich Meinecke (1862-1954) schließlich mit den Worten gekennzeichnet hat: «Der Historismus hat einen Relativismus hervorgebracht, der jedes geschichtliche Einzelgebilde, jede Institution, jede Idee und Ideologie nur als einen vorübergehenden Moment im unendlichen Flusse des Werdens anzusprechen vermag»[162].

Galileo Galilei (1564-1642)
formuliert mathem. Naturgesetze

Immanuel Kant (1724-1804)
Fortschritt durch Aufklärung

eine Abstraktion unseres Geistes zu sein scheint, so liegt das vor allem an der alten philosophischen Denkweise; denn in Wahrheit kommt der Idee des Individuums ... diese Bezeichnung zu»[173].

Da die Hochschätzung des einzelnen Menschen in der abendländischen Tradition in der religiösen Überzeugungen gründet, dass jeder Mensch in seiner Einmaligkeit von Gott gewollt ist und geliebt wird, fordert Comte in seinen Vorträgen eine Reorganisation der Gesellschaft ohne Gott durch den systematischen Kult der Menschheit. Wem es um die Menschheit gehe, dem gehe es weder um Gott, noch um den einzelnen Menschen. Um ein entsprechendes Bewusstsein zu schaffen, soll die Menschheit als «Großes Wesen» Gegenstand eines neuen Kultes werden. In ihm sollen «die Gefühle systematisiert» und die Vernunft freiwillig in den Dienst des Herzens gestellt werden.

Comte legt auch das Zeremoniell der positivistischen Religion aufs Genaueste fest. Er fordert einen zweifachen Kult: den Privatkult, in dessen Mittelpunkt «unsere Lieben» stehen, und den öffentlichen Kult, der in der gemeinsamen Pflege des Gedächtnisses «großer Männer» besteht. In seinem positivistischen Kalender werden nicht weniger als 84 Festtage eingeführt. Jeder Tag, jede Woche und jeder Monat wird einem großen Mann geweiht. Die Teilhabe der Frauen am Kult wird allerdings auf die Familie beschränkt.

Bei den Wissenschaften unterscheidet Comte zwei Gattungen. Die eine ist allgemein und abstrakt. Sie beschäftigt sich mit dem Auffinden von Gesetzen. Die andere geht beschreibend auf das Besondere ein. So erforscht z.B. die Biologie die *allgemeinen* Gesetze des Lebens, während Zoologie und Botanik die *besondere* Lebensweise *einzelner* Tiere und Pflanzen zum Gegenstand haben. Die zweite Gruppe von Wissenschaften wird jedoch von Comte unterbewertet.

Die ihr zugehörigen Wissenschaften werden bezeichnenderweise in das System der Wissenschaften, das er entwickelt, schlechthin nicht aufgenommen. In ihm ist Mathematik die Grundwissenschaft, auf der die anderen aufbauen. Insgesamt ergibt sich folgendes – im Vergleich zum aristotelischen – einfache Schema:

System der Wissenschaften nach Comte:

Soziologie (= Sozialphysik)
Biologie
Chemie
Physik
Astronomie
Mathematik (= Grundwissenschaft)

Die Anordnung der Disziplinen innerhalb des Systems begründet Comte damit, dass die Mathematik als Grundwissenschaft durch Einfachheit und absolute Richtigkeit ausgezeichnet sei. Die übrigen Wissenschaften von der Physik bis zur Soziologie seien durch eine zunehmende Komplizierung bzw. Komplexität und – dadurch bedingte – abnehmende Genauigkeit gekennzeichnet.

So sei die Kenntnis physikalischer Gesetze und chemischer Formeln die Grundlage einer mathematischen Erfassung von biologischen Veränderungen. Da die Vorgänge im Bereiche des Lebendigen komplexer seien als im Bereich der Physik und Chemie, werde ihre Berechnung entsprechend schwieriger. Daher sei es vorerst noch nicht gelungen, die Veränderungen im Bereiche des Lebendigen genau so eindeutig zu berechnen wie die im Bereiche der unbelebten Materie.

Es sei also die zunehmende Komplizierung der Wirklichkeitsbereiche, die in den Wissenschaften zu einer abnehmenden Genauigkeit führe. Diese Unzulänglichkeit lässt sich jedoch nach Comtes Überzeugung auf die Dauer durch den Fortschritt der positiven Wissenschaften überwinden. Das letzte Ziel aller in das System aufgenommenen allgemeinen Wissenschaften ist das Auffinden von konstanten Beziehungen, das heißt von Gesetzen im naturwissenschaftlichen Sinne, mit deren Hilfe der Mensch am Ende schließlich alle Bereiche der Wirklichkeit ebenso beherrschen soll, wie er jetzt schon die Natur durch die Technik manipuliert.

Bei der Entwicklung seines Systems macht Comte zwei Voraussetzungen: 1. Er ist davon überzeugt, dass sich die Wirklichkeit mit Hilfe der Mathematik angemessen erfassen lässt. 2. Er glaubt, dass sich die jeweils höheren Bereiche der Wirklichkeit allein «von unten» erklären lassen, da sie sich nicht qualitativ unterscheiden, sondern nur quantitativ durch größere Komplexheit auszeichnen. Diese beiden Voraussetzungen halten jedoch einer kritischen Überprüfung nicht stand:

1. Durch mathematische Formeln lässt sich die Realität tatsächlich nur mit einer großen Annäherung, jedoch niemals absolut genau erfassen. Schon die einfachste Addition wird fragwürdig, wenn man sie auf reale Dinge bezieht.

Der Grundschüler des herkömmlichen Rechenunterrichtes lernt zwar, man dürfe nur Gleiches mit Gleichem zusammenzählen. Aber im Widerspruch dazu geht der Rechenunterricht so vor, als ob zwei Äpfel gleich zwei Äpfel und zwei Birnen gleich zwei Birnen seien. Dadurch wird es rechnerisch leicht, vier Äpfel unter zwei Kindern zu verteilen und dergleichen mehr. Die Problematik zeigt sich jedoch, wenn tatsächlich vier Äpfel an zwei Kinder verteilt werden: Es gibt unter Umständen Streit, weil ein Apfel größer und ein anderer schöner ist als der andere.

Da es in der vorgefundenen Wirklichkeit niemals zwei Menschen, zwei Tiere, zwei Pflanzen, zwei Steine oder auch nur zwei Atome gibt, die in jeder Hinsicht absolut gleich sind, ist jede mathematische Aussage problematisch, wenn man sie auf reale Gegebenheiten anwendet. Eine Anwendung von Mathematik auf die Wirklichkeit bedeutet die Verknüpfung der aus der «idealen» Welt stammenden Zahlen mit realen Gegebenheiten.

In diesem Zusammenhang erhebt sich zugleich die Frage, welche Bedeutung für ein angemessenes Verständnis der Wirklichkeit es hat, dass sich selbst einfache, reale Maßverhältnisse mit Hilfe der natürlichen Zahlen nicht exakt beschreiben lassen. Wenn etwa zur Angabe des Verhältnisses von Umfang und Durchmesser eines Rades der griechische Buchstabe p (Pi) und zur Angabe des Verhältnisses von Seite und Diagonale einer quadratischen Fläche die «Zahl» Wurzel 2 angegeben wird, so wird damit nur verschleiert, dass diese einfachen Verhältnisse durch Zahlen nicht exakt beschrieben werden können, denn es gibt zwar Verfahren, das griechische p (Pi) oder Wurzel 2 zu errechnen; aber jeder Versuch einer endgültigen exakten Zahlenangabe scheitert daran, dass diese Rechnungen zwar immer weiter vorangetrieben, jedoch nie zu Ende gebracht werden können. Der griechische Buchstabe p (Pi) und Wurzel 2 sind Symbole für Zahlen, die postuliert, aber – zumindest im System der natürlichen Zahlen – nicht exakt angegeben werden können. Daher erklärte Max Born im Jahre 1954 in seiner Rede bei der Verleihung des Nobelpreises, ein Buchstabe wie das griechische p (Pi) sei zwar «als mathematisches Instrument ... äußerst wichtig und fruchtbar», jedoch «als Maß einer physikalischen Größe ... ein Unsinn».[174]

So ergibt sich insgesamt: Die Wirklichkeit ist reicher und komplexer als die Mathematik. Mathematische Formeln sind nicht identisch mit den Erscheinungen der Wirklichkeit selbst. Mathematisch formulierte Beweise sind zwar mathematisch durchaus schlüssig und richtig, sie bieten jedoch im Hinblick auf die konkrete Wirklichkeit nur Näherungswerte und keine absolut gültigen Feststellungen. Daher werden bei ihrer technischen Anwendung im allgemeinen von vornherein sogenannte Sicherheitsfaktoren eingeschaltet, um eine faktische «Zuverlässigkeit» der Berechnungen zu gewährleisten. Comte überspielt diese Problematik, indem er nur die «allgemeinen und abstrakten» Wissenschaften in sein System aufnimmt.[175]

2. Nicht minder kritische Einwände ergeben sich gegen die Auffassung, das Höhere sei jeweils nur der kompliziertere Fall des Niedrigeren. Eine angemessene Interpretation der Wirklichkeit hat nicht nur die Tatsache zu bedenken, dass die Materie die Basis für das Lebendige ist und dass der Mensch im Reich des Lebendigen relativ spät auftaucht, sondern sie hat auch einzugestehen, dass *das* nur die halbe Wahrheit ist.

Denn andererseits sind die drei großen Bereiche der Wirklichkeit – der des Materiellen, der des Lebendigen und der des Personalen – auch durch eine gegenläufige Zuordnung zueinander gekennzeichnet: Die jeweils höheren Bereiche nehmen die niederen in ihren Dienst und gestalten sie nach Prinzipien um, die aus den niederen nicht ableitbar sind. So wird z.B. im Bereich der Organismen die Materie samt ihren Eigenarten in eine höhere

Daseinsweise aufgenommen, die ihr selbst eine neue Qualität verleiht.

Bezeichnenderweise hat man lange Zeit zwischen anorganischer und organischer Chemie unterschieden und war nicht in der Lage, «organische Stoffe» synthetisch herzustellen. Erst im Jahre 1828, als Friedrich Wöhler die Synthese des Harnstoffes gelang, wurde die Grenze zwischen anorganischer und organischer Chemie überwunden. Die künstliche Schaffung lebender Zellen ist jedoch trotz raffiniertester Versuche bis heute nicht gelungen. Obgleich in den Organismen nichts geschieht, was als physikalisch oder chemisch «undenkbar» bezeichnet werden müsste bzw., was sich physikalisch oder chemisch schlechthin nicht beschreiben lässt, ist das Lebendige allein durch Physik und Chemie nicht hinlänglich «erklärbar».

So ist z.B. der Aufbau einer Pflanze aus den Stoffen des Bodens, des Wassers und der Luft mit Hilfe der Energie des Lichtes zwar physikalisch-chemisch beschreibbar, jedoch ein Gesamtvorgang, dessen Zustandekommen allein von dieser Ebene her nicht zureichend verstanden und erklärt werden kann.

In der Alltagsserfahrung tritt der Unterschied zwischen der Richtungstendenz chemischer Prozesse in der anorganischen Materie und der Richtungstendenz in den Organismen am deutlichsten in Erscheinung, wenn eine Pflanze eingeht oder ein Tier stirbt. Vor dem Tode dienen die zu Recht als *bio*-chemisch bezeichneten Prozesse dem Aufbau und der Erhaltung eines unter rein chemischen Gesichtspunkten unwahrscheinlichen Zustandes, den man auch als Fließgleichgewicht bezeichnet. Mit dem Tode bricht diese Koordination zusammen. Es tritt eine Umkehr des Prozessablaufes ein, die sich im Zerfall äußert und damit endet, dass die Einheit des Pflanzen- bzw. des Tierkörpers sich auflöst und die hochkomplizierten Moleküle in ihre Bestandteile zerfallen. Mit dem Tod münden also die chemischen Prozesse wieder in die Richtung ein, die den anorganischen Bereich kennzeichnet.

Der Indienstnahme des Materiellen durch das Biologische ist die Indienstnahme des Biologischen durch das Personale im Sinne eines analogen Vorganges vergleichbar. Die dem biologischen

Leben dienenden Vorgänge werden in den Dienst personaler Entfaltung und Gestaltung gestellt. Selbst so eindeutig biologische Tätigkeiten wie Essen und Trinken sind jeweils durch kulturspezifische Ausgestaltungen geprägt, die sich nicht aus dem Biologischen ableiten lassen. Wie unsere Forschung weltweit zeigt, sind Essen und Trinken schon von frühesten Zeiten an mit bestimmten Sitten und Gebräuchen verbunden.

Es beginnt schon damit, dass die Speisen und Getränke in einer Weise zubereitet und hergerichtet werden, die von der biologischen Ebene her unnötig ist und von daher nicht erklärt werden kann. Darüberhinaus ist das Mahl in den verschiedensten Kulturen eine Gemeinschaft stiftende Institution. Außerdem ist es jeweils mit spezifischen kultischen Komponenten verbunden. Es ist also zugleich eine Aktualisierung der Verbundenheit mit den in der jeweiligen Kultur verehrten Gottheiten. Eine analoge kulturspezifische Gestaltung gilt auch für sexuelle Beziehungen. Auch sie werden in bestimmten sozial legitimierten Institutionen – etwa der Ehe – geregelt und erhalten ihre Bedeutung und Ausgestaltung in einem jeweils kulturspezifischen personalen Gesamtgefüge.

Am unübersehbarsten äußert sich die Unterordnung des Biologischen unter das Personale darin, dass der Mensch aus personalen Motiven völlig anders handeln kann und in vielen Fällen auch anders handelt, als es seinen biologischen Bedürfnissen entspricht. Er vermag trotz Hungers zu fasten. Er vermag um personaler Liebe willen auf sexuelle Handlungen zu verzichten. Er vermag, aus Rücksicht auf andere Menschen Äußerungen des Schmerzes zu unterlassen und vieles andere mehr. All diese Unterlassungen, Handlungen und Verhaltensweisen lassen sich allein von der biologischen Ebene her nicht erklären. Sie werden nur von der personalen Ebene aus verständlich.

Aus all diesen Überlegungen ergibt sich die Fragwürdigkeit der Comteschen Bemühungen, Mathematik als Grundwissenschaft für ein angemessenes Verständnis aller realen Erscheinungen zu bezeichnen und die gesamte konkrete Wirklichkeit allein «von unten» zu erklären. In diesem Zusammenhang sei auch auf einen markanten Ausspruch Albert Einsteins hingewiesen: Auf die Frage, ob er glaube, «dass sich einfach alles auf naturwissenschaftliche Weise wird abbilden lassen können», antwortete er: «Ja, das ist denkbar, aber es hätte doch keinen Sinn. Es wäre eine Abbildung mit inadäquaten Mitteln, so als ob man eine Beethoven-Synphonie als Luftdruckkurve darstellte.»[176]

Derart kritische Überlegungen werden jedoch von Comte nicht angestellt. Im Gegenteil, er erhebt als Vorkämpfer der positiven Wissenschaften zugleich einen absoluten Führungsanspruch und wendet sich mit einer bemerkenswerten Intoleranz gegen alle, die ihm nicht folgen, insbesondere aber gegen Menschen, die an Gott glauben. So schließt er z.B. einen Vortrag am 19. Oktober 1851 mit den Sätzen: «Im Namen der Vergangenheit und der Zukunft ergreifen hiermit die theoretischen und praktischen Diener der Menschheit in würdiger Weise die allgemeine Leitung der irdischen Angelegenheiten, um endlich die wahre moralische, intellektuelle und materielle Vorsehung aufzurichten. Sie schließen hiermit alle die verschiedenen Sklaven Gottes, gleichviel, ob sie Katholiken, Protestanten oder Deisten seien, als rückschrittliche und störende Elemente unwiderruflich von der politischen Herrschaft aus.»

Obgleich die organisierte Anhängerschaft Comtes relativ begrenzt war, wurde die positivistische und materialistische Grundposition in der Folgezeit weithin zur herrschenden Auffassung der europäischen Intelligenz. Die Wissenschaften werden nunmehr vor allem durch folgende Merkmale gekennzeichnet:

1. Sie sind positivistisch in dem Sinne, dass sie nur von Gegebenheiten ausgehen, die zumindest grundsätzlich von jedermann jederzeit überprüft werden können. Dabei bilden für die Naturwissenschaften die Naturgegebenheiten die Ausgangsbasis, für die Geisteswissenschaften die vom Menschen selbst geschaffenen Kulturgegebenheiten. Mit einem bewundernswürdigen Arbeitseinsatz suchte man zunächst alle Gegebenheiten vollständig und genau zu registrieren.

2. Die Tendenz, Gesetze oder doch wenigstens Gesetzmäßigkeiten festzustellen und konstante Beziehungen zwischen den Erscheinungen mathematisch zu formulieren, greift von den Naturwissenschaften auf andere Wissenschaften über. Eine sol-

che mathematische Formulierung ist naturgemäß nur möglich, soweit die Erscheinungen mess- und zählbar sind. Daher sucht man nach Möglichkeit, alle qualitativen Unterschiede zwischen den Erscheinungen in quantitative aufzulösen, bzw. unter quantitativen Fragestellungen zu erfassen[177]. So wird z.B. der ursprünglich qualitative Unterschied zwischen den verschiedenen Farben wissenschaftlich im quantitativen Unterschied der verschiedenen Wellenlängen des Lichtes registriert.

Statistik und Wahrscheinlichkeitsrechnung beherrschen zahlreiche Wissenschaftszweige, in denen früher Mathematik nicht vorkam. Dementsprechend geht es z.B. in den Gesellschaftswissenschaften bei der Erfassung des Menschen um die Bedürfnisse des «Normalverbrauchers», um die Unfallquote pro tausend Einwohner, um den Alkoholverbrauch pro Kopf der Bevölkerung usw.

3. Die Wissenschaft erhebt den Anspruch auf Unfehlbarkeit ihrer Aussagen. Wie Carl Friedrich von Weizsäcker formuliert, spielt der Glaube an die Wissenschaft „die Rolle der herrschenden Religion unserer Zeit»[178]. «Etwas ist wissenschaftlich erwiesen» bedeutet im Allgemeinverständnis: «Es ist absolut und unumstößlich richtig.» Wie stark der Glaube an die klärende Kraft der Wissenschaft sogar bei Denkern ist, die durch ihre eigenen bahnbrechenden Forschungen dazu beigetragen haben, den absoluten Unfehlbarkeitsanspruch der Wissenschaften in Frage zu stellen, zeigt z.B. eine Bemerkung Werner Heisenbergs: «Natürlich gibt es in der Wissenschaft auch Irrtum, und es kann gelegentlich lange dauern, bis er erkannt und verbessert wird. Aber wir können uns immer noch darauf verlassen, dass schließlich entschieden wird, was richtig und was falsch ist, und dass wir es dann wissen; diese Entscheidung hängt nicht vom Glauben oder der Rasse oder der Herkunft des Forschers ab, sondern sie wird von einer höheren Macht gefällt und gilt dann für alle Menschen und für alle Zeiten»[179].

Ein eindrucksvoller Beleg für die allgemeine und selbstverständliche Verbreitung positivistischen Denkens sind die großen Nachschlagwerke der Jahrhundertwende. So heißt es z.B. unter dem Stichwort «Medizin» in «Meyers Konversationslexikon» von 1897:

«Werfen wir zunächst einen Blick auf die letzten dreißig Jahre, so muss man zugestehen, dass die Leistungen, welche die Jünger der Medizin ... während dieser Zeit zustandegebracht haben, von größerem Umfang und größerer Tragweite sind als alles, was die beiden vorhergehenden Jahrtausende ans Licht befördert haben. Die Medizin unserer Tage unterscheidet sich von der aller vergangenen Zeiten vornehmlich dadurch, dass die apriorische philosophische Spekulation gänzlich aus derselben verbannt ist, und dass man sich nur noch an dasjenige hält, was die gesunden fünf Sinne und eine nüchterne Reflexion an die Hand geben ... Den Vorwurf der Philosophiescheu, der Nüchternheit, des Materialismus mag die neuere Medizin gern hinnehmen; denn der sichere Grund der positiven Tatsachen gewährt für weitere Fortschritte noch mehr Reiz, als spekulative Urgebilde jemals gewähren können. Die innige Verbindung, welche die Naturwissenschaften mit der Medizin eingegangen sind, hat viele reiche Früchte für die letztere getragen, und ihr Einfluss war stark genug, um der Medizin selbst zu einer exakteren naturwissenschaftlichen Richtung zu verhelfen.»

J. G. Fichte (1762-1814)
deutet Geschichte nach Schema

J. A. Möhler (1796-1838)
Dynamische Kirchengeschichte

9. Die Fortentwicklung der Wissenschaft zur Ideologie

Entgegen seinem eigenen Wissenschaftsideal begnügt sich schon Comte keineswegs damit, nur «objektive Gegebenheiten» festzustellen. Schon das Drei-Stadien-Gesetz ist letzten Endes eine ideologische Geschichtsdeutung, die über die bloße Feststellung von Gegebenheiten weit hinausgeht. Wie sehr die Wissenschaft insgesamt in ihrer eigenen Konsequenz dazu neigt, selbst zur Ideologie umzuschlagen, zeigt sich auch am Beispiel Darwins.

Darwin vertrat als einer der ersten pointiert die heute allgemein anerkannte Erkenntnis, dass es einen stammesgeschichtlichen Zusammenhang zwischen allem Lebendigen gibt und dass in diesem Rahmen Übergänge von einer Art zur anderen stattgefunden haben. Damit wurde auch zur Erklärung der Vielfalt im Reich des Lebendigen eine «geschichtliche» Komponente eingeführt, die – hierin der historischen Sprachforschung analog – zu einem besseren Verständnis der gegenwärtigen Tier- und Pflanzenwelt führte. Darwin glaubte, dass alle Übergänge von einer Erscheinungsform zur jeweils anderen ganz allmählich in kleinen Schritten stattgefunden hätten und erklärte sie damit, dass sich die jeweils Lebenstüchtigsten bzw. an ihre Umwelt am besten Angepassten durchsetzten und zur Vermehrung kämen.

Diese Theorie hat sich inzwischen jedoch nur für Veränderungen innerhalb der Arten als zutreffend erwiesen. Sie ist jedoch nicht ausreichend, um die grundlegenden Übergänge von einer Art zur anderen zu erklären.

Diese Erkenntnis wurde jedoch erst später gewonnen, so dass die unzutreffende Darwinsche These von ganz allmählichen Übergängen auch von einer Art zur anderen zunächst weitgehende Anerkennung fand. Das hatte auch wichtige Konsequenzen für die Stellung des Menschen im Bereich des Lebendigen. Schon Darwin selbst nivellierte bewusst den qualitativen Unterschied zwischen tierischem Leben und personalem Dasein. Er erklärte ausdrücklich, der Mensch trage «den unauslöschlichen Stempel seines tierischen Ursprungs bleibend mit sich».[180] Zudem formulierte er in schroffer Polemik gegen die in der Genesis gründende Schöpfungslehre, nur wer die Naturerscheinungen zusammenhanglos betrachte, könne glauben, «dass der Mensch das Werk eines besonderen Schöpfungsaktes sei».[181]

Da Darwin mit seinen Gedanken in vieler Hinsicht nur Exponent einer breiten Strömung naturwissenschaftlich-materialistischen oder auch verschwommen pantheistischen Denkens war, bedurfte es keiner Zwischenspanne, um seine Gedanken in das Allgemeinbewusstsein einzubringen. Es war fast, als hätte man auf seine Veröffentlichungen bereits mit Spannung gewartet. So war die 1. Auflage seines Buches «Die Entstehung der Arten durch natürliche Zuchtwahl oder die Erhaltung bevorzugter Rassen im Kampf ums Dasein», die 1859 in 1250 Exemplaren erschien, schon am ersten Tage vergriffen. Die Schrift wurde umgehend in nahezu alle europäischen Sprachen übersetzt. 1883 erschien bereits die 7. deutschsprachige Auflage.

Schon in Meyers Konversationslexikon von 1897 wird zusammenfassend festgestellt: «Binnen wenigen Jahrzehnten ist ein Umschwung in den Ansichten, Methoden und Zielen der Naturforscher, vor allem der Zoologen und Botaniker eingetreten, wie er in der Geschichte der organischen Forschung seinesgleichen nicht hat. Indem Darwin ferner den Menschen als Glied der lebenden Natur reklamierte, hat er zugleich die Menschenwissenschaften in eine lebendige Berührung und Wechselwirkung mit der Naturwissenschaft gebracht ... Er hatte die Freude, den vollständigen Triumph seiner Lehren zu beobachten, und namentlich in Deutschland fand er das früheste Verständnis und begeisterte Anhängerschaft.»[182]

In Deutschland war es – abgesehen von den direkten Wirkungen Darwins – vor allem Ernst Haeckel, der die neuen Auffassungen verbreitete. Er war nicht nur Interpret Darwins, sondern zugleich ein eigenständiger Forscher. Schon 1868, also noch vor dem Erscheinen von Darwins Abhandlung über die «Abstammung des Menschen», erschien seine «Natürliche Schöpfungsgeschichte», in der er die Einbeziehung des Menschen in die Abstammungslehre Darwins vorwegnahm. Darwin selbst äußerte hierzu: «Wäre dieses Werk erschienen, ehe meine Arbeit «Die Abstammung des Menschen» niedergeschrieben war, so würde ich sie wahrscheinlich nie zu Ende geführt haben; fast alle die Folgerungen, zu denen ich gekommen bin, sind durch diesen Forscher bestätigt, dessen Kenntnisse in vielen Punkten reicher sind als die meinen.»[183]

Im Gegensatz zu Darwin baute Ernst Haeckel seine Überlegungen bewusst zu einer eigenen Weltanschauung aus und ließ sich zu einer höchst aggressiven, zum Teil verletzenden Polemik gegen das Christentum hinreißen. Wenn er z.B. Gott als «ein gasförmiges Wirbeltier» bezeichnete[184], so begab er sich damit jenseits der Grenze dessen, was einem engagierten Wissenschaftler in einer harten Auseinandersetzung zugestanden werden kann.

Nicht weniger geschmacklos war es, wie er seine eigene Theorie mit aus dem Zusammenhang gerissenen und leicht abgewandelten Bibelzitaten würzte: «Der grausame und schonungslose ‹Kampf ums Dasein›, der überall in der lebendigen Natur wütet und naturgemäß wüten muss, diese unaufhörliche und unerbittliche Konkurrenz alles Lebendigen ist eine unleugbare Tatsache ... Man kann diese Tatsache tief beklagen; aber man kann sie weder wegleugnen noch ändern. Alle sind berufen; aber nur wenige sind auserwählet! Diese Lektion, die ‹Auslese› dieser ‹Auserwählten›, ist ebenso notwendig mit dem Verkümmern und Untergang der übrigbleibenden Mehrzahl verknüpft.»

In zwei wichtigen Punkten ging Ernst Haeckel deutlich über Darwin und dessen Auffassungen hinaus:

1. Während Darwin noch im Sinne eines vagen Deismus erklärt hatte, «dass der Schöpfer den Keim allen Lebens; das uns umgibt; nur wenigen oder nur einer einzigen Form eingehaucht hat», vertrat Ernst Haeckel die Auffassung, «dass die Organismen auf rein physikalisch-chemischem Wege entstanden sind».[185] Er trug damit Auffassungen vor, die später mit umfassenden Begründungen propagiert worden sind und in den letzten Jahrzehnten – man denke an die sogenannten Spieltheorien – von den «Neodarwinisten» dezidiert vertreten werden.

2. Er vertrat in seiner 1906 erschienenen Schrift «Prinzipien der generellen Morphologie der Organismen» das bereits vorher von

F. Müller in seiner Schrift «Für Darwin» entwickelte und inzwischen widerlegte «biogenetische Grundgesetz», demzufolge «die Reihe von Entwicklungsformen, welche das jeweilige Individuum während seiner Entwicklung von der Eizelle an bis zu seinem ausgebildeten Zustand durchläuft; eine kurze, gedrängte Wiederholung der langen Formenreihe ist, welche die Vorfahren desselben Organismus oder die Stammformen seiner Art von den ältesten Zeiten an bis auf die Gegenwart durchlaufen haben».[186]

Den größten Erfolg hatte Ernst Haeckel mit seinem Werk «Die Welträtsel», das 1899 als eine Bilanz der naturwissenschaftlichen Erkenntnisse und Spekulationen seiner Zeit erschien. Hier schrieb Haeckel unter anderem: «Das 19. Jahrhundert hat größere Fortschritte in der Kenntnis der Natur und dem Verständnis ihres Wesens herbeigeführt als alle früheren Jahrhunderte; es hat viele große ‹Welträtsel› gelöst, die an seinem Beginn für unlösbar galten; es hat uns neue Gebiete des Wissens und Erkennens aufgeschlossen, von deren Existenz der Mensch vor hundert Jahren noch keine Ahnung hatte ... Da überragt alle anderen Fortschritte und Entdeckungen des verflossenen ‹großen Jahrhunderts› das allumfassende Substanzgesetz, das ‹Grundgesetz von der Erhaltung der Kraft und des Stoffes›.

Die Tatsache, dass die Substanz überall einer ewigen Bewegung und Umbildung unterworfen ist, stempelt es zugleich zum universalen Entwicklungsgesetz. Indem dieses höchste Naturgesetz festgestellt und alle anderen ihm untergeordnet wurden, gelangten wir zu der Überzeugung von der universalen Einheit der Natur und der ewigen Geltung der Naturgesetze ... Der Monismus des Kosmos, den wir darauf begründen ... vernichtet ... die drei großen Zentraldogmen der bisherigen dualistischen Philosophie, den persönlichen Gott, die Unsterblichkeit der Seele und die Freiheit des Willens.»[187]

Es gibt kaum ein Buch, das eine bereitwilligere Aufnahme gefunden hätte als «Die Welträtsel». In weniger als zehn Jahren war es in einer Auflage von einer Viertelmillion verbreitet. Es wurde in etwa dreißig Sprachen übersetzt. Im Jahre 1914, also fünfzehn Jahre nach dem ersten Erscheinen des Werkes, schreibt der Engländer Mac Cabe: «Ich sah die ‹Welträtsel› unter den einfachsten Fischern der Orkney-Inseln ... von Hand zu Hand gehen; ich fand es unter den Bergleuten von Schottland und Wales, unter den Schafscherern Australiens und sogar bei den Maoris Neuseelands.»[188]

Rudolf Steiner nannte «Die Welträtsel» «eines der bedeutendsten Manifeste vom Ende des 19. Jahrhunderts, in reifer Form eine vollständige Auseinandersetzung der modernen Naturwissenschaft mit dem philosophischen Denken aus dem Geiste des genialsten weitblickendsten Naturforschers unserer Zeit heraus».[189]

Die Lehre vom Monismus des Kosmos fand umso mehr begeisterte Anhänger, als Haeckel zugleich einen «reinen Kultus des ‹Wahren, Guten und Schönen›» proklamierte, den er als «Kern unserer neuen monistischen Religion» bezeichnete. Der 1906 gegründete Monistenbund verfügte über eine weite Anhängerschaft und eine eigene Wochenzeitschrift, die seit 1912 den programmatischen Titel «Das monistische Jahrhundert» führte.

Für den kritischen Zeitgenossen war die ideologische Tendenz Haeckels schon damals erkennbar. Eine solche kritische Haltung war jedoch nicht zeitgemäß und wurde nur von wenigen eingenommen. Im Gegenteil: Es war die allgemeine Tendenz der Zeit, den Darwinismus nicht isoliert zu sehen, sondern ihn – wie Haeckel – zum Teil einer Gesamtdeutung der Welt zu machen.

So spielte der Darwinismus insbesondere auch bei der Ausgestaltung des Dialektischen Materialismus eine wichtige Rolle und wurde so zum Bestandteil dieser klassischen Ideologie. Als offizielle Weltanschauung der Marxistisch-Leninistischen Parteien hat er Jahrzehnte lang zahlreiche Staaten der Erde beherrscht und hat auch heute noch in vielen Ländern eine beachtliche Anhängerschaft.

Kennzeichnend für das wissenschaftliche Selbstbewusstsein dieser Lehre ist das alte Geleitwort Walter Ulbrichts zu dem damals in der DDR weitverbreiteten Schulungsbuch «Weltall – Erde – Mensch». «In dem vorliegenden Buch wird, ausgehend von den Erkenntnissen der fortgeschrittensten Wissenschaft, der Sowjet-Wissenschaft, die Entwicklung in Natur und Gesellschaft dargelegt ... Gleichzeitig wird der Kampf gegen Aberglauben, Mystizismus, Idealismus und alle anderen unwissenschaftlichen Anschauungen geführt.»[190] Das gleiche Selbstverständnis findet sich auf höchster Ebene im alten Parteiprogramm der KPdSU, in dem es heißt: «Der Dialektische und Historische Materialismus als Wissenschaft von den allgemeinen Entwicklungsgesetzen der Natur, der Gesellschaft und des menschlichen Denkens muss weiterentwickelt und standhaft verteidigt und ausgebreitet werden»[191].

Tatsächlich hat schon Marx betont, dass nur der ein Recht habe, sich mit Aktionsprogrammen an die Arbeiterschaft zu wenden, der sich auf eine streng wissenschaftliche Theorie stützt. Dadurch fühlte er sich den «Sozialutopisten» überlegen. Bei der Begründung seiner Theorie hat Marx nicht nur eine zwar einseitige, aber in vieler Hinsicht eindrucksvolle Analyse der damaligen ökonomischen Entwicklung geleistet, sondern hat zusammen mit Friedrich Engels eine Gesamtsicht der Entwicklung von Welt und Gesellschaft erarbeitet, die alle damals anerkannten wissenschaftlichen Erkenntnisse einzubeziehen suchte. Hierzu gehört vor allem die Auffassung, «dass die Welt ihrer Natur nach materiell ist».

Im Gegensatz zu dem Materialismus vormarxistischer Denker wie etwa Hobbes oder Lamettrie oder auch Comte, die unter Berufung auf den materiellen Charakter aller Erscheinungen qualitative Unterschiede innerhalb der Wirklichkeit leugnen und auch Tiere und Menschen letztlich als Mechanismen betrachten, erkennt der Dialektische Materialismus qualitative Unterschiede zwischen den verschiedenen Wirklichkeitsbereichen an. Hierin ist er dem Wissenschaftlichen Materialismus des vorigen Jahrhunderts weit überlegen. Qualitative Unterschiede kommen nach seiner Auffassung dadurch zustande, dass an bestimmten kritischen Punkten quantitative Veränderungen in qualitative umschlagen und auf diese Weise neue Stufen der Wirklichkeit erreicht werden.

Die gesamte Entwicklung geht – hierbei kann man sich auf eindrucksvolle Ergebnisse der Naturwissenschaften, insbesondere die Darlegungen Darwins stützen – nach Auffassung der marxistischen Denker vom Niederen zum Höheren. Dabei handelt es sich nicht um einen kontinuierlichen, sondern um einen dialektischen

Aufstieg, der sich von der unbelebten über die belebte Materie bis zum Menschen, der höchsten Stufe der belebten Materie, erstreckt. Bei der Darlegung der Dialektik knüpft Marx an Hegel an.

Während jedoch für Hegel der «Welt*geist*» der bestimmende Faktor für die Gesamtentwicklung ist und infolge *seiner* «dreifaltigen» Tätigkeit der Dreischritt von These-Antithese-Synthese dann auch zum Strukturprinzip der gesamten, auch der materiellen, Wirklichkeit wird, versichert der Dialektische Materialismus, «dass die mannigfachen Erscheinungen in der Welt verschiedene Formen der sich bewegenden Materie darstellen ..., dass die Welt sich nach den Bewegungsgesetzen der Materie entwickelt und keines ‹Weltgeistes› bedarf ..., dass das Denken ein Produkt der Materie ist»[192]. Damit macht er aus der primär dem Denken bzw. dem Geist zugeordneten Dialektik Hegels eine Dialektik, die in der materiellen Entwicklung ihre Basis hat.

Nur weil das Sein dialektisch sei, vollziehe sich auch das im Bewusstsein erfolgende Denken nach den Gesetzen der Dialektik. Denn es sei nur Begleiterscheinung der materiellen Entwicklung. In diesem Sinne stellt der Dialektische Materialismus, wie er sagt, Hegel «vom Kopf auf die Füße».

Mit dem Aufkommen des Menschen tritt neben die kosmische und biologische Entwicklung der Materie eine neue Form von Veränderungen: die Geschichte. In ihr gibt es ebenso wie in der Entwicklung des Kosmos und des Lebendigen eine Gesetzmäßigkeit der Entwicklung. Sie unterscheidet sich von dieser jedoch dadurch, dass sie von der Aktivität des Menschen bestimmt wird, der durch seine Arbeit die Erde umgestaltet. Der Erschließung der Gesetze der Geschichte dient der Historische Materialismus, der nach dem Selbstverständnis marxistischer Denker die Anwendung der Leitsätze des Dialektischen Materialismus auf die Erforschung des gesellschaftlichen Lebens ist.

Für den Gang der Geschichte entscheidend ist nach der Lehre des Historischen Materialismus die wirtschaftliche Entwicklung: die ökonomische Basis. Alles andere – insbesondere alle religiösen und philosophischen Überzeugungen – ist nur Überbau. Jeder Veränderung der ökonomischen Basis folgt zwangsläufig eine entsprechende Änderung des geistigen Überbaus. Es gibt allerdings umgekehrt auch Rückwirkungen des Überbaus auf die Basis. Eine endgültige Klärung in der Diskussion über das Verhältnis von Überbau und Basis ist trotz intensiver Bemühungen – insbesondere Stalins – noch nicht erreicht.

Im Gegensatz zur Höherentwicklung im kosmischen und biologischen Bereich vollzieht sich der Übergang von einem Typ der Produktionsverhältnisse zum nächsthöheren – der Historische Materialismus unterscheidet fünf Typen dieser Produktionsverhältnisse – nicht mit Notwendigkeit. Vielmehr müssen im Interesse des menschlichen Fortschritts, nachdem die Produktivität der jeweiligen Entwicklungsstufe die nötige Reife erlangt hat, die alten herrschenden Klassen durch die bewusste Tätigkeit der neuen Klassen, d.h. durch gewaltsame Handlungen und Revolutionen beseitigt werden. Revolutionäres Handeln ist somit notwendig, um den Fortschritt und Aufstieg der Menschheit zu sichern.

Im Hinblick auf die Bedeutung des Einzelnen in der Geschichte prägt der Historische Materialismus – hierin mit Hegel konform – den Gedanken aus, dass der Wert jedes Menschen sich daran entscheidet, welchen Beitrag er zu einer fortschrittlichen und letzthin notwendigen Entwicklung der Menschheit leistet. Die Freiheit des Menschen besteht in der sittlich geforderten Einsicht und Einordnung in die notwendige fortschrittliche Gesamtentwicklung. Dabei tritt dem Einzelnen der jeweils von ihm geforderte Beitrag zu dieser Gesamtentwicklung in den technokratischen Planungen der kommunistischen Gewalthaber bzw. den revolutionären Aktionsprogrammen der Parteileitungen entgegen. Ziel der Wissenschaft ist letzten Endes nicht eine Deutung und Erklärung der Welt, sondern deren Veränderung.

Die Parallele zum Deutschen Idealismus Hegels, der sich ebenfalls als Repräsentant strengster Wissenschaftlichkeit empfand, liegt auf der Hand. Allerdings wird der Endzustand vom Marxismus, seiner ökonomischen Akzentuierung entsprechend, nicht als Verwirklichung des Weltgeistes, sondern als die gemeinsam die Produktionsmittel verwaltende klassenlose Gesellschaft proklamiert. In ihr werden die Spannungen, die den weiteren Fortschritt bewirken, nicht mehr antagonistisch sein, da die Identität der Interessen des Einzelnen und der Gesellschaft erreicht ist.

Vergegenwärtigt man sich die wissenschaftliche Fundierung des Dialektischen Materialismus, so wird verständlich, dass die meisten Wissenschaftler in den kommunistischen Staaten eine positive Haltung zu ihren Systemen eingenommen haben und dass auch zahlreiche Wissenschaftler der westlichen Welt bis heute eine gewisse Neigung zu marxistischen Auffassungen erkennen lassen, während sie sich christlichen Grundüberzeugungen gegenüber in vielen Fällen reserviert verhalten.

Der Nationalsozialismus hat keine geistige Elite der gleichen Qualität aufzuweisen wie der Dialektische Materialismus. Außerdem stand ihm nicht die gleiche Zeit zur Verfügung, um seine theoretischen Grundlagen systematisch durchzuarbeiten und abzurunden. Aber auch für ihn erhoben zahlreiche seiner führenden Vertreter den Anspruch, dass er eine wissenschaftlich fundierte Weltanschauung sei.

Dieses Verständnis spielte zum Beispiel Reichsleiter Martin Bormann in einem streng vertraulichen – also nicht der Propaganda nach außen dienenden – Rundschreiben gegen das Christentum aus, indem er erklärte: «Nationalsozialistische und christliche Auffassungen sind unvereinbar. Die christlichen Kirchen bauen auf der Unwissenheit der Menschen auf und sind bemüht, die Unwissenheit möglichst weiter Teile der Bevölkerung zu erhalten; denn nur so können die christlichen Kirchen ihre Macht bewahren. Demgegenüber beruht der Nationalsozialismus auf wissenschaftlichen Fundamenten. Das Christentum hat unveränderliche Grundsätze, die vor fast 2000 Jahren gesetzt und immer mehr zu wirklichkeitsfremden Dogmen erstarrt sind. Der Nationalsozialismus dagegen muss, wenn er seine Aufgabe auch weiterhin erfüllen soll, stets nach den neuesten Erkenntnissen der wissenschaftlichen Forschung ausgerichtet werden»[193].

Wie der Dialektische Materialismus einerseits an den wissenschaftlichen Materialismus und andererseits an Hegel anknüpft, so führt auch der Nationalsozialismus – zum Teil in höchst eigenwilliger Weise – Gedanken weiter, die vorausgegangene Philosophen und Wissenschaftler bereitgestellt hatten. Schon Darwin hatte seine Theorie von der natürlichen Zuchtwahl und von der Entstehung des Menschen im Laufe der Evolution mit einer Hoffnung verbunden und geschrieben: «Es ist begreiflich, dass der Mensch einen gewissen Stolz empfindet darüber, dass er sich ... auf den Gipfel der organischen Stufenleiter erhoben hat; und die Tatsache, dass er sich so erhoben hat, anstatt von Anfang dort hingestellt zu sein, mag ihm die Hoffnung auf eine noch höhere Stellung in einer ferneren Zukunft erwecken»[194].

Derartige Gedanken wirkten in einer vielfältigen Weise weiter und beherrschten selbst Denker, die sich in mancher Hinsicht von Darwin distanzierten, wie etwa Friedrich Nietzsche (1844-1900). Er ließ seinen Zarathustra erklären:

«Ich lehre Euch den Übermenschen.
Der Mensch ist etwas, das überwunden werden soll ...
Alle Wesen bisher schufen etwas über sich hinaus ...
Ihr habt den Weg vom Wurme zum Menschen gemacht ...
Seht ich lehre Euch den Übermenschen ...
Der Mensch ist ein Seil,
geknüpft zwischen Tier und Übermensch,
ein Seil über einem Abgrunde.»[195]

Bei der Schaffung des Übermenschen ging es Nietzsche nicht um eine Höherentwicklung der gesamten Menschheit, sondern um eine Gegenbewegung zu dem «immer ökonomischeren Gebrauch von Mensch und Menschheit bei einer immer fester ineinander verschlungenen «Mechanerie der Interessen und Leistungen»[196]. In dieser Gegenbewegung soll nach dem Willen Nietzsches der «Luxus-Überschuss der Menschheit» herauskristallisiert werden: «In ihr soll eine stärkere Art, ein höherer Typus ans Licht treten, der andere Entstehungs- und andere Entfaltungsbedingungen hat als der Durchschnittsmensch»[197]. Der von Nietzsche geforderte neue und höhere Mensch ist «groß durch den Freiheitsspielraum seiner Begierden und durch die noch größere Macht, welche diese prachtvollen Untiere in den Dienst zu nehmen weiß»[198].

Nietzsche war sich dessen bewusst, dass der von ihm geforderte neue Mensch nach den herkömmlichen Wertmaßstäben eine erschreckende Vision darstellt. Ohne Illusionen zu wecken, erklärte er: «Der Mensch ist das Untier und Übertier; der höhere Mensch ist der Unmensch und Übermensch: so gehört es zusammen. Mit jedem Wachsen des Menschen in die Größe und Höhe wächst er auch in das Tiefe und Furchtbare: man soll das eine nicht wollen ohne das andere»[199].

Nietzsche war bereit, für die Schaffung des Übermenschen den Preis großer Teile der Menschheit zu zahlen, und schrieb in diesem Sinn: «Nicht ‹Menschheit›, sondern ‹Übermensch› ist das Ziel», und er bezeichnete die übrige Menschheit als das bloße «Versuchsmaterial, den großen Überschuss des Missratenen: ein Trümmerfeld»[200]. Die vom Christentum geforderte Solidarität mit den Schwachen lehnte er ab, da sie nur die Selektion verhindere: «Die Gattung braucht den Untergang der Missratenen, Schwachen, Degenerierten ...»[201]

Während Nietzsche die Schaffung des Übermenschen als künftige Aufgabe propagierte, vertrat der in Deutschland lebende Engländer Housten Stewart Chamberlain (1855-1927) die Auffassung, dass es den Idealtypus bereits unter den bestehenden Menschenrassen gebe. In seinem Buch «Grundlagen des 19. Jahrhunderts» erklärt er: «Die Zivilisation und Kultur, welche vom nördlichen Europa ausstrahlend, heute einen bedeutenden Teil der Welt ... beherrscht, ist das Werk des Germanentums: ... dieses Werk des Germanentums ist ohne Frage das Größte, was bisher vom Menschen geleistet wurde. Es wurde nicht durch Humanitätswahn, sondern durch gesunde, selbstsüchtige Kraft, nicht durch Autoritätsglauben, sondern durch freie Forschung, nicht durch Genügsamkeit, sondern durch unersättlichen Heißhunger geschaffen»[202].

Derartige Gedanken wurden vom Nationalsozialismus aufgenomnmen und zu einer – unterschwellig von einem irrationalen Antisemitismus geprägten – biologistisch-rassistischen Ideologie zusammengefügt. Unter Berufung auf die Forschungsergebnisse der Biologie forderte man eine Förderung «erbgesunden» Nachwuchses im eigenen Volke und verherrlichte den Krieg zur

Durchsetzung gegenüber anderen Völkern. Das alte Wort Heraklits, dass der Krieg der Vater aller Dinge sei, wurde von Hitler umgeprägt in die, wie er meinte, wissenschaftlich begründete Feststellung: «In ewigem Kampf ist die Menschheit groß geworden – im ewigen Frieden geht sie zugrunde»[203]. Die Träger des den Aufstieg der Menschheit fördernden Kampfes sind nach der Auffassung des Nationalsozialismus vor allem die Rassen und Völker. Daher forderte Hitler in seinem Buch «Mein Kampf», «dass endlich eine Weltgeschichte geschrieben wird, in der die Rassenfrage zur dominierenden Stellung erhoben wird»[204].

Auch die innenpolitische Struktur des Dritten Reiches wurde wissenschaftlich-ideologisch begründet und gestaltet. So heißt es in einem Erlass des Reichserziehungsministers Rust aus dem Jahre 1935: «Die auf den wissenschaftlichen Ergebnissen der Erblehre und der Biologie aufgebaute rassische Geschichtsbetrachtung widerlegt die Auffassungen, wie sie etwa in der liberalen Fortschrittslehre zum Ausdruck kommen. Aus dem Rassegedanken ist weiterhin die Ablehnung der sogenannten Demokratie oder auch anderer Gleichheitsbestrebungen ... abzuleiten und der Sinn für den Führergedanken zu stärken»[205].

Der Gedanke, dass jeder Mensch eine unantastbare Würde habe, war innerhalb des nationalsozialistischen Denkens nicht vollziehbar. Ein Solidaritätsgefühl zwischen allen Menschen und Völkern erschien als eine unrealistische und letzten Endes unverantwortliche «Humanitätsduselei». Menschen, die nicht der arischen Herrenrasse angehörten, galten nicht als Menschen im Vollsinn des Wortes.

So hieß es zum Beispiel in einer 1933 erschienenen Abhandlung von Hermann Gauch: «Der nicht nordische Mensch nimmt also eine Zwischenstellung zwischen dem nordischen Menschen und den Tieren, zunächst den Menschenaffen ein ... Der grundsätzliche Gegensatz in den Merkmalen würde also die Gegenüberstellung nordischer Mensch – Tier ergeben, so dass der nicht nordische Mensch in Anbetracht seiner Zwischenstellung der Mehrheit seiner Merkmale bestenfalls eben nur als Untermensch angesprochen werden könnte»[206]. Hier wird der – tatsächlich einem emotionalen Hass entsprungene – Begriff «Untermensch» wissenschaftlich begründet.

Aus dieser Ideologie wurden die politischen Konsequenzen mit brutaler Rücksichtslosigkeit gezogen: Staatsangehöriger konnte nur sein, wer deutschen Blutes war; die Juden hatten als Parasitenrasse kein Lebensrecht. Es lag nach nationalsozialistischer Auffassung im Interesse des wertvolleren Teils der Menschheit, sie auszurotten. Hitler erklärte dem ungarischen Reichsverweser Horthy: die Juden müssten wie Tuberkelbazillen behandelt werden, an denen sich ein gesunder Körper anstecken könne. Das sei nicht grausam, wenn man bedenke, dass sogar unschuldige Naturgeschöpfe wie Hasen und Rehe getötet werden müssten, damit kein Schaden entstehe. In Konsequenz dieser Auffassung wurden alle Juden, deren man in Deutschland und den im Zweiten Weltkrieg von deutschen Truppen besetzten Gebieten habhaft werden konnte, ergriffen und in wissenschaftlich technisch perfekt geplanten und organisierten Vernichtungslagern umgebracht.

Auch innerhalb des eigenen Volkes wurden die Konsequenzen aus der Rassenideologie gezogen: Tatsächlich oder vermeintlich Erbkranke wurden – zum Teil gewaltsam – «durch chirurgische Eingriffe unfruchtbar gemacht». Dem sogenannten «lebensunwerten Leben» wurde ein Ende bereitet, indem man den betreffenden Menschen den «Gnadentod» gewährte. Andererseits wurde «erbgesunder» Nachwuchs nach Kräften gefördert. Die Maßnahmen reichten von der Familienpolitik bis zur planmäßigen außerehelichen Züchtung «rassisch-hochwertigen» Nachwuchses unter der Regie des «Lebensborns». Auch so irrationale Erscheinungen wie der Blut- und Bodenkult erhielten ihre rationale Begründung: Aus der nach Art des Sozialdarwinismus wissenschaftlich begründeten These, dass Blut und Rasse für das Schicksal des Volkes entscheidend seien, ergab sich die Notwendigkeit einer Pflege dieser vermeintlich höchsten Werte.

Entgegen weitverbreiteter Auffassung sind die wissenschaftlich-ideologischen Grundgedanken des Nationalsozialismus auch nach der Niederlage des Dritten Reiches nicht untergegangen, sondern nur im Sinne wissenschaftlich-technischer Weltgestaltung variiert worden. Als angemessenes Mittel zur biologischen Höherentwicklung des Menschen erscheint nicht mehr der unkontrollierbare und riskante Kampf ums Dasein, sondern eine wissenschaftlich kontrollierte Sorge für gesunden Nachwuchs. Dabei geht es vor allem um die Ausschaltung erblich Kranker oder Belasteter durch Abtreibung und – wie bereits bei der Gesundheitspolitik im Dritten Reich – um Euthanasie.

Vergegenwärtigt man sich den Zusammenhang von Wissenschaft und Ideologie, so wird verständlich, dass sich – von jüdischen Wissenschaftlern, die sich in einer besonderen Zwangslage befanden, abgesehen – nur wenige deutsche Professoren gegenüber der Ideologie des Dritten Reiches immun gezeigt haben. Bekanntlich erschien bereits am 4. März 1933 – unmittelbar vor der Reichstagswahl, die den Nationalsozialisten zusammen mit den Deutschnationalen eine knappe Mehrheit von 52% brachte – im Völkischen Beobachter eine Treueerklärung von 300 Universitäts- und Hochschullehrern für die Liste 1, das heißt die NSDAP. Im Herbst 1933 unterschrieben bereits 960 deutsche Wissenschaftler eine ausdrückliche Ergebenheitsadresse, die von Wilhelm Röpke nicht zu Unrecht als ein «Akt der Prostitution» bezeichnet worden ist[207].

Es gibt nur wenige Universitäts- und Hochschullehrer, die in der Zeit des Dritten Reiches nichts gesagt und geschrieben haben, das nicht zumindest eine opportunistische Sympathie für das Dritte Reich bekundet, obwohl sie im allgemeinen nicht sich selbst, sondern allenfalls ihre Karriere gefährdet hätten, wenn sie mit ausdrücklichen Treue- und Huldigungsbekenntnissen zurückhaltender gewesen wären. Viele versuchten über allgemeine Treueformeln hinaus in den Vorworten ihrer Veröffentlichungen den positiven Bezug ihrer wissenschaftlichen Arbeit zur herrschenden Ideologie zu unterstreichen. Bei anderen war dieser Bezug auf jeder Seite spürbar. Insgesamt hat trotz mancher Kritik an einzelnen Maßnahmen die Mehrheit der deutschen Wissenschaftler dem Dritten Reich bis zur anbrechenden Katastrophe in Ergebenheit angehangen. Erst als sich diese Katastrophe ankündigte, schalteten viele mehr oder weniger rechtzeitig um.

Es ist kaum feststellbar, wieweit die Treuebekenntnisse deutscher Wissenschaftler zum Nationalsozialismus und ihre Abkehr von dieser Ideologie beim Zusammenbruch des Dritten Reiches reinem Opportunismus entsprangen und wieweit es sich jeweils um echte Überzeugungen handelt. Wahrscheinlich geht eine solche alternative Fragestellung in vielen Fällen an der tatsächlichen Haltung vorbei. Denn die meisten dieser Intellektuellen betrachteten sich unabhängig von der jeweiligen politischen Situation und Option stets primär als Wissenschaftler und wahrten in dieser Haltung ihre Identität.

Als exemplarisch für diese Gruppe kann Helmut Schelsky betrachtet werden. In der Zeit des Dritten Reiches forderte er eine neue Geschichtsschreibung, die ihren «wissenschaftlichen Grundlagen nach nationalsozialistisch» sein sollte, und sprach von «Grundlinien einer nationalsozialistischen Philosophie», die «in strengster Wissenschaftlichkeit» entwickelt worden sei[208]. Der Wille zur Wissenschaftlichkeit blieb trotz politischer Neuorientierung auch nach 1945 die dominierende Komponente seiner geistigen Haltung. In seinen Analysen stimmt er weithin mit dem überein, was in den vorangegangenen Kapiteln über die Wissenschaften dargelegt wurde. Auf die Frage, wie der Mensch angesichts dieser Lage als Mensch bestehen soll, verweist er auf die Bildung, die er als eine «geistige und sittliche Souveränität gegenüber den Handlungszwängen der Welt und des Lebens, wie sie im wissenschaftlich geführten praktischen Handeln aktuell werden» bezeichnet[209].

Allerdings verfängt er sich bei der Frage, wie Bildung zustandekommen soll, in einem Zirkel. Nachdem er zunächst zugesteht dass «Bildung nicht innerhalb der Dimension der Wissenschaftlichkeit zu gewinnen» ist[210], erklärt er es wenige Seiten später zum unaufgebbaren Grundsatz, «dass die Wissenschaft in ihrer strengen Form selbst bildet»[211].

Manche Formulierungen legen die Vermutung nahe, dass Schelsky selbst die Widersprüchlichkeit seiner Konzeption spürt, dass er sie aber weder zu lösen noch genau zu kennzeichnen vermag, weil er Gefangener einer Wissenschaftskonzeption ist, deren Unzulänglichkeiten zwar auch von den Verfechtern dieser

Konzeption selbst intuitiv geahnt, deren Grenzen jedoch mit den Methoden des eigenen Systems nicht aufgewiesen werden können.

In diesem Zusammenhang ist aufschlussreich, was Schelsky über die Einheit der Wissenschaften schreibt. Er gesteht zu, dass «die wissenschaftliche Bildung nach wie vor an eine Konzeption von der Einheit und Ganzheit der Wissenschaft gebunden» ist[212], betont jedoch, dass diese Einheit nicht in philosophischen Synthesen gesucht werden dürfe, sondern in übergreifenden Theorien, die darauf gründen, dass Naturwissenschaften sowie soziale Handlungswissenschaften «auch in ihren theoretischen Dimensionen dem Erkenntnisprinzip der Analyse in letzte abstrakte Teile ... und der rekonstruierenden Synthese folgen, d.h. im Kantschen Sinne zu experimentellen Wissenschaften geworden sind»[213].

Was Schelsky trotz allem noch als Philosophie bezeichnet, ist eine «kritische Theorie der Wissenschaften selbst». Denn Philosophie könne nur noch getrieben werden, «indem sie die unmittelbaren Weltbezüge als ihren Gegenstand aufgibt und sich auf die Fachwissenschaften richtet. Indem die Philosophie aus den Fachwissenschaften hervorgeht und – diese zu ihrem Gegenstand machend – kritisch transzendiert, gewinnt sie indirekt wieder das Ganze der wissenschaftlichen Zivilisation als ihren Gegenstand. Indem sie die Grenzen und Bindungen der Einzelwissenschaften erforscht, hält sie diese offen gegenüber der in der Vereinzelung, Spezialisierung und Abstraktion der Fächer unvermeidbar eintretenden Verengung der Weltbezüge»[214].

Das bedeutet, dass die Universalität der Wissenschaften nach der Konzeption Schelskys – selbst wenn diese sich zu einer Gesamttheorie runden und so ihre höchstmögliche systemkonsequente Vollendung erreichen – im günstigsten Falle darin besteht, dass sie die Forschungsbereiche aller Disziplinen einschließt.

Dabei jedoch übersieht er: Als methodengebundenes Erkenntnissystem können die Wissenschaften auch in ihrer Gesamtheit alles nur unter ihren durch die jeweiligen Methoden vorbestimmten Gesichtspunkten in den Blick bekommen. Außerdem bleibt die Frage offen, ob es Wirklichkeitsbereiche gibt, die ihnen grundsätzlich so verschlossen sind, dass sie in ihrem System nicht einmal als weiße Flecken in Erscheinung treten.

Schelsky selbst gesteht zu, ja erklärt ausdrücklich, dass die Wissenschaft «eine spezifische Bearbeitung des Gegenstandes» vornimmt, um so zur «Natur der Sache zu gelangen»[215]. Er erspart sich jedoch die kritische Frage, ob bzw. wieweit die Natur der Sache nach einer «spezifischen Bearbeitung des Gegenstandes» erkennbar bleibt. Bei kritischem Nachdenken ist es kaum begreiflich, dass Schelsky die Wissenschaften trotz ihrer Bindung an bestimmte Methoden als Medium zur «unbedingten Suche nach Wahrheit»[216] betrachtet. Denn die Festlegung auf ein bestimmtes Methodensystem ist mit unbedingter Suche nach Wahrheit schlechthin unvereinbar.

Wie eine Vollzugsmeldung an Comte klingt es, wenn Schelsky feststellt: «Die Erziehung zur Wissenschaftlichkeit nimmt heute also dem Bildungsgang gegenüber jene Stellung ein, die das klassische Bildungsideal der Universität nur der unmittelbaren sittlichen und religiösen Volkserziehung zuschrieb»[217].

Es ist unerklärlich, worauf sich die Hoffnungen gründen, die Schelsky in die Wissenschaften setzt, wenn er sie als gemeinsames Gut der Menschheit den «partikularen Wertvorstellungen» der Religionen entgegensetzt, wobei er einerseits von «geistigem Provinzialismus» der Religionen und andererseits von einer «weltweiten wissenschaftlichen Zivilisation» spricht und zudem mit Befriedigung darauf hinweist, dass selbst die ideologischen Systeme «der heutigen Welt im Grundsatz immer noch den Willen zur Bildung des Menschen durch Wissenschaft vertreten»[218]. Schelsky ist sich also offensichtlich bleibend der geistigen Nähe von Wissenschaft und Ideologie voll bewusst.

Die kritischen Vorbehalte, die am Beispiel Schelskys vorgebracht wurden, richten sich gegen viele Denker unserer Zeit. In diesem Zusammenhang sei nur an die Bestrebungen erinnert, den Dialektischen Materialismus unter Absehen von allen Realitäten in rein wissenschaftlichen Diskussionen zu überwinden, wie es etwa von der durchaus honorigen Paulusgesellschaft versucht worden ist. Wenn der Dialektische Materialismus – und trotz erheblicher Qualitätsunterschiede auch der Nationalsozialismus – mit gewissem formalen Recht Anspruch erheben, wissenschaftliche Weltanschauungen zu sein, so entsteht eine paradoxe Lage, wenn man versucht, diese Ideologien allein mit wissenschaftlichen Methoden zu widerlegen. Man kommt dann – wie die Erfahrungen bestätigen – allenfalls zu Detailkorrekturen und muss im Übrigen eine geistige Konvergenz feststellen.

Dass die Ideologieanfälligkeit der wissenschaftlich gebildeten Intellektuellen bedeutend größer ist als die anderer gesellschaftlicher Gruppierungen und dass viele Universitäten und Hochschulen zu Hochburgen ideologischer Extremisten geworden sind, hängt offenbar mit der intensiven Beschäftigung mit der Wissenschaft zusammen. Einseitige Wissenschaftsorientiertheit bedeutet in vielen Fällen zugleich eine Annäherung an ideologisches Denken[219].

Aber auch wo das wissenschaftlich-technische Denken eine ideologische Festlegung zu vermeiden sucht, fördert es zumindest faktisch materialistische Auffassungen, da es notwendigerweise eine immanente Tendenz zur Bevorzugung materialistischer Deutungen hat: Denn nur das Materielle – wozu bei der Äquivalenz von Masse und Energie selbstverständlich auch Kraftfelder gehören – ist quantitativ unmittelbar erfassbar und in diesem Sinne unbestreitbar wissenschaftlich relevant. Daher konzentriert sich die Wissenschaft auch dann, wenn sie sich Bereichen zuwendet, die nicht allein materiell erklärbar sind, vor allem auf diese Gesichtspunkte.

Von den Wissenschaften und den von ihn verbundenen Ideologien am härtesten angefeindet oder zumindest indirekt in Frage gestellt wurden die christlichen Kirchen. Wie schon bemerkt wurde, trat der Darwinismus weithin als eine Alternative zur Schöpfungslehre ins Bewusstsein damaliger Menschen.

Die Erklärung der Welt allein von unten, von der materiellen Basis her, wurde nicht nur vom Dialektischen Materialismus betrieben, sondern beherrschte weite Teile der Wissenschaften insgesamt. Auch der Nationalsozialismus war von vornherein auf Kampf gegen das Christentum eingestellt. Zudem wurde – ebenfalls unter Berufung auf die Wissenschaften – die Wahrheit der biblischen Berichte grundlegend in Frage gestellt. Eine Schlüsselrolle dabei spielte die erstmals pointiert von David Friedrich Strauß in seinem 1835 erschienenen Buch «Das Leben Jesu» vertretene These, dass die biblischen Berichte als Mythen zu verstehen seien.

Diese These wirkte umso nachhaltiger, da sie von wichtigen Vertretern der evangelischen Theologie «positiv» aufgenommen wurde. Dabei wurde auf längere Sicht sogar der Angelpunkt der christlichen Verkündigung, die Auferstehung Jesu bezweifelt. Rudolf Bultmann, ein Repräsentant der «Entmythologisierungstheologie» erklärte unter Hinweis auf unsere normalen Erfahrungen: «Ein solches mirakulöses Naturereignis wie die Lebendigmachung eines Toten» sei unglaubwürdig, denn ein Leichnam könne nicht wieder lebendig werden und aus dem Grabe steigen.[220]

Der entschiedenste Widerstand gegen die allgemeinen Zeitströmungen, die faktisch jede Offenbarung Gottes in Frage stellten, wurde von der katholischen Kirche geleistet. Ein eindrucksvolles Dokument dafür ist der «Syllabus» vom 8. Dezember 1864. Rein formal ist er eine «Zusammenfassung der hauptsächlichen Irrtümer unserer Zeit», die zusammen mit der Enzyklika «Quanta cura» des Papstes Pius IX. veröffentlicht wurde.

Der Papst, der persönlich durch eine «Güte und Großherzigkeit seines Wesens, der Milde und Würde seines geistlichen Auftretens, der Frömmigkeit und Gewissenhaftigkeit seiner kirchlichen Amtsführung»[221] ausgezeichnet war, trat mit unüberhörbarer Entschiedenheit gegen das allgemeine Fluidum der Zeit auf.

Unter den hauptsächlichen Irrtümern der Zeit nannte Pius IX. insbesondere: «Die Prophezeiungen und Wunder, welche in der Heiligen Schrift dargelegt und erzählt werden, sind dichterische Ausschmückungen ... In den Büchern beider Testamente sind mythische Erfindungen, und Jesus Christus selbst ist ein Mythos.»[222]

Da der Syllabus die päpstlichen Auffassungen in scharfer Form und ohne Begründungen formuliert, ist er insbesondere von liberaler Seite, jedoch – insbesondere im Nachhinein – auch von Teilen der Kirche selbst als überzogen betrachtet worden. Bei dieser Kritik wird jedoch zu wenig berücksichtigt, dass die meisten seiner negativen Stellungnahmen sachlich durchaus begründet und zudem in vieler Hinsicht als Antwort auf das allgemeine Zeitfluidum höchst beachtenswert sind. Auch heute noch gebührt der Konsequenz Pius IX. hoher Respekt. Unter seiner Leitung wagte es die Kirche auch, unbeeinflusst von der damaligen politischen Gesamtsituation, auf dem Ersten Vatikanischen Konzil von 1870 päpstliche Entscheidungen unter bestimmten Umständen für unfehlbar zu erklären.

In den folgenden Jahren stand die katholische Kirche den «Kulturkampf» gegen das von Bismarck antikatholisch mobilisierte Preußen ungebrochen durch. So wurden weltgeschichtlich bereits im 19. Jahrhundert die Voraussetzungen dafür geschaffen, dass die katholische Kirche im folgenden 20. Jahrhundert sowohl in den von der Sowjetunion repräsentierten kommunistischen Staaten wie auch im «Dritten Reich» ihre Integrität im wesentlichen behauptete und sich nicht den jeweils politisch herrschenden Systemen anpasste.

Friedrich Engels (1820-1895)
Welt ist Entfaltung der Materie

Karl Marx (1818-1883)
Begründer des wiss. Sozialismus

10. Die New-Age-Bewegung als Versuch alternativen Denkens

Gegenüber den verschiedenen wissenschaftlichen Versuchen, die Welt allein von ihrer materiellen Basis her zu erklären, die zum Teil in Ideologien endeten, gibt es seit einigen Jahrzehnten eine weltweites Streben, neue Denkansätze zu finden. Es wird nicht zuletzt repräsentiert durch die New-Age Bewegung, die im Grundansatz von einer – die Materie und den Geist umfassenden – Einheit aller Wirklichkeit ausgeht.

Allerdings hat die New-Age-Bewegung, die sich selbst als «Netzwerk» versteht, keine offizielle Lehre und keine klaren Grenzen. Die Grundkonzeption der Einheit aller Wirklichkeit ist ihr jedoch gemeinsam. Es geht ihr, wie sie selbst programmatisch formuliert, um die «Überhöhung des menschlichen Selbst zum planetarischen Selbst».[223] Zur Verdeutlichung des Gesamtprogramms sei im Folgenden Fritjof Capra zitiert, der in vieler Hinsicht als repräsentativ gelten kann. Nicht zuletzt zeichnet er sich dadurch aus, dass er eine systematische Darlegung des New-Age-Programms versucht.

In seinem umfassendsten Werke verkündet Capra schon durch den Titel «Wendezeit» den Anbruch einer neuen Epoche. Seinen eigenen Ausführungen stellt Capra einen Text voran, der ein Zeichen des chinesischen Weisheitsbuches «I Ging» interpretiert: «Nach einer Zeit des Zerfalls kommt die Wendezeit. Das starke Licht, das zuvor vertrieben war, tritt wieder ein. Es gibt Bewegung. Diese Bewegung ist aber nicht erzwungen ... Es ist eine natürliche Bewegung, die sich von selbst ergibt. Darum ist die Umgestaltung des Alten auch ganz leicht. Altes wird abgeschafft, Neues wird eingeführt, beides entspricht der Zeit und bringt daher keinen Schaden.»[224]

Capra selbst fühlt sich als Vordenker der verheißenen Wendezeit. Er versichert: «In den 60er und 70er Jahren sind eine ganze Reihe gesellschaftlicher Bewegungen in Gang gekommen, die sich alle in der selben Richtung zu entwickeln scheinen, wobei jeweils unterschiedliche Aspekte der neuen Sicht der Wirklichkeit hervorgehoben werden ... Zweck dieses Buches ist es, ein zusammenhängendes Gedankengebäude zu liefern, das uns helfen soll, die Gemeinsamkeit ihrer Endziele zu erkennen. Sobald das geschehen ist, können wir erwarten, dass die verschiedenen Bewegungen zusammenfließen und zu einer machtvollen Kraft gesellschaftlicher Veränderungen werden ... Das weltumspannende Ausmaß unserer gegenwärtigen Krise deutet darauf hin, dass dieser Wandel zu einer Umgestaltung von beispiellosen Dimensionen führen wird, einem Wendepunkt für unseren Planeten in seiner Gesamtheit.»[225] Mit diesen Sätzen erhebt Capra einen Anspruch, der als Herausforderung an die bisherige europäische Tradition betrachtet werden muss.

Zur Begründung der Einheit von Materie und Geist beruft sich Capra auf die östliche Mythologie. «Das immer wiederkehrende Thema der indischen Mythologie ist die Erschaffung der Welt durch die Selbstopferung Gottes als ‹Sakrifizium› im ursprünglichen Sinne von ‹heiligen›. Dadurch wird Gott zur Welt, die wiederum zu Gott wird».[226] Es wird also die Göttlichkeit und Einheit aller Wirklichkeit proklamiert.

Den Rückgriff auf die östliche Mythologie verbindet und rechtfertigt Capra mit einer Kritik an der Einseitigkeit westlicher Denktradition, die – von den griechischen Denkern angefangen bis hin zur klassischen Naturwissenschaft – die Wirklichkeit mit dem Modell «Substanzen – Akzidenzien» zu erklären versucht. Dabei bedeuten die Substanzen das im jeweiligen Begriff gefasste eigentlich Wesentliche, während unter den «Akzidenzien» die Eigenschaften gefasst werden, die dem betreffenden Gegenstand nicht notwendigerweise zugehören. In diesem Sinne betrachtete noch Isaak Newton die Schwerkraft, deren allgemeine Bedeutung er als erster erkannte, als eine «Eigenschaft» der Materie.

Wie Capra mit Recht bemerkt, wird in diesem Denkmodell den Relationen zu wenig Beachtung geschenkt. In einer Zeit, in der die Physik mit Feldtheorie und Relativitätstheorie arbeitet und die Biologie Ökosysteme und Biotope erforscht, müsse den Relationen entscheidende Bedeutung zuerkannt werden. Zustimmend zitiert Capra Joseph Needham: «Die europäische Philosophie sucht die Realität in der Substanz, die chinesische Philosophie in der Relation.»[227] Diese Interpretation der Realität als ein Netzwerk von Relationen ist bei Capra identisch mit der Proklamierung der Einheit aller Wirklichkeit. Diese «Einheit» ist es, «die sich in allem manifestiert, und alle Dinge sind Teile von ihr».[228] Diesen «Teilen» kommt keine eigenständige Bedeutung zu. Pointiert referiert Capra, «die Idee eines selbständigen Individuums» sei «eine Illusion ... ein intellektueller Begriff ohne Realität».[229]

In seiner Autobiographie schildert Capra das Schlüsselerlebnis, das ihn zu dieser Übernahme östlicher Auffassungen gebracht hat: «Eines Nachmittags im Spätsommer saß ich am Meer ... Ich ‹sah› förmlich, wie aus dem Weltraum Energie in Kaskaden herabkam und ihre Teilchen rhythmisch erzeugt und zerstört werden. Ich ‹sah› die Atome der Elemente und die meines Körpers als Teil dieses kosmischen Energie-Tanzes: Ich fühlte seinen Rhythmus und ‹hörte› seinen Klang, und in diesem Augenblick wusste ich, dass dies der Tanz Shivas war, des Gottes der Tänzer, den die Hindus verehren.»[230]

Unter Berufung auf die moderne Mikrophysik erläutert Capra diesen Tanz Shivas mit den Sätzen: «Es herrscht Bewegung, doch gibt es letzten Endes keine sich bewegenden Objekte: es gibt Aktivität, jedoch keine Handelnden; es gibt keine Tänzer, sondern nur den Tanz.»[231] Das einzelne Individuum ist nach Capras Überzeugung nur wie ein Tropfen, der von den Wogen des Meeres der Wirklichkeit für Augenblicke zu einer gewissen Eigenständigkeit entlassen, jedoch rasch wieder ins Meer zurückgenommen wird.[232] Zur näheren Kennzeichnung bemerkt er: Die wogenden kosmischen Bewegungen, die zur Illusion von Individualität führen, und zwar «die physischen ebenso wie die psychischen und die gesellschaftlichen – laufen zyklisch ab.»[233]

Auch Geist und Bewusstsein des Menschen sind nach Capras Überzeugung keine Anzeichen für ein eigenständiges individuelles Ich, sondern «eine Eigenschaft lebender Systeme von gewisser Komplexität».[234] Auch unser Geist sei eine in die Relationen des Ganzen eingebundene Erscheinung. Kennzeichnend dafür sind die Worte, die Capra am Grabe seines Freundes und Mitarbeiters

Gregory Bateson spricht: «Ein Teil seines Geistes ist sicher mit seinem Körper verschwunden. Ein großer Teil aber ist noch bei uns und wird es noch lange bleiben. Es ist der Teil, der an unseren Beziehungen untereinander und zur Umwelt beteiligt ist ... Er wird uns auch künftig miteinander und mit dem Kosmos verbinden. Ich meine, wenn einer von uns in der kommenden Woche in das Haus eines der hier Anwesenden ginge, dann würde man sich nicht als Fremde begegnen. Es würde ein Muster dasein, das verbindet – Gregory Bateson».[235]

Was für den Menschen gilt, kennzeichnet auch den Kosmos als Ganzes. «Geist und Selbstorganisation» seien Kennzeichen der gesamten Wirklichkeit und «nur verschiedene Aspekte ein und desselben Phänomens».[236] Es gilt also für das Universum, «dass alle seine Strukturen – von den subatomaren Teilchen bis zu den Galaxien und von den Bakterien bis zum Menschen – Manifestationen der universalen Dynamik der Selbstorganisation sind, also des kosmischen Geistes.»[237] Unmittelbar an diese Feststellung anknüpfend fährt Capra fort: «Und das ist mehr oder weniger die Anschauung der Mystik.»[238] Die mystische Erfahrung ist für Capra ein gewichtiger Beweis für die Angemessenheit seiner Weltdeutung. Jeder Mensch, der sich darum bemühe, könne die Einheit und Dynamik des kosmischen Geistes im mystischen Erleben unmittelbar erfahren.

Um diese Überzeugung Capras angemessen einzuschätzen, muss man sich vergegenwärtigen, dass unter dem einen Begriff Mystik verschiedene Arten oder zumindest Varianten psychischen Erlebens zusammengefasst werden. Diese Feststellung gilt einerseits für den Inhalt mystischen Erlebens und andererseits für die Art und Weise, wie es zustande gebracht wird.

1. Inhaltlich reicht die Spanne mystischen Erlebens von der inneren dialogischen Begegnung mit einer göttlichen Person bis hin zum völligen Einswerden mit einem unpersönlichen göttlichen Weltgrund. Diese Spannweite gibt es auch im christlichen Bereich. Als Beispiel sei zunächst Teresa von Avila genannt, die über ihre Visionen berichtet: «So macht die Seele die wunderbare Erfahrung, dass diese drei Personen (des trinitarischen Gottes) verschie-

den und doch nur eine Wesenheit sind ... Alle drei göttlichen Personen teilen sich ihr mit ... und lassen sie die Worte des Evangeliums verstehen, mit denen der Herr sagte, er werde kommen mit dem Vater und dem Heiligen Geiste, um Wohnung zu nehmen in der Seele, die ihn liebt und seine Gebote hält.»[239]

Im Gegensatz dazu ist für Meister Eckehard der höchste Gegenstand mystischen Erlebens nicht der dreipersonale Gott, sondern der unterschiedslose Grund der Gott*heit*. Nicht dialogische Begegnung unter Wahrung personaler Identität und entsprechender personaler Distanz, sondern völliges Aufgehen des eigenen Ich in die Gott*heit* (= Deitas) ist für ihn Höhepunkt und Ziel mystischen Erlebens.[240]

2. In der Art und Weise des Zustandekommens mystischen Erlebens reicht die Spanne von einem einfachen gläubigen Sichöffnen zu Gott bis hin zu psychischen Manipulationen. Dies gilt auch für den christlichen Bereich. So lehrt bereits im 4. Jahrhundert Symeon von Mesopotamien, der Weg des Aufstiegs zu Gott bestehe in einer mit rhythmischen Ein- und Ausatmen verbundenen ständigen Wiederholung des Gebets «Herr Jesus Christus, erbarme dich meiner».[241]

Zwei Jahrhunderte später verfasst Johannes Klimakos eine dreißig Stufen zählende «Leiter des Paradieses».[242] Schon früh wird auch die gesamte Körperhaltung in die Meditationstechnik einbezogen. Das Kinn ruht auf der Brust und der Blick ist zum Nabel gerichtet. Vergleichbare Techniken gibt es bis in unsere Zeit. So bietet eine «Gemeinschaft zur Förderung des Heimholungswerkes Jesu Christi e.V.» in einem Fernkurs einen inneren Weg zu Gott an. Im Werbeprospekt dazu heißt es: «Dabei werden Sie auch Körperübungen erlernen, die in Verbindung mit hochschwingender Musik Seele und Mensch harmonisieren ...»[243] Angesichts derartiger psychischer Manipulationen ist es verständlich, dass Martin Luther der gesamten Mystik skeptisch gegenübersteht und eindringlich vor dem Gedanken einer Selbstrechtfertigung und Selbstvergötterung durch asketisch-geistige Techniken warnt.[244]

Angesichts der Spannweite dessen, was als Mystik bezeichnet wird, erhebt sich die Frage, auf welchem Wege Capra seine mystischen Erlebnisse sucht und was er inhaltlich erfährt. Dazu schreibt er in seiner Autobiographie: «Die 1960er Jahre brachten mir zweifellos die tiefsten radikalsten persönlichen Erfahrungen meines Lebens: ... die Geschlossenheit, Friedfertigkeit und Vertrauensseligkeit der Hippi-Gemeinschaft; die Freiheit der Freikörperkultur, die Erweiterung des Bewusstseins durch psychedelische Drogen und Meditation ...».[245]

In psychedelischen Drogen, insbesondere im LSD, sieht Capra im Einvernehmen mit Stanislav Grof einen «Verstärker oder Katalysator geistiger Prozesse ..., der das Auftauchen unbewussten Materials aus verschiedenen Ebenen der menschlichen Psyche erleichtert».[246] Dem so «erweiterten» Bewusstsein werden nach Capras Überzeugung alle Ebenen der Wirklichkeit zugänglich. Er berichtet von einem Gespräch, in dem Grof erklärt, es gäbe «anscheinend bei psychedelischen Sitzungen eine kontinuierliche Linie vom menschlichen Bewusstsein zu sehr authentischen Erfahrungen animalischen Bewusstseins und über das Pflanzenbewusstsein bis hin zu Bewusstseinszuständen anorganischer Phänomene ..., etwa das Bewusstsein des Ozeans, eines Tornados oder sogar eines Felsens.»[247]

Aus seiner Sicht als Naturwissenschaftler sträubt sich Capra zunächst dagegen, «dem Felsen ein Bewusstsein zuzugestehen», nimmt diesen Einwand aber sogleich wieder zurück, indem er erklärt: «Betrachte ich ihn jedoch als Teil eines umfassenden Systems, etwa des Universums, das geistig und bewusst ist, würde ich sagen, dass der Felsen wie alles andere an diesem umfassenden Bewusstsein teil hat.»[248]

Capra legt dar, dass der Mensch den Zugang zu subhumanen Bewusstseinsebenen nicht nur durch LSD, sondern auch durch Atmungstechniken, Meditationsübungen oder Hypnose erreichen kann.[249] Das Ziel dieser verschiedenen Psychotechniken besteht darin, «sich vollständig aller Ich-Empfindungen zu entledigen und in mystischer Erfahrung mit der Totalität des Kosmos zu verschmelzen.»[250]

Dies ist im wesentlichen konform mit dem Ziel der New-Age-Bewegung: der «Überhöhung des menschlichen Selbst zum planetarischen Selbst». Der Weg dahin führt über Drogen, Meditationstechniken oder auch gruppendynamische Prozesse.

Der Gedanke, sich als Teil eines kosmischen Ganzen zu empfinden, um schließlich von diesem Ganzen wieder aufgenommen zu werden, ist – unbeschadet der Stellungnahme zu einzelnen fragwürdigen psychischen Manipulationen – offensichtlich für viele heutige Menschen eine faszinierende Vorstellung. Bezeichnenderweise finden sich solche Sehnsüchte bei vielen der unübersehbaren, mehr oder weniger stabilen sektenartigen Zusammenschlüsse unserer Tage bis hin zu den Fan-Clubs der Rock-Stars, in deren Bann sich ebenfalls die Erfahrung einer Auflösung der personalen Individualität zugunsten eines subhumanen kollektiven Bewusstseins machen lässt.

Allerdings bringt dieses Aufgehen aller Individualität im universalen Ganzen zwangsläufig eine allgemeine Nivellierung mit sich. Dessen ist sich auch Capra bewusst. Er zitiert zustimmend Chuang-tzu: «‹Dieses› ist auch ‹Jenes›. ‹Jenes› ist auch ‹Dieses› ... Die eigentlich Essenz des Tao ist, dass ‹Jenes› und ‹Dieses› aufhören, Gegensätze zu sein.»[251] Das bedeutet im menschlichen Bereich eine Aufhebung jeder personalen Differenz und Qualität: Hitler und die von ihm mit technischer Perfektion Ermordeten, Stalin und die Opfer seiner Säuberungsaktionen, Mutter Teresa und die Bosse der Mafia, Albert Schweitzer und die Experten der Folterpraxis, sie alle werden gleichermaßen «als verschiedene Manifestationen der gleichen letzten Wirklichkeit»[252] zu nur vorübergehenden Ausformungen einer allumfassenden kosmischen Einheit, in die sie dann allesamt wieder eingehen.

In diesem Zusammenhang sollte die Gestalt Shivas kritisch bedacht werden. In ihm, der die Weltdeutung Capras repräsentiert, sind religionsgeschichtlich mehrere Gottheiten verschmolzen. Er thront als Heilbringer und Herr des Universums im Himalaya. Er ist jedoch zugleich mit Leichenasche beschmiert, umgeben mit einem Kranz von Totenschädeln, der ekstatische Tänzer, der alles zerstört.

Nicht zuletzt symbolisiert seine Gestalt und sein Tanz die Einheit von Frieden und Vernichtung, von Tätern und Opfern, d.h. eine

Einheit, die zugunsten des kosmischen Ganzen auch den Unterschied von Gut und Böse zur Illusion degradiert. Dass es sich dabei keineswegs um reine Theorie handelt, zeigen Vorkommnisse der letzten Jahrzehnte. Bei kollektiven Massenmorden sektenartiger Gruppierungen wurde offenbar die umfassende Einheit zwischen Tätern und Opfern in einer schockierenden Weise realisiert.

Die Konzeption Capras – und er steht stellvertretend für viele – erweist sich allerdings bei kritischer Überlegung als nicht überzeugend. So führen, wie jeder Psychologe weiß und auch Capra selbst ungewollt zu erkennen gibt, die angeführten psychischen Manipulationen keineswegs zu einem umfassenderen und höheren Bewusstsein. Ihre «bewusstseinserweiternde» Wirkung besteht allenfalls darin, unbewusste Erfahrungen aus der Vergangenheit – insbesondere aus der Frühphase der menschlichen Existenz – zu reaktivieren und auf diese Weise bewusst zu machen. Das gilt vor allem für das Erlebnis vorgeburtlicher Geborgenheit im Mutterleib und notvoller Enge während des Geburtsvorganges. Seiner vorgefassten Weltdeutung entsprechend wird die vorgeburtliche Geborgenheitserfahrung von Capra und anderen als Erfahrung universaler Einheit und Teilhabe am kosmischen Bewusstsein interpretiert. Auf diese Weise wird sie zum Argument gegen eine personale menschliche Identität umgemünzt.

Diese willkürliche Interpretation kann darüber hinaus noch in die religiöse Dimension erweitert werden. So formuliert Grof: «Mit Hilfe verschiedener Techniken, die den unmittelbaren erlebnismäßigen Zugang zur transpersonalen Wirklichkeit vermitteln, entdeckt man seine eigene Göttlichkeit. Bei spirituellen Übungen dieser Art sind es der Körper und die Natur, die die Funktion des Gotteshauses übernehmen.»[253]

Solche Sätze zeigen, dass auch die «Gotteserfahrung» in dieser Weltdeutung in die Wirkungen psychotechnischer Praktiken einbezogen werden kann. Sie wird in diesem Sinne der Verfügbarkeit des Menschen unterworfen.

Entgegen der Hoffnung mancher Anhänger der New-Age-Bewegung hebt allerdings der Gedanke einer umfassenden kosmischen Einheit die Frage nach dem eigenen, je persönlichen

Tod keineswegs auf. Auch Capra gesteht zu, «das größte existenzielle Problem» sei «natürlich der Tod».[254] Dieses Problem wird durch die Botschaft vom Aufgehen des Einzelnen ins kosmische Ganze eher überspielt als gelöst. Es wäre einer eigenen Untersuchung wert, ob bzw. wie weit die Aufgeschlossenheit weiter Teile der New-Age-Bewegung für autosuggestive Meditationspraktiken, gruppendynamische Psychotechniken und LSD-Gebrauch mit dem letzten Endes ungelösten Todesproblem zusammenhängt und dazu dient, geistig unaufgearbeitete Ängste zu überspielen.

Ebensowenig überzeugend wie der Hinweis auf die manipulierbare «mystische Erfahrung kosmischer Einheit» ist die naturwissenschaftliche Komponente in Capras Argumentation. Gewiss ist seine Kritik an der Unterschätzung der Relationen im überkommenen europäischen Denkmodell berechtigt. Willkürlich jedoch fällt er von einem Extrem ins andere und erklärt die Substanzen zu bloßer Illusion.

Tatsächlich jedoch bedeutet die Feldtheorie keine Annullierung der Teilchen und die Erforschung von Ökosystemen keine Leugnung der Realität einzelner Tiere und Pflanzen. Und schließlich bedeutet auch im menschlichen Bereich die Beachtung sozialer Relationen keineswegs eine Leugnung personaler Individualität. Eine angemessene Gesamtdeutung der Wirklichkeit darf daher weder – der europäischen Denktradition entsprechend – die Relationen zu bloßen Akzidenzien herabstufen, noch – der Konzeption Capras folgend – die Substanzen zugunsten der Relationen leugnen.

Dazu kommt, dass Capra auch das Geist-Materie-Problem nicht überzeugend löst. Gewiss vermeidet er – das ist das Positive an seinem Modell – den von vielen Evolutionstheoretikern vertretenen Kurzschluss einer Rückführung des Geistes auf Materie. Zugleich leugnet er jedoch den durch diese beiden Begriffe bezeichneten qualitativen Unterschied. Außerdem überspielt er, indem er nur zyklische Bewegungen anerkennt, das nachweisbare Faktum von unwiederholbaren Ereignissen und die dadurch hervorgerufene Evolution der gesamten Wirklichkeit. Seine einfache Ineinssetzung von Geist und Selbstorganisation ist eher geeignet, die bedeutend umfassenderen Probleme des Geistes und der Zeitlichkeit zu verschleiern als sie zu lösen.

Gewiss gehört das Geist-Materie-Problem zu den schwierigsten wissenschaftlichen Fragen. Unbestreitbar ist jedoch, dass bei der Indienstnahme des Materiellen und des Biologischen der personale Geist des Menschen eine wesentliche Rolle spielt. Zwar reagiert der menschliche Geist bei seinen Entscheidungen *auch* auf biologische Impulse und Bedürfnisse und bezieht diese in seine Überlegungen ein.

Sofern er sich allein von ihnen leiten lässt, gilt das jedoch als krankhaft, d.h. als ein Anzeichen dafür, dass in dem betreffenden Menschen etwas in Unordnung geraten ist. Denn der personale Geist ist den rein biologischen Bedürfnissen grundsätzlich übergeordnet. Dementsprechend werden – wie schon erwähnt wurde[255] – unter seiner Regie und Verantwortung die Entscheidungen für menschliches Handeln zuweilen sogar gegen biologische Bedürfnisse getroffen.

Obgleich zumindest bei allem bewussten Handeln des Menschen letztlich die vom personalen Geist getroffenen Entschlüsse das Verhalten bestimmen, wissen wir nicht, wie es an der «Nahtstelle» zwischen Geist und Materie aussieht. Wenn wir einem Menschen die Hand reichen, so können wir zwar sagen, welche Muskeln dabei die entscheidende Rolle spielen, wie die Sehnen und Knochen sich verhalten, welche Nerven die Anweisungen an die Muskeln geben und von welchen Gehirnpartien die Impulse an die Nerven ausgehen. Kein Wissenschaftler jedoch vermag zu erklären, wie es von unserem Entschluss, die Hand zu geben, zu den ersten registrierbaren materiellen Impulsen kommt bzw. wie beides miteinander in Verbindung steht.

Unbestreitbar ist der Geist auf materielle Voraussetzungen angewiesen, um in Tätigkeit zu treten und sich zu äußern. Daher kann er durch körperliche Defizite oder auch bewusste Einflussnahme auf die ihm dienenden Organe beeinträchtigt oder auch beeinflusst werden; also etwa durch Hirnerkrankungen und Hirnverletzungen oder durch Drogen und Psychopharmaka. D.h. unser Geist bedarf zu seiner Tätigkeit eines intakten Gehirns und, um sich zu äußern, des Leibes. Das Verhältnis zwischen beiden ist jedoch weithin ungeklärt und rätselhaft.

Den gegenwärtigen Stand unserer Forschung kann man sich veranschaulichen, wenn man als Modell für das Verhältnis zwischen unserem Geist und unserem Leib samt Gehirn eine elektrische Schreibmaschine benutzt: Unsere wissenschaftliche Forschung kennt genau den Weg, den die mechanischen Impulse von den Tasten ausgehend innerhalb der Schreibmaschine nehmen. Sie hat zudem herausbekommen, dass die Tätigkeit der Tasten durch elektrische Energie gewährleistet wird. Sie weiß überdies, welche Taste welchem gedruckten Buchstaben entspricht, und schließlich auch, dass beim Ausfall der Stromversorgung einer Taste der entsprechende Buchstabe auch dann ausfällt, wenn die Mechanik der Maschine völlig in Ordnung ist.

Rätselhaft ist jedoch, wie jener erste Impuls zustande kommt, der die Taste antippt und die Voraussetzung dafür schafft, dass der elektrische Strom die Mechanik in Gang setzt. Und auch eine noch so gründliche Untersuchung der Schreibmaschine vermag dieses Rätsel offensichtlich nicht zu lösen. Denn der erste Anstoß, der darüber entscheidet, was die Maschine schreibt, kommt nicht aus der Maschine selbst.

Vergleichbares gilt für das Verhältnis zwischen Geist, Gehirn und Leib. Auch hier wissen wir vieles. Unklar ist nur, woher die ersten auslösenden Impulse kommen. Die Hirnforschung vermag dieses Rätsel nicht zu lösen. Daher erklärte der Nobel-Preisträger Sir J. Eccles auf einem Philosophen-Kongress im Jahre 1978: «Die geistige Welt ist nicht aus der materiellen erklärbar – es ist der Geist, der im Gehirn die Sinneseindrücke zu bewussten Erfahrungen verarbeitet!»[256] Und es ist – so kann man hinzufügen – ebenfalls der Geist, der in einer wissenschaftlich unerklärbaren Weise durch seine Impulse unser Handeln bestimmt.

Wie schon gesagt, hat es allerdings zunächst den Anschein, als ob der Geist sich ohne Gehirn bzw. ohne Leib nicht zu äußern vermag, ja ohne Leib nicht existieren könne. Das gilt jedoch nur für unsere Alltagserfahrung. Dagegen scheint es in extremen Situationen eine Trennung von Leib und Geist zu geben. Diese

Vermutung ergibt sich aus Berichten von klinisch Toten, die wieder ins Leben zurückgerufen wurden. Sie konnten während ihres klinischen Todes zwar keinerlei Aktivitäten entwickeln und insbesondere keine körperlichen Äußerungen von sich geben, jedoch konnten viele von ihnen wahrnehmen, was um sie vorging. Bei späteren Befragungen wussten sie, wer um sie herumgewesen war und was diese Personen getan und gesagt hatten. Zur Überraschung wissenschaftlicher Beobachter erfolgte dabei des öftern eine nachprüfbar richtige Schilderung auch von Geschehnissen, die aus der Sicht des verunglückten Körpers nicht zu beobachten waren, von denen der aus dem klinischen Tod Zurückgerufene jedoch behauptete, sie ebenso wie seinen eigenen Körper «von oben» gesehen zu haben. Angesichts der relativ großen Zahl derartiger Berichte kann man sie bei Überlegungen zum Verhältnis von Geist und Leib nicht außer acht lassen. Eine gesicherte bzw. eindeutige Interpretation ist allerdings nicht möglich; sie soll daher auch hier nicht versucht werden.

Wie die geschilderten Erfahrungen und Überlegungen zeigen, müssen wir zugestehen, dass wir über die Art, wie unser personaler Geist und unser organischer Leib zusammengehören und zusammenwirken, wissenschaftlich kaum etwas Gesichertes wissen. Das Verhältnis zwischen beiden lässt es jedoch nicht zu, eine einseitige Abhängigkeit des Geistes vom Leib anzunehmen, wie manche Naturwissenschaftler behaupten, oder den Geist – der These Capras folgend – nur als eine «Eigenschaft lebender Systeme von gewisser Komplexität» zu betrachten.[257]

In die gleiche Richtung eigener geistiger Aktivitäten weisen Überlegungen zur Frage des Verhältnisses zwischen Geist und Materie im evolutionären Geschehen. Im Gegensatz zur Auffassung der klassischen Evolutionstheoretiker ist die Gesamtentwicklung tatsächlich keineswegs kontinuierlich und allmählich vonstatten gegangen. Sie ist vielmehr nachweisbar durch plötzliche Geschehnisse gekennzeichnet, in denen jeweils neue Qualitäten entstehen. Eine der ersten war das Licht. Als weitere wichtige «Errungenschaften» folgten die Atome. Es kennzeichnet sie bis zum heutigen Tage, dass sie nicht allmählich, sondern mit einem

Schlag entstehen und dass sie andere Eigenschaften haben als die Teilchen, aus denen sie zusammengesetzt sind. Das Gleiche gilt wiederum für die Moleküle. Auch hier gibt es keinen allmählichen Übergang von den Atomen zu den Molekülen oder auch von kleineren zu größeren Molekülen, sondern nur plötzliches punktuelles Geschehen. Und auch hierbei wird qualitativ Neues hervorgebracht. Es entstehen Einheiten, deren Eigenschaften nicht mit denen ihrer Bestandteile identisch sind. Den Übergang von einem zum anderen kann man zwar mit naturwissenschaftlichen Modellen beschreiben und als Folge koordinierender Kräfte zu erahnen suchen. Aber diese Kräfte selbst kann man nur als vorgegeben bzw. wirksam postulieren, jedoch nicht im vollen Sinne des Wortes «verstehen».

Wie dargelegt, macht uns Fritjof Capra zu recht darauf aufmerksam, dass wir die einzelnen Erscheinungen der Wirklichkeit nicht verstehen können, wenn wir sie aus den Relationen, in denen sie stehen, herauslösen und isoliert betrachten. Konsequenterweise erhebt sich von daher die Frage, was diese Feststellung für die Welt insgesamt bedeutet. Wenn sie tatsächlich, wie Juden, Christen und viele andere Menschen glauben – in einer Bezogenheit auf Gott hin steht, dann wird sie zwangsläufig unverständlich, wenn man von dieser grundlegenden Beziehung völlig absieht.

Die heute weithin gängige These von der Absurdität der Welt und der Sinnlosigkeit des menschlichen Daseins kann demzufolge als ein Hinweis darauf betrachtet werden, dass jeder Versuch, die Welt «gottlos», d.h. ohne Gott zu verstehen, zum Scheitern verurteilt ist, weil er von einer falschen Basishypothese ausgeht.

Wir müssen also die Basishypothese wechseln, d.h. die Welt in einem umfassenderen Bezugssystem zu deuten versuchen. Wir müssen auch hier nach den ersten Impulsen fragen, die offensichtlich von einer geistigen Wirklichkeit ausgehen.

Damit kommen die Überlegungen zur Frage nach Gottes Heiligem Geist. Nach der in den Heiligen Schriften verankerten Überzeugung der Christenheit ist der Heilige Geist ebenso wie der Vater und der Sohn eine Person des einen dreifaltigen Gottes. Die Grundüberzeugung, dass der eine Gott ein dreifaltiger Gott ist, muss all denen als ein unlösbares Problem erscheinen, die es primär unter mathematischen Gesichtspunkten betrachten. Halten wir uns jedoch vor Augen, dass nach heutigen Erkenntnissen auch im personalen Bereich den Relationen eine wesentliche Bedeutung zukommt, da es zum Wesen der Person gehört, auf andere Personen bezogen zu sein, so ist uns ein personaler monistischer Gott kaum denkbar. Außerdem ist letztlich nur in einem dreifaltigen Gott, in dem die Liebe der drei Personen zueinander das wichtigste Wesensmerkmal ist, glaubwürdig, dass diese Liebe schließlich auch nach außen überströmt und die Schöpfung ins Dasein ruft.

Im Gegensatz zu den Evolutionstheoretikern bezeugen die biblischen Schriften Gott als Ausgangs- und bleibenden Bezugspunkt der gesamten Wirklichkeit. Seine schöpferischen Worte seien die entscheidenden Impulse des Geschehens.

Nach den Schöpfungsberichtender Genesis lassen sich drei Schöpfungsphasen unterscheiden: (1.) Am Anfang schuf Gott – allein aus eigener Initiative und Macht – Himmel und Erde, d.h. den Ausgangspunkt der materiellen Welt. (2.) In den folgenden Schöpfungsakten befahl er (a) dieser, sich zu gestalten, und gebot (b) der Erde und dem Meer, Pflanzen und Tiere hervorzubringen. In dieser Schöpfungsphase führte er also keineswegs alles unmittelbar in eigener Regie aus. Er gibt jedoch – beginnend mit dem Befehl «Es werde Licht» – die entscheidenden Impulse zur weiteren Gestaltung und veranlasst insbesondere Erde und Meer, Pflanzen und Tiere hervorzubringen. (3.) Schließlich ruft er in der dritten Phase durch einen eigenen Schöpfungsakt den Menschen als geistbegabte Person ins Dasein, indem er sich ihm zuwendet und ihm seinen Geist einhaucht.

Bei diesem Schöpfungsgeschehen gehen vom Geist Gottes, von dem das Große Glaubensbekenntnis sagt, dass er Herr ist und lebendig macht, und der im Hymnus als der «Schöpfergeist» angerufen wird, wichtige Anstöße zur Gestaltung aus.

Nach dem anschaulichen Bericht der Genesis schwebt er nach der ersten Schöpfungsphase, d.h. nach der Erschaffung Himmels und der Erde über den Wassern und gibt der schon ins Dasein gerufene Materie Impulse zur Ausformung der Welt und zur

Hervorbringung der Organismen. Auch im späteren Verlauf des Geschehens erscheint der Heilige Geist im Bericht der Bibel in vielfältiger Hinsicht als Mittler zwischen göttlichen Entschlüssen und ihrer Verwirklichung in der materiell fassbaren Welt.

Er ist es, der Gottes Wort durch den Mund der Propheten kundtut. Er ist es, durch dessen «Kraft» der Sohn einen Leib annimmt und Mensch wird. Er ist es, der am Pfingstfest durch seine Herabkunft die sichtbare Gemeinschaft der Kirche begründet.

Der Heilige Geist wirkt also in vielfältiger Weise auf die Materie ein und fördert ihre Gestaltung. Er macht lebendig und gibt Impulse zur Entfaltung des Lebens. Er vermittelt bei der Menschwerdung des Sohnes und in den Sakramenten göttliches Leben in die Welt. Dabei hat es den Anschein, als ob sich bei der kosmischen und biologischen Evolution sein Wirken in mancher Hinsicht analog den Impulsen vollzieht, die von unserem personalen Geist auf unseren Leib ausgehen.

Auch hier wissen wir nahezu alles über das materielle Geschehen, jedoch nicht, wie es an der «Nahtstelle» zwischen Geist und Materie zugeht, d.h. wie es von den göttlichen Impulsen zu den entsprechenden Realisierungen im materiellen Geschehen kommt. Dass es letztlich göttliche «Schöpfungsworte» sind, die das ganze in Gang setzen und lenken bzw. durch deren Kraft das theoretisch Denkbare auch faktisch möglich und wirklich wird, ist uns freilich eindeutig in den Heiligen Schriften gesagt, und es gibt dazu keine alternative plausible Erklärung.

Im Gegensatz zur New-Age-Bewegung kennt die biblische Offenbarung allerdings nur ein Zusammenwirken, jedoch keine Identifizierung von Gott und Welt, von Geist und Materie. Das gilt auch für den letzten Schöpfungsakt: Die Erschaffung des Menschen. Er wird durch eine besondere Zuwendung des personalen Gottes nach dessen Bild, d.h. als Person ins Dasein gerufen. Auch dabei wird die Differenz zwischen Schöpfer und Geschöpf jedoch nicht verwischt oder gar aufgehoben, sie wird vielmehr zur personalen Bezogenheit des Menschen auf Gott umgestaltet.

Diese Bezogenheit unter der Wahrung der personalen Differenz gibt dem Menschen seine besondere nur ihm eigene Würde:

Als höchster Repräsentant der Schöpfung bezeugt er die Liebe Gottes nicht nur durch sein Dasein, sondern er vermag sie bewusst wahrzunehmen und mannigfaltig zu erwidern.

Das personale Ja, das Gott zum Menschen spricht, hat tiefgreifende Konsequenzen. Der Mensch wird von Gott als «Du» angenommen. Er darf in dem vom göttlichen Sohn selbst gelehrten Gebet Gott mit «lieber Vater» ansprechen. Nun bedeutet schon in unserem menschlichen Bereich jedes personale Du, das in Liebe gesprochen wird: «Es ist gut, dass es gerade Dich gibt. Ich freue mich, dass Du da bist, und möchte, dass Du immer bleibst.» Daher liegt in dem «Du», das der ewig lebendige dreifaltige Gott zu uns spricht zugleich Anwartschaft auf ewiges Leben. Gott selbst sagt zu uns: «Es ist gut, dass es gerade Dich gibt, ich freue mich, dass Du da bist, und ich möchte, dass Du immer bleibst.» Im Gegensatz zu den Vorstellungen der New-Age-Bewegung bedeutet somit das uns verheißene ewige Leben keine Nivellierung und Annullierung des jeweiligen «Ich» zugunsten einer kosmischen Allheit, sondern Vollendung der Liebe unter Wahrung personaler Differenz und Individualität.

In diesem Zusammenhang sollte bedacht werden, dass Liebe zwar einerseits zu inniger Einheit hinstrebt, andererseits jedoch ohne personale Differenz nicht bestehen kann. Der tiefste Grund dafür liegt im Urbild und Ausgangspunkt aller Liebe: in Gott selbst. Wie in Gott die Einheit seines Wesens die Differenz der Personen wahrt, so setzt auch Gottes Liebe zum Menschen personale Differenz voraus. Daher hebt auch das Wirken des Heiligen Geistes die Spannung zwischen Schöpfer und Geschöpf, zwischen Du und Ich nicht auf.[258]

Diese Glaubensüberzeugungen sind im streng wissenschaftlichen Sinne nicht beweisbar. Das ist jedoch nicht verwunderlich, da sie in der Personalität Gottes gründen. Wahrheiten, die der personalen Sphäre zugehören, sind zwar im besten Falle durch eine Art von Selbstevidenz gekennzeichnet, jedoch niemals durch die Möglichkeit, sie in wissenschaftlichen Verifikationsverfahren zu erfassen. Das gilt auch für den personalen Bereich unserer menschlichen Erfahrungswelt.

Somit erscheint insgesamt die von Capra proklamierte Geist und Materie umfassende und nivellierende Einheit aller Wirklichkeit als eine Fehlinterpretation. Zu dem dreipersonalen Gott, der zumindest nach christlicher Überzeugung die Welt geschaffen hat, gehört nicht nur die Einheit, sondern auch die dreifache Differenz der Personen.

In Gott lässt sich daher weder die Einheit gegen die Personalität ausspielen, so dass die Differenz der Personen durch die Einheit absorbiert würde, noch lässt sich allerdings – das muss sofort hinzugefügt werden – die Einheit durch die dreifache Personalität sprengen. Diese Wahrheit Gottes wirkt sich auch in allen Teilen der Schöpfung in je besonderer Weise aus.

*Fritjof Capra (*1939)*
verkündet die Wendezeit

Papst Pius IX. (1846-1878)
bekämpft Irrtümer der Zeit

11. Die Kritik der «Frankfurter Schule» an der wissenschaftlich-technischen Weltdeutung und -gestaltung

Die Bezeichnung «Frankfurter Schule» ist gang und gäbe geworden für eine Gruppe von Denkern, die sich um den Philosophen und Soziologen Max Horkheimer gruppierte, der von 1931 bis 1933 Direktor des Instituts für Sozialforschung in Frankfurt gewesen und nach seiner Emigration dorthin zurückgekehrt war. Neben Horkheimer waren vor allem Theodor W. Adorno, aber auch Herbert Marcuse und der der jüngeren Generation angehörende Jürgen Habermas wichtige Repräsentanten dieser Gruppe. In den 60er Jahren gehörten ihre Veröffentlichungen zu den allgemein beachteten und oft zitierten Werken.

Die Studentenrevolte des Jahres 1968 war ein Ereignis, das die Frankfurter Schule in der deutschen Öffentlichkeit disqualifizierte. Die Studenten, die sich zur Rechtfertigung ihrer Demonstrationen und Gewalttätigkeiten auf die Frankfurter Analyse der modernen Industriegesellschaft und auf die «Kritische Theorie» beriefen, waren im allgemeinen Bewusstsein der Beweis für den destruktiven Charakter der Frankfurter Denker. Dieses Urteil blieb herrschend, obgleich sich insbesondere Horkheimer und Adorno ausdrücklich von den gewalttätigen Übergriffen der damaligen Zeit distanzierten. Sie erschienen weiten Kreisen als die Hintermänner am Schreibtisch, die es anderen überließen, die gewalttätigen Konsequenzen aus ihrer Theorie zu ziehen.

Inzwischen stellt sich für den kritischen Beobachter die Frage, ob zahlreiche bedenkliche Erscheinungen der Gegenwart – etwa das Gefühl der Sinnlosigkeit des Lebens, die Unsicherheit in der Frage von Grundwerten und Grundrechten, die Unzufriedenheit vieler Jugendlicher mit den «etablierten Parteien» sowie die Staatsverdrossenheit und im weiteren Sinne die Institutionsverdrossenheit weiter Kreise – darauf hinweisen, dass die kritischen Anfragen, die die Vertreter der Frankfurter Schule an die moderne Industriegesellschaft gestellt haben, bis heute unbeantwortet geblieben sind.

Die Frankfurter Schule hätte wohl kaum eine so große Wirkung erreicht, wenn die Analysen, die sie vorgelegt hat, keine Überzeugungskraft besessen hätten. Sie bedeuten eine radikale Kritik an der wissenschaftlich-technischen Weltgestaltung der Gegenwart.

Diese Kritik hat sich allerdings zu einem nicht unbeträchtlichen Teil dadurch disqualifiziert, dass sie sich mit marxistischen Komponenten vermischte und verband. Die negativen Wirkungen derartiger marxistischer Implikationen zeigen sich insbesondere bei Herbert Marcuse.

Er erklärt zunächst im Hinblick auf die Organisation unserer Gesellschaft durchaus zutreffend: «Wissenschaftlich-technische Rationalität und Manipulation werden zu neuen Formen sozialer Kontrolle zusammengeschweißt. Kann man bei der Annahme stehenbleiben, dass diese nichtwissenschaftliche Folge das Ergebnis einer spezifischen gesellschaftlichen Anwendung der Wissenschaft ist? Ich bin der Ansicht, dass die allgemeine Richtung, in der sie angewandt wurde, der reinen Wissenschaft bereits innewohnte, als noch gar keine praktischen Zwänge beabsichtigt waren, und dass der Punkt festgestellt werden kann, an dem theoretische Vernunft in gesellschaftliche Praxis übergeht.»[259]

Die nachfolgenden Darlegungen treffen jedoch den entscheidenden Punkt keineswegs. Marcuse behauptet einerseits, dass «die Rationalität reiner Wissenschaft wertfrei» sei, und bezeichnet diese Wertfreiheit ausdrücklich als «ein positives Merkmal».[260] Andererseits jedoch gibt er, wenn auch nicht ohne Zögern, den allenfalls rein formal wertfreien «inneren Instrumentalismus der wissenschaftlichen Rationalität» zu.[261] Ausdrücklich weist er insbesondere auf die negativen Folgen der durch die Wissenschaft erfolgenden Quantifizierung hin.

Naheliegende Konsequenzen aus derartigen Feststellungen zieht er jedoch nicht, ja lehnt sie sogar bewusst ab, indem er erklärt: «Die vorangehende Diskussion scheint nicht nur auf die inneren Schranken und Vorurteile der naturwissenschaftlichen Methode zu verweisen, sondern auch auf ihre geschichtliche Subjektivität. Sie scheint überdies ein Bedürfnis nach einer Art «qualitativer Physik», nach Wiederbelebung teleologischer Philosophien usw.

zu implizieren. Ich gebe zu, dass dieser Verdacht berechtigt ist, kann aber an dieser Stelle nur versichern, dass derart obskurantistische Ideen nicht beabsichtigt sind.»[262]

Diese zweifache Aussage bedeutet faktisch eine Ablehnung konsequenten Weiterdenkens. Sie verbindet sich – hierin zeigt sich der Mangel an Konsequenz in aller Deutlichkeit – mit einem unkritischen Festhalten an dem überkommenen wissenschaftlich-technischen Fortschrittsglauben. Im marxistischen Denken befangen, äußert er die illusionäre Erwartung, ein zentralisierter Produktionsapparat könne «im Hinblick auf die Befriedigung der notwendigen Bedürfnisse organisiert und dirigiert werden», in einer Weise, in der «eine derartige Kontrolle ... individuelle Autonomie nicht verhindern, sondern ermöglichen» würde.

Fortschrittsgläubig verkündet er: «Die technologischen Prozesse der Mechanisierung und Standardisierung könnten individuelle Energie für ein noch unbekanntes Reich der Freiheit jenseits der Notwendigkeit freigeben.»[263] Für die Verwirklichung dieser Ziele zuständig sei die Politik.

Für diese zuständige Instanz ein positives Programm zu entwickeln, gelingt Marcuse jedoch nicht. Resigniert bekennt er schließlich rein negativ: «Aller Inhalt scheint auf die eine abstrakte Forderung nach dem Ende der Herrschaft reduziert ...»[264] Wie er selbst eingesteht, muss diese reine Negation umso unvernünftiger erscheinen, da «das bestehende System seine Produktivität entwickelt und die Last des Lebens erleichtert».[265]

Angesichts dieses von ihm ausdrücklich anerkannten Tatbestandes, sieht Marcuse keine Chance, die Mehrheit der Menschen auf demokratischem Wege für eine radikale Änderung zu gewinnen. Stattdessen erklärt er:

«Unter der konservativen Volksbasis befindet sich jedoch das Substrat der Geächteten und Außenseiter: die Ausgebeuteten und Verfolgten anderer Rassen und anderer Farben, die Arbeitslosen und die Arbeitsunfähigen. Sie existieren außerhalb des demokratischen Prozesses; ihr Leben bedarf am unmittelbarsten und realsten der Abschaffung unerträglicher Verhältnisse und Institutionen. Damit ist ihre Position revolutionär ...»[266]

Die Negation des Bestehenden erhält bei Marcuse daher den Charakter der «Weigerung». Er zitiert als sein eigenes Bekenntnis und zugleich als Programm für seine Anhänger einige Sätze von Maurice Blanchot: «Was wir ablehnen ist keineswegs ohne Wert und ohne Bedeutung; deshalb eben ist Weigerung notwendig. Es gibt eine Vernunft, die wir nicht mehr akzeptieren, es gibt eine Erscheinung von Weisheit, die uns in Schrecken versetzt, es gibt ein Angebot, sich zu einigen und zu arrangieren, auf das wir nicht hören. Ein Bruch ist vollzogen. Wir sind zu einer klaren Entscheidung gedrängt, die jede Komplizenschaft ablehnt.»[267]

Im Gegensatz zu Herbert Marcuse sucht Jürgen Habermas die politische Lösung nicht durch die Radikalkur einer großen Weigerung bzw. durch einen Aufruf an revolutionäre Minderheiten. Er bemüht sich vielmehr um eine evolutionäre Umgestaltung. Er beklagt, die Politik nehme gegenwärtig «einen eigentümlich negativen Charakter» an.[268] Sie sei mit der Beseitigung von Störungen – man denke an Arbeitslosigkeit, Energieengpässe, Umweltschäden, Rinderseuche, Alterspyramide usw. – beschäftigt. Das jedoch bedeute eine Fehlprogrammierung der Politik. Sie sei – entgegen ihrer eigentlichen Aufgabe – «nicht an der Verwirklichung praktischer Ziele, sondern an der Lösung technischer Fragen orientiert».[269] Im Gegensatz dazu müsse – so formuliert er – die Politik bzw. die politische Willensbildung «über die Angemessenheit und Wünschbarkeit von handlungsorientierenden Grundsätzen und Normen» entscheiden.[270]

Die über technokratische Maßnahmen hinausgehenden Ziele künftiger Politik müssen nach der Konzeption von Habermas in einem «herrschaftsfreien Dialog» geklärt werden. In ihm muss sich entscheiden, nach welchen Grundsätzen und Normen und zu welchen Zielen und Zwecken die wissenschaftlich-technischen Möglichkeiten eingesetzt werden.

Der herrschaftsfreie Dialog soll also den gegenwärtig kritischen Zustand überwinden und eine neue übergreifende Zielorientierung ermöglichen. Wie auch Habermas selbst zugesteht, ist allerdings ein wirklich herrschaftsfreier Dialog zumindest gegenwärtig in der Realität faktisch nicht möglich. Er erhofft sich jedoch eine Änderung dieser Realität durch eine Rationalisierung der Geschichte, die erreicht werden solle, «durch eine höhere Reflexionsstufe, ein in der Emanzipation fortschreitendes Bewusstsein handelnder Menschen».[271] Diese Hoffnung bedeutet faktisch ein Eingeständnis der Unrealisierbarkeit seiner Vorschläge, da sie andere höherentwickelte Menschen als die gegenwärtigen voraussetzt. Geschichtlich wirksam sind die Habermasschen Impulse trotz allem geworden: vor allem in der Forderung einer «Demokratisierung der Gesellschaft» und durch die Parole des «Marsches durch die Institutionen». Zukunftsweisend im vollen Sinne des Wortes ist Habermas jedoch ebenso wenig wie Herbert Marcuse.

Dieses insgesamt negative Urteil gilt jedoch nicht für Max Horkheimer und Theodor W. Adorno. Im Gegensatz zu Habermas erkennt Adorno, dass sich das Problem der Fehlentwicklung der wissenschaftlich-technischen Welt nicht durch zusätzliche – und noch dazu utopische – Maßnahmen, wie etwa einen «herrschaftsfreien Dialog zur Zielorientierung» lösen lässt, sondern dass eine radikale geistige Neubesinnung notwendig ist. Sein Hauptwerk, die «Negative Dialektik», ist allerdings in ihrem Grundanliegen bisher kaum wirksam geworden. Schon ihre eigenwillige sprachliche Gestaltung macht sie schwer lesbar. Hinzu kommt eine Begrifflichkeit, die sich nur aus der besonderen Bezogenheit der jeweiligen Begriffe auf die philosophische Tradition und der Stellungnahme Adornos zu dieser Tradition erschließt.

Tatsächlich ist Adornos Hauptwerk eine konsequente Absage an das traditionelle abendländische Denken, soweit es vom Idealismus geprägt ist. Die Grundlüge des einseitig vom begrifflichen Denken geprägten Idealismus bestehe in der Illusion, «in der Bewegung der Abstraktion werde man dessen ledig, wovon abstrahiert ist».[272] Demgegenüber betont Adorno, die Notwendigkeit eines an der konkreten Realität orientierten Denkens. Absolutes Denken gäbe es nicht. Denken sei vielmehr «dem eigentlichen Sinn nach Denken von etwas ... Ratio wird irrational, wo sie das vergisst», indem sie «ihre Erzeugnisse, die Abstraktionen, wider den Sinn von Denken hypostasiert».[273] Die konkrete Wirklichkeit werde von einem abstrakten begrifflichen Denken jeweils nur unzureichend erfasst. Tatsächlich hat jede konkrete Rose, jedes konkrete Pferd und insbesondere jeder konkrete Mensch eine Fülle von Kennzeichen und Eigentümlichkeiten, die in den Begriffen Rose, Pferd und Mensch nicht enthalten sind. Daher dürfe – so betont Adorno – der Begriff «nicht ontologisch als das an sich Wahre» ausgegeben werden.[274]

Damit bezieht Adorno Stellung gegen die gesamte von Plato ausgehende Tradition, da diese den durch die Begriffe repräsentierten «Ideen» einen höheren Seinsgrad und Wahrheitsgehalt zuschreibt als den realen Gegebenheiten der Welt. Durch diese Fehlinterpretation werde der Begriff als «Idee» zum Richtmaß der Realität erhoben. Gegenüber dieser Konzeption erklärt Adorno programmatisch: «Philosophie hat, nach dem geschichtlichen Stande, ihr wahres Interesse ... beim Begrifflosen, Einzelnen und Besonderen; bei dem, was seit Plato als vergänglich und unerheblich abgefertigt wurde, und worauf Hegel das Etikett der faulen Existenz klebte. Ihr Thema wären die von ihr als kontingent ... deklarierten Qualitäten.»[275]

Positiv erstrebt Adorno durch seine denkerischen Bemühungen eine größere Gerechtigkeit für «das von den Begriffen Unterdrückte, Missachtete und Weggeworfene».[276] Er «will sagen, was sei, während das (durch die Begriffe repräsentierte) Identitätsdenken sagt, worunter etwas fällt, wovon es Exemplar ist.»[277] Bei diesen seinen Überlegungen wird Adorno von einem moralischen Impuls beherrscht.

Es ist der Schock über die Massenvernichtungen, die von der Bürokratie des Dritten Reiches mit organisatorischer Perfektion in die Wege geleitet wurden. Es ist die furchtbare Erfahrung des Mordes «an Millionen durch Verwaltung», wobei «in den Lagern nicht mehr das Individuum starb, sondern das Exemplar».[278]

In den Gaskammern zusammengepfercht wurden Millionen zu Tode gebracht, ohne dass jemand die Frage nach persönlicher Schuld bzw. nach dem jeweiligen konkreten Menschen auch nur gestellt hätte. Für die Organisatoren dieser Vernichtungsmechanerie war der Einzelne nur noch Exemplar einer «Parasitenrasse», deren Ausrottung nach den offiziellen Anweisungen «mit möglichst wenig Personal» und «ohne unnütze Quälerei organisiert wurde».[279]

Angesichts der Toten von Auschwitz wehrt sich Adorno entschieden dagegen, den einzelnen Menschen ohne eigenes Recht dem großen Gang der Welt bzw. dem allgemeinen Fortschreiten der Geschichte unterzuordnen. Er erkennt die Brutalität Hegels, der sich als Anwalt einer höheren Vernunft aufgespielt und erklärt hatte: «Dabei, dass einzelne Individuen gekränkt worden sind, kann die Vernunft nicht stehenbleiben; besondere Zwecke verlieren sich in dem Allgemeinen.»[280] Es ist somit letzten Endes die Erfahrung der Geschichte, insbesondere die Solidarität mit ihren Opfern, die nach Überzeugung Adornos unausweichlich nötigt, die bisherige auf das Allgemeine und begrifflich Fassbare fixierte Metaphysik radikal in Frage zu stellen und sich dem von ihr vernachlässigten konkreten Einzelnen und in seiner jeweiligen Eigenart Besonderen zuzuwenden.

Diese Gedanken Adornos bedeuten zugleich eine bewusste Absage an die Konzeption der modernen Wissenschaften, die in der geistigen Nachfolge der idealistischen Philosophie dazu neigen, «die Qualitäten auszuschalten, in messbare Bestimmungen zu verwandeln.»[281] Die Ausmerzung aller qualitativen Bestimmungen habe letzten Endes zu einem «unversöhnlichen Widerspruch zu der Objektivität» geführt, «welcher sie Gewalt antat, indem sie sie zu begreifen vorgab».[282]

Allerdings bedeutet die von Adorno proklamierte Wendung der Philosophie zum konkreten Einmaligen zugleich ein Verzicht auf ein perfektes System wissenschaftlicher Welterklärung, wie sie vom Deutschen Idealismus Hegelscher Prägung – aber nicht nur von diesem – angestrebt wurde. Es gelte Abschied zu nehmen von der Illusion der Philosophie, «sie könne das Wesen in die Endlichkeit ihrer Bestimmungen bannen».[283]

In aller Schärfe formuliert Adorno: «Die metakritische Wendung gegen eine prima philosophia ist zugleich die gegen die Endlichkeit einer Philosophie, die über Unendlichkeit schwadroniert und sie nicht achtet. Erkenntnis hat keinen ihrer Gegenstände ganz inne.»[284]

Mit der Anerkennung der Differenz zwischen Begriff und Gegenstand und mit der Forderung, philosophisch wissenschaftliche Erkenntnis nicht auf die Begriffe zu fixieren, sondern sich den jeweiligen konkreten Gegenständen zuzuwenden, werde Philosophie zugleich von der «totalen Herrschaft von Methode» befreit.[285] Allerdings koste das auch seinen Preis: Philosophie erhalte eine Komponente des Wagnisses. Der «obstinate Drang, lieber über die Richtigkeit von Irrelevantem zu wachen, als über Relevantes, mit der Gefahr des Irrtums nachzudenken, solle aufgegeben werden».[286]

Dies alles habe Rückwirkungen auch für eine angemessene Beurteilung der gegenwärtigen Gesellschaft. Es gäbe einen unmittelbaren Zusammenhang zwischen der idealistischen Konzeption der Philosophie und der modernen Industriegesellschaft. Dazu formuliert Adorno die These: «Was die Gesellschaft antagonistisch zerreißt, das herrschaftliche Prinzip, ist dasselbe, das, vergeistigt, die Differenz zwischen dem Begriff und dem ihm Unterworfenen zeitigt.»[287]

So entschieden Adorno die überkommene Metaphysik ablehnt, so wenig will er künftig auf Metaphysik schlechthin verzichten. Vielmehr erklärt er gegen Ende seiner «Negativen Dialektik», Metaphysik sei künftig allein möglich «als lesbare Konstellation von Seiendem. Von diesem empfinge sie den Stoff, ohne den sie nicht wäre, verklärte aber nicht das Dasein ihrer Elemente, sondern brächte sie zu einer Konfiguration, in der die Elemente zur Schrift zusammentreten ... Die kleinsten innerweltlichen Züge hätten Relevanz fürs Absolute, denn der mikrologische Blick zertrümmert die Schalen des nach dem Maß des subsummierenden Oberbegriffs hilflos Vereinzelten und sprengt ... den Trug, es wäre bloß Exemplar».[288]

Es geht ihm also nicht um eine «Erfassung» der Wirklichkeit durch begriffliche Definitionen und um eine Beherrschung der Wirklichkeit samt der Gesellschaft durch technische Manipulation, sondern um eine auf Sinnverständnis abziehende Deutung der Wirklichkeit durch die Hinwendung zu ihren jeweils konkreten Erscheinungen.

Mit vielen Überlegungen Adornos stimmt Max Horkheimer, der «Stifter» der Frankfurter Schule, überein. Eine so grundlegende Veröffentlichung, wie die «Dialektik der Aufklärung», hat er gemeinsam mit ihm herausgebracht.[289] Als wichtigste Ursache des gegenwärtigen Dilemmas der Wissenschaften beklagt Horkheimer die Programmierung der Vernunft und die damit verbundene Einengung des geistigen Horizonts.

Der Titel eines seiner wichtigsten Bücher lautet «Zur Kritik der instrumentellen Vernunft».[290] Hierin schreibt er u.a.: «Die moderne Wissenschaft, wie die Positivisten sie verstehen, bezieht sich wesentlich auf Aussagen über Tatsachen und setzt deshalb die Verdinglichung des Lebens im allgemeinen und der Wahrnehmung im besonderen voraus.»[291]

Ihre auf der Mathematik fixierte methodische Konzeption führe die Wissenschaften zu einer einseitigen und oberflächlichen Betrachtung der Wirklichkeit: «Die durch quantitative Methoden ermittelten sogenannten Tatsachen, welche die Positivisten als die einzig wissenschaftlichen zu betrachten pflegen, sind oft Oberflächenphänomene, die die ihr zugrundeliegende Realität mehr verdunkeln als enthüllen»[292].

Da die Wissenschaften in der Konzeption des Positivismus auf die Frage nach dem Wesen verzichten, haben sie – wie Horkheimer darlegt – kein Verhältnis mehr zur Wahrheit. Statt dessen neigen sie zu einer instrumentellen Verfügung über die gesamte Wirklichkeit. Denn wenn dem Menschen nichts mehr von seinem Wesen her angehe, dann sei alles seiner Verfügung anheim gegeben. Es sei auf dieser Basis unmöglich, ein freies d.h. nichtinstrumentelles Verhältnis zur Wirklichkeit zu gewinnen. So schwinde mit der Frage nach dem Wesentlichen und dem Wahren zugleich die Frage nach der eigenen Legitimation wissenschaftlicher Forschung und ihrer technischen Anwendung.

Die Wissenschaften fühlen sich als eine autonome Instanz und fordern – ohne Rücksicht auf die «Objekte» ihrer Experimente – für sich eine ungezügelte Freiheit der Forschung, für die sie jedoch keine Legitimation erbringen können. Dieser Mangel an Legitimität betrifft die gesamte wissenschaftlich-technische Weltgestaltung.

Diese Darlegungen und insbesondere die Feststellung Max Horkheimers, derzufolge die positivistischen Wissenschaften, «die zugrundeliegende Realität mehr verdunkeln als enthüllen»[293] machen deutlich, dass die gegenwärtige Problematik nicht auf die Frage der Anwendung von Wissenschaften beschränkt ist und dass sie auch nicht durch eine systemkonsequente Weiterentwicklung der Wissenschaften selbst gelöst werden kann.

Kritisch bemerkt Horkheimer: «Nach den Positivisten brauchen wir nur genügend Vertrauen zur Wissenschaft. Natürlich verkennen sie nicht die zerstörerischen Praktiken, zu denen die Wissenschaft herhalten muss; aber sie behaupten, dass ein solcher Gebrauch die Wissenschaft pervertiert. Ist dem wirklich so?

Der objektive Fortschritt der Wissenschaft und ihrer Anwendung, die Technik, rechtfertigt die geläufige Vorstellung nicht, dass die Wissenschaft nur dann zerstörerisch ist, wenn sie pervertiert wird, und notwendig konstruktiv, wenn sie angemessen verstanden wird. Fraglos könnte von der Wissenschaft ein besserer Gebrauch gemacht werden. Es ist jedoch keineswegs ausgemacht, dass der Weg, die guten Möglichkeiten der Wissenschaft zu verwirklichen, überhaupt auf ihrer gegenwärtigen Bahn liegt.»[294]

Angesichts dieser Einschätzung der Gesamtsituation ist es nach der Überzeugung Horkheimers die wichtigste Aufgabe der Gegenwart, eine kritische Überprüfung der gängigen Vernunft selbst vorzunehmen. Emanzipation müsse in der heutigen Situation neu konzipiert werden. In früheren Zeiten sei sie eine Befreiung von der Bevormundung des Geistes durch kirchliche und politische Gremien gewesen. Nunmehr aber habe sie eine «Denunziation dessen, was gegenwärtig Vernunft heißt» zu sein. Hierin bestehe vorerst «der größte Dienst, den die Vernunft leisten kann».[295]

In diesem Zusammenhang wirft Horkheimer den Kirchen vor, den notwendigen und ihrem Auftrag gemäßen Dienst einer radikalen Kritik an der wissenschaftlichen Vernunft zu verweigern und sich statt dessen opportunistisch in einer eigenen Weise dem System anzupassen. Eine solche Anpassung vermindere die Chance, die scheinbare Geschlossenheit des wissenschaftlich-technischen Systems zu sprengen. Es schwinde nicht nur jeder

Konflikt mit Wissenschaft, die ihn ihrerseits in ihrer positivistischen Gestalt ohnehin vermeidet, sondern auch jeder Konflikt mit den inhaltlichen Grundsätzen der Moral. Dabei bezieht sich Horkheimer insbesondere auf die evangelische Theologie, wobei man gerade in jüngster Zeit an die Auseinandersetzungen um die «Segnung» homosexueller Paare und an die unentschiedenen und verschwommenen Stellungnahmen zur Abtreibung denken kann.

Im Gegensatz zu diesen Bestrebungen der modernen Theologie könne – so betont Horkheimer – nur aus einem nichtangepassten und daher in das Programm verkürzter Realität nicht integrierbaren Glauben an Gott eine Überschreitung und Überwindung des wissenschaftlich-technischen Systems erfolgen. Ansonsten verliere jede Wahrheit ihren absoluten Anspruch: «Wahrheit als emphatische, menschlichem Irrtum überdauernde, lässt ... vom Theismus sich nicht schlechthin trennen. Sonst gilt der Positivismus, mit dem die neueste Theologie bei allem Widerspruch verbunden ist. Nach ihm heißt Wahrheit Funktionieren von Berechnungen, Gedanken sind Organe, Bewusstsein wird jeweils so weit überflüssig, wie die zweckmäßigen Verhaltensweisen, die durch es vermittelt waren, kollektiv sich einschleifen.

Einen unbedingten Sinn zu retten ohne Gott, ist eitel ... Ohne Berufung auf ein Göttliches verliert die gute Handlung, die Rettung des ungerecht Verfolgten, ihre Glorie, es sei denn, sie entspreche dem Interesse eines Kollektivs diesseits und jenseits der Landesgrenzen. Indem die fortgeschrittenen protestantischen Theologen noch dem Verzweifelten ermöglichen, sich Christ zu nennen, klammern sie das Dogma ein, ohne dessen Geltung ihre Rede nichtig ist. Zugleich mit Gott stirbt auch die ewige Wahrheit.»[296]

Wenn man jedoch darauf verzichte, sich auf eine ewige Wahrheit zu berufen, bzw. wenn man zweckrationale Veränderungen im Sinne der instrumentellen Vernunft zum höchsten Prinzip des Handelns mache, dann gäbe es keine moralische Politik mehr: «Politik, die, sei es höchst unreflektiert, Theologie nicht in sich bewahrt, bleibt, wie geschickt sie sein mag, letzten Endes Geschäft ... Vom Standpunkt des Positivismus aus gesehen, lässt sich keine moralische Politik ableiten ... Alle Versuche, die Moral anstatt durch den Hinblick auf ein Jenseits auf irdische Klugheit zu begründen ... beruhen auf harmonistischen Illusionen. Alles, was mit Moral zusammenhängt, geht letzten Endes auf Theologie zurück.»[297]

Horkheimer hält es auch um der gesellschaftlichen Zukunft willen für notwendig, entschieden daran festzuhalten, «dass die Welt Erscheinung ist, dass sie nicht die absolute Wahrheit, das letzte» ist.[298] Wenn man diese Überzeugung preisgäbe, werde es notwendig, hier auf Erden eine absolute Gerechtigkeit herzustellen. Er weist darauf hin, dass das gewalttätige Streben nach absoluter Gerechtigkeit in der Gesellschaft mit dem «Niedergang der Religion fast synchron verläuft ... Indem die Ideen der Auferstehung von den Toten, des jüngsten Gerichts, des ewigen Lebens als dogmatische Sätze negiert werden, wird das Bedürfnis des Menschen nach unendlicher Seligkeit ganz offenbar und tritt zu den schlechten irdischen Verhältnissen in Gegensatz.»[299]

Dieses Streben werde jedoch mit der Freiheit bezahlt. Es führe faktisch zu Unterdrückungssystemen, deren Ungerechtigkeit und Gewalttätigkeit im Endeffekt zumeist die Ungerechtigkeit der zuvor herrschenden Zustände bei weitem übersteigt. Entgegen allen unredlichen oder unüberlegten Harmonisierungsversuchen spricht Horkheimer klar aus: «Freiheit, Gleichheit, Brüderlichkeit, das ist eine wundervolle Parole. Aber wenn sie die Gleichheit erhalten wollen, dann müssen sie die Freiheit einschränken, und wenn sie den Menschen die Freiheit lassen, dann kann es keine Gleichheit geben.»[300] Wie Horkheimer klarlegt, drängt das Streben nach Gleichheit unter der Parole «soziale Gerechtigkeit» zusammen mit der eigenen Konsequenz des wissenschaftlich-technischen Systems zu einer immer stärkeren Einschränkung der Freiheit: «Ich glaube, dass die Menschen dann in dieser verwalteten Welt ihre Kräfte werden nicht frei entfalten können, sondern sie werden sich an rationalistische Regeln anpassen, und sie werden diesen Regeln schließlich instinktiv gehorchen ... Ich meine ... heute schon sagen zu können, dass die immanente Logik der gegenwärtigen historischen Entwicklung, soweit sie durch Katastrophen nicht unterbrochen wird, auf eine Aufhebung des freien Willens hinweist.»[301]

Horkheimer hält es – erstaunlicherweise – durchaus für möglich, dass die Perfektion des wissenschaftlich-technischen Systems zu einem hohen Lebensstandard und zur Befriedigung aller materiellen Bedürfnisse führt.[302] Dennoch werde dadurch keineswegs zwangsläufig eine bessere Epoche der Menschheit herbeigeführt. Es werde Öde und Sinnlosigkeit herrschen. Denn mit der Abschaffung des Theologischen «verschwindet das, was wir ‹Sinn› nennen, aus der Welt. Zwar wird große Geschäftigkeit herrschen, aber eigentlich sinnlose, also langweilige.»[303]

Unabhängig von Einzelfragen, über die man gewiss streiten kann, zeigen die Analysen und Prognosen der Vertreter der Frankfurter Schule insgesamt, in welches Dilemma die wissenschaftlich-technische Weltdeutung und Weltgestaltung die Menschheit geführt hat. Mit um so größerer Dringlichkeit erhebt sich daher die Frage, ob und unter welchen Voraussetzungen die gegenwärtige Krise überwunden werden kann.

Max Horkheimer (1895-1973) entlarvt instrumentelle Vernunft

Theodor W. Adorno (1903-1969) verurteilt idealistisches Denken

12. Kritische Überlegungen zur gegenwärtigen Situation

Der Versuch alternativen Denkens durch die New-Age-Bewegung und die radikale Kritik der Frankfurter Schule am wissenschaftlichen Denksystem signalisieren in je eigener Weise, dass dieses System weder im Denken noch in der Weltgestaltung zu angemessenen Ergebnissen führt. Behoben werden kann dieses Dilemma allerdings weder durch eine Leugnung der Substanzen zugunsten der Relationen noch durch eine rein negative «Weigerung». Notwendig ist vielmehr eine grundlegende Analyse wissenschaftlichen Denkens und technischer Weltgestaltung und ein Aufweis der Defizite, die mit ihr verbunden sind. Hierbei können durchaus eine Reihe kritischer Anmerkungen Capras und insbesondere die Analysen Horkheimers und Adornos hilfreich sein.

Vor einer kritischen Auseinandersetzung muss jedoch zunächst positiv festgestellt werden, dass die Wissenschaften der letzten Jahrhunderte die Erkenntnis- und Gestaltungsmöglichkeiten des Menschen beträchtlich erweitert haben. Wir wissen heute in der Tat bedeutend mehr, als frühere Jahrhunderte gewusst haben, und unsere Möglichkeiten, die Wirklichkeit nach unseren Wünschen umzugestalten, sind ins geradezu Unermessliche gestiegen.

Lange Zeit waren schon die Erkenntnismöglichkeiten des Menschen eingeschränkt. Denn sie waren weitgehend an die Fähigkeiten seiner Sinnesorgane gebunden. So ist die natürliche Wahrnehmungsfähigkeit des Auges nicht auf jeden beliebigen Abstand vom Gegenstand und nur auf einen begrenzten Bereich der Farbskala eingestellt. Vergleichbares gilt für alle Sinnesorgane. Daher hat man schon früh versucht, ihre Wahrnehmungsmöglichkeiten künstlich zu steigern.

Das geschah in mehreren Stufen. Zunächst schuf man Apparaturen, die unsere natürliche Wirklichkeitserfassung sinnenspezifisch erweitern. Beispiele dafür sind das Fernrohr, mit dem wir Dinge wahrnehmen, die für das normale Sehen zu weit entfernt sind, oder das Mikroskop, das Dinge erkennen lässt, die sonst für unsere Wahrnehmung zu klein wären. Damit vergleichbar sind

Hörgeräte oder Tastgeräte. Selbst ein Stock, den wir zur Hand nehmen, um zu fühlen, ob der Boden ein Stück vor uns tragfähig ist, bedeutet eine einfache Erweiterung unserer natürlichen Wahrnehmungsmöglichkeiten. Bei all diesen Beispielen handelt es sich um eine Steigerung der sinnesspezifischen Leistung unserer Organe.

Grundsätzlich anders ist es demgegenüber bei der zweiten Gruppe von Apparaturen zur künstlichen Erweiterung unserer Wirklichkeitserfassung. Als einfaches Beispiel kann man an den Pfeifkessel denken, der durch Pfeifen anzeigt, wenn das Wasser in ihm zum Kochen kommt; oder an eine Lichtblinkanlage, die bei einem Bahnübergang durch rotes Licht anzeigt, wenn ein Zug sich nähert. Hierbei handelt es sich um Apparaturen, durch die wir einen bestimmten Sachverhalt qualitativ anders wahrnehmen, als wir es mit den Sinnesorganen tun.

Allerdings werden bei den angeführten Beispielen jeweils Gegebenheiten wahrgenommen, die wir grundsätzlich auch mit den Sinnesorganen wahrnehmen können – etwa das Kochen des Wassers oder das Herannahen des Zuges. Die Wahrnehmung wird also durch das Einschalten von Apparaturen nur erleichtert. Voraussetzung ist allerdings, dass der Wahrnehmende weiß, wie die entsprechenden Zeichen zu deuten sind.

Außer den bisher als Beispiele angeführten Apparaturen gibt es jedoch auch solche, die es ermöglichen, Wirklichkeiten wahrzunehmen, die für die natürlichen Sinnesorgane grundsätzlich nicht wahrnehmbar sind. Das gilt für Ultraviolett, Ultraschall, elektromagnetische Wellen, nichtriechende Gase und vieles andere mehr. Indirekt wahrnehmbar werden auf diese Weise jedoch auch grundlegende Strukturen der Materie bis hin zu den subatomaren Teilchen. Ihre «Wahrnehmung» wird dadurch ermöglicht, dass bestimmte Manipulationen vorgenommen werden, deren Wirkungen sich deuten lassen.

So können bestimmte Zeigerausschläge auf einem Instrumentenbrett elektromagnetische Wellen anzeigen, Linien auf photographischen Platten lassen die Bewegungen von Atomen «sichtbar» werden. In solchen Fällen werden nicht die Dinge selbst wahrgenommen, sondern bestimmte Wirkungen, die sie unter mehr oder weniger raffiniert ausgeklügelten Bedingungen auslösen.

Daher vermögen wir auch nicht klar auszusagen, was die «erforschten» Dinge selbst sind. Stattdessen entwickeln wir anschauliche Modelle, die jeweils unter bestimmten Gesichtspunkten aufschlussreich sind und uns die Möglichkeit eröffnen, uns bestimmte Erscheinungen vorzustellen und zu «erklären». Als Folge davon hat der heutige Durchschnittsmensch im allgemeinen eine Vorstellung davon, «was ein Atom ist und wie es aussieht». Tatsächlich können bestimmte Eigenschaften eines Atoms durch entsprechende Modelle gut veranschaulicht werden. So ist z.B. das Schalenmodell hervorragend geeignet, das periodische System der Elemente zu «erklären».

Die Frage nach der Wirklichkeit selbst vermögen derartige Modelle jedoch nicht zu beantworten. Während wir durch eindeutige Informationen wissen, was das Pfeifen des Kessels und das rote Signal bei einem Bahnübergang bedeuten, haben wir keine entsprechende Information, die uns bei naturwissenschaftlichen Beobachtungen mit Hilfe von Apparaturen eine zutreffende Interpretation sichert.

Unser Interpretationsspielraum ist umso größer, da wir nicht wissen, welchen Einfluss unsere Apparaturen jeweils auf die untersuchten Gegenstände ausüben. Dass es einen derartigen, nicht unerheblichen Einfluss gibt, zeigt schon allein die Tatsache, dass man zur Darstellung mancher Vorgegebenheiten je nach dem Zusammenhang, in dem sie untersucht werden, miteinander konkurrierende Modelle benutzt.

So lässt sich z.B. das Licht je nach den Fragestellungen entweder als Welle oder als Korpuskel darstellen. Diese alternative Möglichkeit dokumentiert, dass wir trotz aller Erkenntnisfortschritte darüber, was das Licht «wirklich» ist, nichts wissen. Insofern hat Comte im Hinblick auf die Naturwissenschaften durchaus Recht, wenn er z.B. die «Frage, was Anziehung und Schwere selbst und welches ihre Ursachen seien» für unlösbar hält.[304]

Der wissenschaftliche Fortschritt als solcher wird jedoch dadurch nicht beeinträchtigt. Denn – wie bereits dargelegt wurde[305]

– haben die Wissenschaften auf die Beantwortung der Wesensfrage grundsätzlich verzichtet und sich auf die mathematische Formulierung von Relationen beschränkt. Allerdings ergibt sich hieraus eine weitere Einschränkung wissenschaftlicher Erkenntnismöglichkeiten: Mathematische Berechenbarkeit und Verrechenbarkeit setzt Gleichheit voraus. Ernst zu nehmende Wissenschaftler sind jedoch der Überzeugung, dass es eine absolute Gleichheit zwar in der Mathematik, jedoch niemals in der konkreten Wirklichkeit gibt. Von dieser auch in der philosophischen Diskussion umstrittenen Frage können die Naturwissenschaften jedoch absehen, da es für sie nicht auf eine «absolute» Gleichheit, sondern nur auf eine funktionale Gleichheit ankommt.

Daher hängt die für sie maßgebliche Gleichheit jeweils von dem Funktionszusammenhang ab, in dem nach ihr gefragt wird. So ist es z.B., um zu berechnen, wie viele Kugeln von 1 cm Durchmesser in ein bestimmtes Gefäß gefüllt werden können, gleich, ob die Kugeln aus Silber, aus Holz oder aus Styropor bestehen. Die Kugeln sind jedoch ungleich im Hinblick auf ihr Gewicht oder auf ihren Einfluss auf ein elektromagnetisches Feld. Die Frage nach der Gleichheit oder Ungleichheit kann daher wissenschaftlich in dem jeweiligen Zusammenhang, in dem sie gestellt wird, durchaus eindeutig und zutreffend beantwortet werden.

Diese Überlegungen zeigen insgesamt, dass die Wissenschaften auf die Beantwortung vieler Fragen verzichten können, da sie in ihrem System nicht vorkommen. Bei den im System erkennbaren noch offenen Fragen entsteht der Eindruck, sie seien durch konsequente Weiterentwicklung durchaus zu lösen. Als Beispiel sei auf die Biochemie und die damit verbundene Genforschung hingewiesen. Selbstverständlich gibt es noch viele offene Fragen. Aber die Erfolge der letzten Jahrzehnte wecken den Eindruck, dass es zu ihrer Lösung nur konsequenter Weiterforschung bedürfe. Dieser Eindruck verfestigt sich so lange, wie man die Dinge jeweils nur aus der Sicht des eigenen Systems betrachtet.

Zur Verdeutlichung bzw. Veranschaulichung dieses falschen Eindrucks kann die alte Geschichte vom Wettlauf zwischen Achill und der Schildkröte dienen. Bekanntlich gibt Achill der Schildkröte einen Vorsprung von – sagen wir – 100 Metern. Gefragt wird, wann bzw. wo Achill die Schildkröte überholt. Die erste Hilfsfrage des Aufgabenstellers lautet: «Wo wird die Schildkröte sein, wenn Achill die 100 m Vorsprung zurückgelegt hat?» Wenn der Befragte antwortet: «10 m weiter», lautet konsequenterweise die nächste Frage: «Und wo wird die Schildkröte sein, wenn Achill diese 10 m zurückgelegt hat?» usw.

Wenn der Befragte sich auf diese Methode der Aufgabenlösung einstellt, macht er durch systemkonsequentes Weiterfragen ständig Fortschritte und kommt dem Punkt immer näher, bei dem Achill auf gleicher Höhe mit der Schildkröte kommt. Erreichen kann er diesen Punkt bei einem solchen Vorgehen jedoch nie. Außerdem bleibt alles, was jenseits dieses Punktes liegt, völlig außerhalb seiner Erkenntnismöglichkeiten.

Vieles spricht dafür, dass es sich gegenwärtig bei den wissenschaftlichen Erforschungen des Lebendigen analog verhält. Man kann in der Tat systemkonsequent immer weiter vorankommen. Die entscheidende Stelle, an der entweder das Leben rein wissenschaftlich restlos erklärt ist oder aber die weitere Forschung an eine Grenze stößt, an der sie schlechthin nicht weiterkommt, wird bei diesem Vorgehen nie erreicht. Für den konsequent im System Denkenden ist das jedoch nicht erkennbar. Da er ständig erfolgreich arbeitet, wird die Illusion verstärkt, er befinde sich auf dem richtigen Wege zur endgültigen Lösung des Problems. Analoges gilt auch für den Versuch einer rein wissenschaftlichen Lösung vieler anderer grundlegender Fragen des Menschen.

Das bedeutet zusammengefasst: Obgleich es ständig partielle Fortschritte auf den verschiedensten Gebieten gibt[306], ist eine Lösung der Krise der wissenschaftlich-technischen Weltdeutung und Weltgestaltung durch eine systemkonsequente Weiterentwicklung nicht möglich. Die Wissenschaften selbst vermögen das allerdings nicht zu erkennen. Das ist um so folgenschwerer, da auch die durch die Defizite des wissenschaftlich-technischen Systems – vor allem durch den Verzicht auf die Wesensfrage – bewirkte Orientierungslosigkeit unserer Gesellschaft nicht offen zutage tritt. Werner Heisenberg hat dieses Defizit in einem eindrucksvollen Bild gekennzeichnet: «Mit der scheinbar unbegrenzten Ausbreitung ihrer materiellen Macht kommt die Menschheit in die Lage eines Kapitäns, dessen Schiff so stark aus Stahl und Eisen gebaut ist, dass die Magnetnadel seines Kompasses nur noch auf die Eisenmasse des Schiffes zeigt, nicht mehr nach Norden. Mit einem solchen Schiff kann man kein Ziel mehr erreichen; es wird nur noch im Kreis fahren und daneben dem Wind und der Strömung ausgeliefert sein.»[307]

Im Anschluss daran trifft Heisenberg allerdings die Feststellung: «Die Gefahr besteht eigentlich nur, so lange der Kapitän nicht weiß, dass sein Kompass nicht mehr auf die magnetischen Kräfte der Erde reagiert. In dem Augenblick, in dem Klarheit geschaffen ist, kann die Gefahr schon halb als beseitigt gelten.»[308] Diese Klarheit zu schaffen, ist allerdings nicht einfach, da der Kompass selbst keineswegs zu erkennen gibt, worauf er reagiert.

Das bedeutet insgesamt: In der gegenwärtigen Lage erzeugen die Wissenschaften den Eindruck eines ständigen Fortschritts und wecken bzw. nähren dadurch die Illusion, als könne man mit ihrer Hilfe schließlich alle wichtigen Fragen lösen und eine immer bessere Gestaltung der Welt erreichen. Tatsächlich jedoch bilden sie – hierin dem von Heisenberg charakterisierten Schiff vergleichbar – ein in Folge ihrer methodischen Vorentscheidungen in sich geschlossenes System.

Eine Lösung der Problematik kann allerdings nicht erreicht werden durch eine pauschale Negierung des Systems. Die Eindimensionalität, die Denker wie Herbert Marcuse anprangern, kann nicht überwunden werden, indem man diese eine Dimension auch noch negiert, abgesehen davon, dass man bei diesem Vorgehen noch in der Negation auf das wissenschaftlich-technische System fixiert bleibt. Zudem muss jede kritische – und das heißt ja nach allen Seiten abwägende – Überlegung anerkennen, dass das wissenschaftlich-technische Denken zahlreiche richtige Erkenntnisse und die aus ihm resultierende Weltgestaltung auch positive Errungenschaften gebracht haben, was ja auch Marcuse eingesteht. Es kann also nicht um eine Annullierung gehen, sondern um eine das gegenwärtige System übergreifende Konzeption, die die einengende Programmierung des wissenschaftlich-technischen Denkens durch die Öffnung für weitere Dimensionen überwindet.

Wie aufgewiesen wurde, beginnt das wissenschaftlich-technische Denken mit einer Spezialisierung bzw. Programmierung der Fragestellung auf die Frage nach funktionalen Zusammenhängen.[309] Dann schreitet sie fort zu einem bewussten Verzicht auf alle Fragen, die mit den Mitteln des Systems selbst nicht beantwortbar sind. In diesem Zusammenhang sei nur an Comte erinnert, der zwischen beantwortbaren und unbeantwortbaren Fragen unterscheidet und die mit den Methoden seines Vorgehens unbeantwortbaren «der Einbildungskraft der Theologen oder der Spitzfindigkeit der Metaphysiker» überlässt.[310]

Dass diese Beschränkung der Fragestellung – abgesehen von ihrer wissenschaftstheoretischen Problematik – schlechthin weltfremd ist, zeigt schon unsere eigene Lebenspraxis. Bei der Gestaltung unseres gesellschaftlichen Lebens kommen wir mit Beweisen im naturwissenschaftlichen Sinne schlechthin nicht aus. Hier braucht nur auf die Jurisprudenz oder auch auf die Geschichtswissenschaft verwiesen zu werden.

Die von diesen Wissenschaften gewonnenen Erkenntnisse und die dafür erbrachten Beweise haben nicht die formale Exaktheit von naturwissenschaftlichen Beweisverfahren. Dennoch werden sie allgemein anerkannt. Ihre Verlässlichkeit ist so groß, dass man in allen Ländern schwerwiegende Konsequenzen daraus zieht, indem man z.B. Angeklagte aufgrund von Zeugen- oder Indizienbeweisen verurteilt. Gewiss muss man zugeben, dass es dabei hin und wieder auch zu Fehlurteilen kommt. Wollte man aber Justizirrtümer radikal ausschalten, so müsste man die Bestrafung von Rechtsbrechern schlechthin abschaffen.

Schon dieser Hinweis zeigt, dass eine Beschränkung unserer Erkenntnisse und der damit verbundenen Handlungsimpulse auf das im Sinne des Positivismus Beweisbare schlechthin unmöglich ist. Diese Tatsache muss ins allgemeine Bewusstsein gehoben werden. Letzten Endes geht es dabei positiv um die Legitimität von Fragen, die vom wissenschaftlich-technischen Denksystems verdrängt und diffamiert werden. Das sind in der Historie und in der Jurisprudenz vor allem Finalfragen. Weder das Handeln führender Politiker noch die Entscheidungen und Reaktionen der übrigen Menschen lassen sich allein kausalanalytisch in der Art von naturwissenschaftlichen Erklärungen angemessen verstehen. Hier muss vielmehr jeweils auch gefragt werden, von welchen Zielen diese Handlungen und Reaktionen geleitet waren. Vergleichbares gilt für die Jurisprudenz. Um einen Mord aufzuklären, genügt es keineswegs, rein kausal anzusetzen und die Tatwaffe zu ermitteln, sondern es geht vor allem um die Frage nach dem Täter und seinen jeweiligen Motiven, also wiederum um Finalursachen. Diese sind zum Verständnis in vielen Fällen wichtiger als kausalanalytische Erklärungen.

Schon bei der Frage nach den anthropologischen Voraussetzungen kritischen Denkens wurde darauf hingewiesen, dass bereits für Kinder die Frage nach dem «Wozu» wichtiger ist, als die nach physikalischen Analysen. Zu den Fehlentwicklungen modernen wissenschaftlichen Denkens gehört es, die Finalfrage grundsätzlich ausgeklammert zu haben, da sie nicht in das Schema kausalanalytischer Erklärungen passt.

Die Ausschaltung dieser Frage ist um so willkürlicher, da die Finalfrage offensichtlich zumindest überall, wo Menschen tätig sind, eine entscheidende Rolle spielt. Ein Kind kauft Holz, um ein Vogelhäuschen zu bauen. Der Kauf des Holzes ist nur von daher verständlich. Allerdings bedarf es zum Bau dann auch einer Fülle von Wirkursachen, wie Sägezüge, Hammerschläge, Messerschnitte usw. Eine Erklärung für das Zusammenspiel dieser Wirkursachen ergibt sich jedoch nur von der Zielursache her. Wenn man die Finalursache völlig ignoriert, kommt man zu der Vorstellung, das Vogelhäuschen sei durch ein zufälliges glückliches Zusammentreffen einer großen Zahl von Wirkursache entstanden. Es gehört zu den unsinnigsten Entscheidungen naturwissenschaftlichen Denkens beim Bemühen um Verstehen der Wirklichkeit von der Frage nach Zielursachen abzusehen und sich allein auf die Erforschung von Wirkursachen zu beschränken, deren dann rein zufälliges Zusammentreffen erstaunlicherweise zu sinnvollen Ergebnissen führt.

Wie unvoreingenommenes Denken zeigt, stellt sich die Frage nach Finalursachen nicht nur im menschlichen Bereich, sondern auch im Bereich der Organismen. Konrad Lorenz schreibt hierzu mit vollem Recht: « ...dort, wo Teile eines Systemganzen sich unter Arbeitsteilung zu verschiedenen einander ergänzenden Leistungen spezialisiert haben, ist die Frage «Wozu?» sinnvoll; dies gilt für die Lebensvorgänge und für solche leblosen Strukturen und Funktionen, deren sich das Leben zu seinen Zwecken bedient ... In diesen Fällen ist die Frage «Wozu?» nicht nur sinnvoll, sondern unumgänglich notwendig. Man könnte nicht dahinterkommen, aus welchen Ursachen die Katze spitze Krallen hat, ehe man herausgefunden hat, dass das Mäusefangen die besondere Leistung ist, zu der sie gemacht sind.»[311]

Das Ausklammern der Finalfrage verleitet die Naturwissenschaften auch dazu, Gesamterscheinungen jeweils als eine bloße Summierung von Einzelerscheinungen zu betrachten. Dadurch ist man nicht nur genötigt, sinnvolle Gesamterscheinungen als ein zufälliges Zusammentreffen von Einzelerscheinungen zu interpretieren, sondern kommt hin und wieder auch zu nachweisbar unsinnigen und falschen Ergebnissen. So ist z.B. ein Fluss eine Gesamterscheinung und er wird zwangsläufig missverstanden, wenn man sein «Verhalten» als Summierung von Einzelerscheinungen zu verstehen sucht. In jedem Fluss kommt es vor, dass sich einzelne Wassermoleküle stromaufwärts bewegen. Wer seine Aufmerksamkeit allein auf die einzelnen Moleküle und deren Verhalten konzentriert, kann ohne Schwierigkeiten eine Wahrscheinlichkeitsrechnung aufstellen und naturwissenschaftlich exakt ausrechnen, wann einmal «zufällig» alle Wassermoleküle stromaufwärts schwimmen und sich somit der ganze Fluss stromaufwärts bewegt. Analoges gilt für zahlreiche andere Erscheinungen.

Die Tendenz, Gesamterscheinungen als bloße Summierung von Einzelerscheinungen zu betrachten, beherrscht jedoch die Naturwissenschaften weithin. So hat z.B. der mit dem Nobelpreis ausgezeichnete hervorragende französische Physiker Jean Baptiste Perrin einmal ausgerechnet, wie lange es dauern werde, bis einem im dritten Stock arbeitenden Maurer ein Ziegelstein zufällig von selbst vom Erdboden her in die Hand fliege. Indem er die Anzahl und Impulse der Moleküle, die den Ziegelstein jeweils zufällig «von unten her» treffen, mit den entsprechenden Impulsen, die ebenfalls zufällig «von oben her» auf ihn Einfluss nehmen, in Beziehung setzte, kam er mit Hilfe der Wahrscheinlichkeitsrechnung durchaus zu einem exakten positiven Ergebnis.[312] Da der dabei von Perrin errechnete Zeitraum länger ist als das geschätzte Alter der Welt, brauchte er nicht zu fürchten, dass seine Berechnung je überprüft werden könnte.

Immerhin zeigt auch dieses Beispiel, wie grundlegend die Welt verkannt wird, wenn die Naturwissenschaften zur Klärung von Sachverhalten jeweils nur von den einzelnen Teilen und ihrem Verhalten ausgehen. Allerdings lässt sich – das sei ausdrücklich betont – auch umgekehrt das Verhalten einzelner Teile nicht in jedem Falle als zwangsläufiger Bestandteil einer Gesamterscheinung erklären.

Im Übrigen machen andere Wissenschaften von der Fähigkeit des Menschen, Gesamterscheinungen zu deuten, weitgehend Gebrauch. So ziehen Archäologen aus der Zuordnung und der besonderen Lage von Steinen den berechtigten Schluss, dass es sich bei einem bestimmten Fund um eine menschliche Anlage handelt. Dieser Schluss ist auch dann zwingend, wenn jeder einzelne Stein – für sich betrachtet – zufällig in verhältnismäßig regelmäßiger Weise abgebrochen und in die vorgefundene Lage gekommen sein könnte. Es wird also der Trugschluss vermieden, die Anlage als ganze könne durch ein Zusammentreffen vieler Zufälle entstanden sein. Außerdem wird kein positiver Beweis dafür gefordert, dass «wenigstens ein Stein» von einem Menschen bearbeitet und in die vorgefundene Lage gebracht sei.

Ausschlaggebend ist allein die Tatsache, dass es für die Gesamterscheinung keine andere plausible Erklärung als die Tätigkeit des Menschen gibt. Die Gesamterscheinung kann nicht ohne das Wirken eines koordinierenden Subjekts erklärt werden.

Analoges gilt jedoch auch für zahlreiche Erscheinungen der vorgefundenen Welt. Selbstverständlich kann man dazu zunächst darauf hinweisen, dass sich die komplizierten und sinnvollen

Erscheinungen unserer Pflanzen- und Tierwelt samt ihren erstaunlichen Koordinationen jeweils aus «Programmen» entwickeln, die genetisch angelegt sind, dass also im Grundsatz das Programm bereits nachweisbar vorliegt. Aber mit diesem Hinweis werden die gegenwärtigen Erscheinungen der Tier- und Pflanzenwelt jeweils nur auf ihre Vorfahren zurückgeführt, und es bleibt die Frage offen, wie die große Fülle der genetischen Programme selbst zustandegekommen ist bzw. wie das ganze seinen Anfang genommen hat. Für kritisches Denken ist es schlechthin eine Zumutung, anzunehmen, dass die Pflanzen- und Tierwelt, die wir vorfinden, im Laufe der Jahrtausende allein durch eine Häufung reiner Zufälle zustandegekommen sei. Es bedurfte vielmehr dafür koordinierender Impulse. Damit stellt sich zugleich die Frage, woher diese kommen bzw. von wem sie ausgehen.

Diese Frage stellt sich um so dringender, da es im Laufe der gesamten Entwicklung immer wieder Ereignisse gegeben hat, die sich kausalanalytisch nicht erklären lassen, sondern durch eine wissenschaftlich nicht erfassbare Spontaneität gekennzeichnet sind. Dazu kommt schließlich auch noch eine nachweisbare Richtungstendenz in der Gesamtentwicklung. Es gibt offensichtlich eine unwiederholbare Zeit, die aus der Vergangenheit kommt und in die Zukunft gerichtet ist.

Den Zusammenhang zwischen der Unberechenbarkeit von Vorgängen und dieser Zeit kennzeichnet Ilya Prigogine mit dem Satz: «Nur weil das Morgen nicht in der Vergangenheit enthalten ist, kann eine irreversible gerichtete Zeit auftreten.»[313] Im Gegensatz zu den Auffassungen der klassischen Naturwissenschaften stellt er lapidar fest: «Die zunehmende Einschränkung deterministischer Gesetze bedeutet, dass wir von einer geschlossenen Welt, in der alles gegeben war, zu einer neuen Welt gelangen, die offen ist für Schwankungen und Erneuerungen.»[314]

Das bedeutet zusammengefasst: In der Vergangenheit hat es Vorgänge gegeben, die sich in der Gegenwart nicht wiederholen. Außerdem müssen wir darauf gefasst sein, dass es in der Zukunft Ereignisse geben wird, die es bisher noch nie gegeben hat. Diese Ereignisse können nicht als zwangsläufig aus bestimmten Konstellationen folgend erklärt werden und lassen sich nicht aus Gesetzmäßigkeiten ableiten. Die Entwicklung der Wirklichkeit insgesamt ist nicht nur durch systemkonsequente Weiterentwicklungen und Gesetzmäßigkeiten, sondern auch durch eine unableitbare Spontaneität gekennzeichnet. Daher gibt es eine «Geschichte» der kosmischen Entwicklung und eine Evolution des Lebendigen, die sich zwar im Nachhinein erklärend beschreiben, aber nicht als zwangsläufige Folge aus gegebenen Anfangsbedingungen ableiten lässt.

Angesichts der Unumkehrbarkeit der Entwicklung erhebt sich die Frage nach der Richtungstendenz. Ilya Prigogine spricht von einem «Zeitpfeil», der unumkehrbar von der Vergangenheit in die Zukunft weist.[315]

Zur Deutung dieser Richtungstendenz haben insbesondere amerikanische Forscher das sogenannte anthropische Prinzip entwickelt oder besser gesagt entdeckt. Zu seiner Kennzeichnung schreibt George Gale: «Das anthropische Prinzip setzt die Existenz des Menschen mit Gesetzen der Physik in Verbindung, die scheinbar nichts mit Biologie zu tun haben. In seiner strengsten Form postuliert es sogar, dass kein anderes Universum intelligentes Leben beherbergen könnte als dasjenige, in dem wir leben.»[316]

Angesichts dieses anthropischen Prinzips schreibt der amerikanische theoretische Physiker Freeman Dyson: «Ich fühle mich nicht als Fremdling in diesem Universum. Je länger ich das Universum beobachte und die Einzelheiten seines Aufbaus studiere, desto mehr Anzeichen finde ich, dass das Universum um unser Kommen gewusst haben muss.»[317]

Das anthropische Prinzip bedeutet zugleich einen Hinweis für die Beantwortung der Finalfrage. Diese Frage wird von einseitig programmierten Naturwissenschaftlern nicht gestellt. Daher müssen sie die gesamte Weltentwicklung als unerklärbar bezeichnen und schließlich behaupten: Die Welt sei absurd und der Mensch ein Zufallsprodukt der Evolution. Diese Behauptung wird noch verstärkt durch eine weitere willkürliche Vorentscheidung, die zugleich eine innere Inkonsequenz des Denkens bedeutet. Die Naturwissenschaften haben grundsätzlich durchaus entdeckt, dass beim Versuch einer angemessenen Interpretation der Wirklichkeit die Relationen zwischen den einzelnen Erscheinungen beachtet werden müssen: Die heutige Physik erforscht nicht nur einzelne Teilchen, sondern auch Felder, die Biologie nicht nur einzelne Pflanzen und Tiere, sondern auch Biotope; die Humanwissenschaften fragen intensiv nach den gesellschaftlichen Bedingungen zum Verständnis des einzelnen Menschen. Man hat in diesen Fällen erkannt, dass es nicht möglich ist, Erscheinungen zulänglich zu verstehen, wenn man sie isoliert betrachtet, ohne den Zusammenhang zu bedenken, in dem sie stehen.

Für die Welt als Ganze[318] hat man daraus jedoch noch keine Konsequenzen gezogen. Aber auch hier stellt sich zwingend die Frage, ob die Welt vielen Naturwissenschaftlern nicht deshalb absurd erscheint, weil sie von ihnen isoliert betrachtet wird. Die Absurdität der Welt löst sich jedoch auf, wenn man in die Überlegungen die alte Überzeugung einbezieht, dass sie als Schöpfung betrachtet werden muss und nur im Hinblick auf ihren Schöpfer sinnvoll und angemessen verstanden werden kann. Unter diesem Gesichtspunkt erhält auch das schon erwähnte «anthropische Prinzip» eine weitere Plausibilität: Es trifft sich mit der Überzeugung der Genesis, derzufolge die gesamte Schöpfung von Anfang an auf den Menschen abzielte.

Zugleich wird jedoch vom Lichte der Offenbarung her der eigentliche und tiefere Grund, der durch das «anthropische Prinzip» repräsentierten Finalität erkennbar: Die Schöpfung zielte auf den «nach dem Bilde Gottes» geschaffenen Menschen zutiefst deshalb ab, weil Gott in Jesus Christus selbst Mensch werden wollte. Diese Menschwerdung Gottes gehört zweifelsohne zu jenen Ereignissen, die durch eine unableitbare Spontaneität gekennzeichnet sind, die – wie im Folgenden noch darzulegen ist – nur aus der Liebe heraus «erklärt» werden kann.

Zugleich übersteigt diese Menschwerdung Gottes alle «normalen» Erfahrungen. Es ist daher ein Kurzschluss, diese normalen Erfahrungen gegen geschichtlich so gut bezeugte Ereignisse, wie etwa die Auferstehung Jesu Christi auszuspielen, wie das erstmals von David Friedrich Strauß, später von Rudolf Bultmann und bis heute von einer Reihe von Theologen getan wird.[319]

Selbstverständlich muss man die Frage stellen, warum die Bezogenheit unserer Welt auf ihren Schöpfer heute nicht nur von vielen Naturwissenschaftlern, sondern auch von erstaunlich vielen Menschen ignoriert wird.

Diese Frage lässt sich jedoch leichter beantworten, als es für den ersten Augenblick scheint. Der moderne Mensch nimmt die Welt nicht mehr so wahr, wie sie tatsächlich ist. Denn er hat sie bereits grundlegend umgestaltet und auf seine eigenen Bedürfnisse ausgerichtet. So ist sie zu einer sekundären Welt geworden, deren Kompassnadel – um nochmals auf dieses Bild zurückzugreifen – nur noch auf den Menschen selbst reagiert. Er scheint der letzte Richtpunkt dieser Welt zu sein. Durchschauen lässt sich diese Situation aber nur, wenn der Mensch über diese «seine» Welt hinausblickt, d.h.: wenn er den Bezug zur primären, nicht von ihm geschaffenen Welt wahrt bzw. zurückgewinnt. Denn ohne diesen Bezug ist die moderne Welt in ihrem Charakter als sekundäre Welt nicht erkennbar. Der Mensch hat dann kein Bezugsystem mehr, von dem er aus seine eigene Situation und seine eigene Stellung im Gesamt der Welt angemessen zu beurteilen vermag. Er ist damit der schon erwähnten Orientierungslosigkeit anheimgegeben.

Dabei beruht allerdings die Auffassung, der Mensch sei der Angelpunkt der Welt, nachweisbar auf einer Illusion. Ohne Zweifel hat der Mensch mit zunehmendem Wissen auch ständig an Macht gewonnen. Sie dokumentiert sich in zahlreichen Erscheinungen von den Genmanipulationen bis hin zu atomaren Zerstörungspotentialen. In vieler Hinsicht scheint es, als ob die Macht zu zerstören, größer sei als die zu positiven Gestaltungen. Zudem sprechen die steigenden Selbstmordziffern und die zunehmende Zahl derer, die sich in psychische Behandlung begeben müssen, eher dagegen, dass die Menschen insgesamt durch die Errungenschaften der letzten Jahrzehnte glücklicher geworden sind. Auch das sollte bei der Einschätzung der sekundären Welt mitbedacht werden.

Entgegen dem ersten Anschein bleibt die sekundäre Welt bei allseits kritischer Betrachtung nach wie vor von der primären Welt in einer totalen Abhängigkeit. Es gibt ja keineswegs nur von Menschen verursachte Katastrophen, die man vermeiden könnte. Vielmehr erleben wir auch immer wieder unauskalkulierbare Stürme, unvorhergesehene Überschwemmungen, Dürrekatastrophen, Vulkanausbrüche und Erdbeben, die das Übergewicht der primären Welt repräsentieren. Dazu kommen anstelle der «besiegten» klassischen Seuchen neue tödliche Krankheiten. Überdies berichten von Zeit zu Zeit die Massenmedien von Prognosen über die Gefährdung der Erde durch einen Zusammenstoß mit anderen Himmelskörpern. Aus all dem wird deutlich, wie wenig die sekundäre Welt als eine eigenständige und von der primären Welt unabhängige verstanden werden kann.

Die Abhängigkeit der sekundären Welt von der primären zeigt sich jedoch keineswegs in allen Bereichen. In vielen Bereichen hat es der Mensch verstanden, die primäre Welt so weit zu beherrschen, dass er ihr Zwang anzutun vermag. Dieser Zwang kann Formen annehmen, die eine ethische Entscheidung herausfordern. Die Frage nach Angemessenheit und Unangemessenheit gilt, um ein besonders markantes Beispiel zu bringen, nicht zuletzt für das Verhältnis des Menschen zum Tier.

Hier wird die primäre Welt weithin verdrängt und verleugnet. Die primäre Welt des Lebendigen begegnet uns allerdings nicht in erster Linie in Naturschutzgebieten, Reservaten und unterentwickelten Ländern. Das gestörte Verhältnis zu ihr kann auch nicht durch die liebevolle Pflege eines Hundes, einer Katze oder eines Kanarienvogels in Ordnung gebracht werden, sondern nur dort, wo der Mensch dem Tier im «Ernstfall» gegenübersteht. Erst die Behandlung, die das Tier hier erfährt, ist ein Kriterium für das Verhältnis des Menschen zur primären Welt. So lange der Mensch den Anblick der Tiere, von denen er sich nährt, meidet und deren Leben und Tod aus seiner Erfahrungswelt und seinem Bewusstsein verdrängt, dokumentiert er damit sein unwahrhaftiges und gebrochenes Verhältnis zur vorgefundenen Welt. Er weicht der Welt aus, die er gestaltet, statt sie so zu gestalten, dass er ihr ohne Betroffenheit begegnen kann.

Kriterien für eine angemessene Gestaltung des Verhältnisses zum Tier lassen sich allerdings nicht finden, so lange die wissenschaftlich-technische Welt auf die Frage nach dem Wesen, dem Grund und Sinn der ihr anheim gegebenen «Objekte» nicht fragt. Denn dann bleibt vom Tier jeweils nur sein Funktionswert übrig, der für beliebige Zwecke nutzbar gemacht werden kann. So lange man nur nach der funktionalen Verwendbarkeit fragt, ohne die Frage nach dem Eigenwert der Dinge und damit nach ihrem Wesen und Sinn in der primären Welt zu stellen, bleibt für den Menschen, den Angelpunkt der sekundären Welt, alles beliebig verfügbar.

In diesem Zusammenhang muss daran erinnert werden, dass der Mensch seit alters das Bewusstsein hatte, dass er jeweils nur über das frei verfügen kann, was er selbst geschaffen hat[320], dass er jedoch das von ihm nicht Geschaffene achten muss. Dieses Kriterium des Umgangs mit den verschiedenen Gegebenheiten der Welt ist heute nicht mehr klar erkennbar. Auf den ersten Blick erscheint unsere gesamte Welt – einschließlich der Tiere und Pflanzen – als eine vom Menschen geschaffene Welt und wird daher von vielen insgesamt als frei verfügbar betrachtet. Die Forderung, Tiere jeweils «artgerecht» zu halten, wird zwar theoretisch erhoben und «grundsätzlich anerkannt». Praktisch nimmt die wissenschaftliche Forschung jedoch für sich in Anspruch, alles auszuprobieren, was möglich ist, und bei der praktischen Weltgestaltung wird den Ergebnissen der Forschung entsprechend alles so verändert, wie es zur Erreichung größten menschlichen Nutzens zweckmäßig erscheint. So werden Pflanzen und Tiere jeder vorteilhaft erscheinenden Manipulation ausgesetzt.

Auch der Mensch selbst erscheint zunehmend als «machbar» und manipulierbar. Er lässt sich im Reagenzglas «herstellen» und dann von jeder beliebigen Frau austragen. Dementsprechend wird auch immer hemmungsloser über ihn verfügt. Entgegen der Menschenrechtsdeklaration hat heute keineswegs «jeder Mensch das Recht auf Leben, Freiheit und Sicherheit der Person».[321] «Fehlerhafte» und unerwünschte Exemplare werden bereits vor der Geburt aussortiert und abgetötet. Eine solche vorgeburtliche Auslese wird weit hin mit «gutem Gewissen» vorgenommen, da sie vorgeblich im Interesse der Betroffenen selbst[322] und zum «Nutzen» der Allgemeinheit geschieht, die von der Versorgung

Behinderter «entlastet» wird. Die Verplanung des Menschen im Interesse einer «glücklicheren» Zukunft wird immer umfassender und intensiver. Auf nahezu allen Gebieten gibt es entsprechende Forschungsgremien und weltweite Zusammenschlüsse.

Im Interesse der erstrebten künftigen Gesellschaft gehen die wissenschaftlich-technischen Planungen allerdings über den einzelnen Menschen und seine Rechte hinweg. Angesichts der immer größeren wirtschaftlichen und gesellschaftlichen Institutionen – man denke an weltweite Firmenzusammenschlüsse und politische Superstrukturen – ist der Einzelne nahezu machtlos dem Ganzen ausgeliefert. Das ist jedoch durchaus systemkonsequent. Denn den Experten wissenschaftlicher Welterkenntnis und Weltbewältigung geht es nicht um den Einzelnen. Dabei folgen sie durchaus der überkommenen abendländischen Denktradition. Denn das Einmalige gilt nicht nur in der sekundären Welt als Fremdkörper, sondern ist bereits – hier sei an die Analyse Adornos erinnert[323] – seit der Begründung der Wissenschaften als Philosophie durch die Griechen im Denken Europas abgewertet. Plato stellte das je einmalige Konkrete als das Unvollkommene den vollkommenen Ideen gegenüber. Und Aristoteles setzte das Allgemeine mit dem Wesentlichen gleich und stufte es dem Seinsrang entsprechend höher ein als alle Besonderheiten.

Die dazu in Widerspruch stehende Lehre des Kirchenvaters Augustinus über die weltgeschichtliche Bedeutung jedes einzelnen Menschen[324] verlor in der Neuzeit ihre lebensgestaltende Kraft. Bei den Wegbereitern neuzeitlichen Denkens findet sich, wie dargelegt wurde, erneut eine Tendenz zur Abwertung des Einzelnen und Besonderen. Hier kann ebenso an Comte wie auch an Hegel sowie Marx gedacht werden. Max Horkheimer hat von einer weithin wirksamen Tendenz zur «Annullierung einer Bedeutung des Einzelsubjekts» und einer «Souveränität der Gattung» gesprochen.[325]

Verstärkt wird diese Grundauffassung vom Vorrang des Allgemeinen durch die der praktischen Lebensbewältigung zugewandten Vernunft. Bei der wissenschaftlich-technischen Weltbewältigung ist das Besondere geradezu etwas Ärgerliches. Es wird nach

Möglichkeit durch «Veredelung» des Materials und andere Normierungen beseitigt. Der verbleibende Rest gilt als Störfaktor und wird durch Festlegung von Fehlertoleranzen und durch Einschaltung von Sicherheitsfaktoren eliminiert. Bei einer solchen Erfassung der Wirklichkeit, die in bestimmten Bereichen durchaus notwendig ist, bleibt jedoch objektiv betrachtet – das sei zur Klarstellung kritisch bemerkt – eine Differenz zwischen den Begriffen, die dieser Erfassung dienen, auf der einen Seite und der konkreten Welt auf der anderen Seite. Das bedeutet: Eine Erkenntnis, die sich auf das Allgemeine und begrifflich Fassbare beschränkt, ist zwar in vieler Hinsicht praktikabel, jedoch im Hinblick auf die vorgegebene Wirklichkeit unvollkommen.

Das individuelle Erkennen und Wiedererkennen – das sollte in diesem Zusammenhang bedacht werden – ist eine besonders hohe Fähigkeit, die im Zuge der Evolution nur bei wenigen Tierarten erreicht wird und sich dann zumeist auf eine eng umgrenzte Zahl der jeweils eigenen Gruppe beschränkt. Beim Menschen dagegen ist das individuelle Erkennen und Wiedererkennen – neben der Möglichkeit eines abstrakten Erfassens in allgemeinen Begriffen – eine grundsätzliche Fähigkeit. Sie beschränkt sich zudem nicht auf das Erkennen anderer Menschen, sondern ermöglicht es darüber hinaus, grundsätzlich auch andere Lebewesen und sogar Erscheinungen der unbelebten Materie jeweils individuell wahrzunehmen.[326]

Diese individuelle Erkenntnisfähigkeit hat allerdings auch ihre Grenzen. Wenn der Mensch in allen Bereichen der Wirklichkeit eine mühelose Erkenntnis individueller Eigenarten besäße, wenn er also nicht nur die allgemeinen Eigenschaften, sondern auch alle individuellen Eigenarten jedes Materials, das er zur Gestaltung seiner Welt verwendet, samt allen möglichen Auswirkungen klar erkennen würde, dann bliebe es ihm erspart, im Nachhinein «Materialfehler», «Nebenwirkungen» und falsche Extrapolationen festzustellen, und er hätte es nicht nötig, Normierungen und Veredelungen des Materials vorzunehmen. Ebenso wenig bedürfte es der Einordnung landwirtschaftlicher Produkte in Güteklassen und dergleichen mehr, wenn Käufer und Verkäufer jeweils in der

Lage wären, alle Eigenschaften und damit auch den individuellen Wert des jeweiligen Produktes unmittelbar zu erkennen.

Das Einmalige und Individuelle erscheint den Menschen demzufolge in vielen Fällen deshalb und insofern als das Unvollkommene und Störende, weil es sich einer mühelosen Erkenntnis entzieht. Da die menschliche Erkenntnis – im Gegensatz zur göttlichen – das Individuelle nicht voll zu erfassen vermag, versucht der Mensch des wissenschaftlich-technischen Zeitalters das Individuelle zu beseitigen oder zumindest zu eliminieren, um auf diese Weise eine Welt zu schaffen, die er vollkommen erkennen und dadurch auch vollkommen beherrschen kann.

Trotzdem empfindet der Mensch diese umgeschaffene sekundäre Welt nicht in jeder Hinsicht als erstrebenswert. Denn die liebenswertere ist sie nicht, da der Mensch gerade das Einmalige besonders schätzt. Schon Kinder gehen mit Spielsachen, die sie in vielen Exemplaren besitzen, nicht liebevoll um. Erwachsene schätzen sogenannte Unikate durchweg höher als Exemplare der Serienproduktion. Die Hochschätzung des Einmaligen durch den Menschen zeigt sich in besonderer Weise in der Zuneigung zu dem von ihm gepflegten Tier. Immer wieder hören wir von Menschen, die – entgegen aller Vernunft – aus Liebe zu ihrem Tier ihr eigenes Leben riskieren, indem sie z.B. in ein brennendes Haus laufen, um ihre Katze oder ihren Vogel herauszuholen.

In höchstem Maße jedoch zeigt sich die Liebe zum konkreten Einzelnen im Verhältnis von Mensch zu Mensch. Zumeist ist es durchaus keine bloße Floskel, wenn in Todesanzeigen von einem «unersetzbaren» Verlust gesprochen wird. Die gleiche Hochschätzung des Einmaligen und Besonderen zeigt sich auch darin, dass sich keiner, der einen anderen liebt, zur Steigerung seiner Liebe den Geliebten in möglichst vielen Exemplaren wünscht.

Diese Hinweise auf den Wert des Einmaligen und Individuellen dürfen jedoch nicht als eine pauschale Ablehnung von Allgemeinbegriffen missverstanden werden. Denn auch die Allgemeinbegriffe sind nicht nur hilfreich, sondern durchaus auch wahr, d.h. in der Wirklichkeit verankert. Die Auffassung des sogenannten Nominalismus, der zufolge die Allgemeinbegriffe nur mehr oder weniger willkürliche Hilfsinstrumente zur Erfassung der Wirklichkeit seien, ist sicher verfehlt. Vielmehr ist die Möglichkeit, die Wirklichkeit unter diesen Begriffen zu fassen, ebenso wie die Möglichkeit individuellen Erkennens in der Realität selbst angelegt. Im Hinblick auf die Realitätsbezogenheit besteht also kein qualitativer Unterschied zwischen dem Allgemeinen und dem Individuellen. Dabei dient die abstrakte Erfassung des Allgemeinen – wie beim Tier – primär der Lebens- und Weltbewältigung, die individuelle Erkenntnis dagegen kennzeichnet die Hinwendung zu Personen und allem, zu dem wir in einer positiven oder negativen emotionalen Beziehung stehen..

Allerdings erhebt sich angesichts der alten Weisheit «individuum est ineffabile» durchaus die kritische Frage, wie das Individuelle erkannt und diese Erkenntnis weiter vermittelt werden kann. Es widerstrebt offensichtlich jeder noch so «verfeinerten» begrifflichen Erfassung. Dennoch ist es nicht unerkennbar und nicht undeutbar. Vielmehr offenbart und deutet es sich selbst unmittelbar. Es lässt sich erkennen durch Erfahrung und Verstehen, durch Teilhabe und Intuition.

Und diese Erkenntnis lässt sich weitervermitteln, indem man erzählt: Indem berichtet wird, wie Frau oder Herr Müller sich in einer bestimmten Situation verhalten haben, wird ihre individuelle Eigenart weitervermittelt. Hier sei an das erinnert, was im ersten Kapitel gesagt wurde: «Durch die Art, wie er handelt, gewinnt der Mensch nicht zuletzt auch sein eigenes Selbst und stellt sich dementsprechend auch anderen gegenüber dar.»

Wie schon angedeutet wurde, ist die höchste Stufe dieses Erkennens die Liebe. Dabei ist Liebe eine ganzheitliche personale Zuwendung, die von Vertrauen geprägt ist. Dank ihrer Ganzheitlichkeit bleibt sie auch dann erhalten, wenn die Stärke der einzelnen Komponenten im Laufe der Zeit wechselt. Sie ist dementsprechend weder einseitig vom Gefühl noch einseitig vom Verstand abhängig. Die Redewendung «Liebe macht blind» bezieht sich gerade nicht auf Liebe im Vollsinn personaler Möglichkeiten, sondern sieht die Liebe einseitig als ein Pathos, als ein leidenschaftliches Hingerissenwerden. Liebe, die blind macht, erweist sich gerade darin als unvollkommen. Vollkommene Liebe dagegen ist von umfassender Wahrheit geprägt.

Fassen lässt sich diese Wahrheit allerdings nicht begrifflich. Sie ist auch nicht beweisbar. Auch wenn jemand sich so verhält, wie es von einem Liebenden erwartet wird, ist das kein zwingender Beweis, da ja auch Berechnung im Spiele sein könnte. Die Basis jeder Liebe ist nicht definierbar und nicht beweisbar, sondern gründet in Vertrauen. Wenn ein Mensch dem anderen sagt «du wirst mich verstehen», dann meint er gerade nicht, sein Partner vermöge ihn oder die Beziehungen beider zueinander unter Allgemeinbegriffe zu bringen oder zu beweisen. Er vertraut vielmehr auf eine Kommunikation, die jenseits formulierbarer Begriffe liegt. Liebe übersteigt in diesem Sinne das rational Verstehbare und Fassbare.

Im Extremfall zeigt sich Liebe gerade darin, dass sie «unvernünftig» ist, bzw. dass sich der Liebende «unvernünftig» verhält. Wie schon erwähnt wurde, findet sich diese Unvernunft bisweilen schon bei der Liebe des Menschen zum Tier.

In das zwischenmenschliche Verhalten wurde die mit der Vernunft nicht zu fassende Liebe insbesondere vom Christentum in die Weltgeschichte eingebracht. Hierzu schreibt Friedrich Wilhelm Foerster: «Was hier im Gegensatz zu allem Vorangegangenen zum Durchbruch kam, das erkennt man besonders deutlich aus einer wichtigen Feststellung des Lactantius: Er lehnt die ‹verständigen Lehren der Römer› über die Schädlichkeit einer nicht umsichtigen ‹largitio› ab, er vermag es nicht anzuerkennen, dass man nur ‹geeigneten Leuten› in ihrer Bedürftigkeit helfen solle. Was solle dann mit den Ungeeigneten geschehen? ‹Nein, eben den Ungeeigneten sollst du helfen, die ohne deine Hilfe untergehen müssten. Dem Menschen möge sie unnütz sein, Gott sind sie nützlich.›»[327]

In jüngster Zeit hat Heinrich Böll den gleichen Tatbestand hervorgehoben und in das Bekenntnis gefasst: «Selbst die allerschlechteste christliche Welt würde ich der besten heidnischen vorziehen, weil es in einer christlichen Welt Raum gibt für die, denen keine heidnische Welt je Raum gab: für Krüppel und Kranke, Alte und Schwache; und mehr noch als Raum gab es für sie: Liebe, für die, die der heidnischen wie der gottlosen Welt nutzlos erschienen und erscheinen. Ich glaube an Christus, und ich glaube, dass 800 Millionen Christen auf dieser Erde das Antlitz dieser Erde verändern könnten, und ich empfehle es der Nachdenklichkeit und der Vorstellungskraft der Zeitgenossen, sich eine Welt vorzustellen, auf der es Christus nicht gegeben hätte.»[328] Was das in der Praxis bedeutet, hat in jüngster Zeit Mutter Teresa aller Welt vor Augen geführt: Sie sammelte Sterbende auf, um ihnen noch wenige Stunden eines menschenwürdigen Lebens zu geben. Ein solches Verhalten steht qualitativ über der Parole «Hilfe zur Selbsthilfe», die heute von den meisten Hilfsorganisationen der Welt als einzig angemessene Art der Hilfe ausgegeben wird.

Die höchste Ausprägung dieser die Vernunft weit übersteigenden Liebe zeigt sich im Urbild aller Liebe, in Gott, der sich selbst entäußert und Mensch wird. Wie wenig diese Liebe für den «normalen» Verstand begreiflich ist, hat in drastischen Formulierungen schon Tertullian (etwa 160-225) ausgesprochen: «‹Gekreuzigt wurde Gottes Sohn›, das erregt keine Scham, weil es doch an sich beschämend ist; und ‹gestorben ist Gottes Sohn›, das ist durch-

Werner Heisenberg (1901-1976) gegen Determinismus

*Ilya Prigogine (*1917) Zeit läuft irreversibel ab*

aus glaubwürdig, weil es völlig ungereimt ist; und ‹der Begrabene erstand auf›, das ist gewiss, weil es unmöglich ist.»[329] Hierzu ergänzend hat man formuliert: «credo, quia absurdum» Diese Fassung kommt jedoch weder bei Tertullian noch – wie zuweilen behauptet wurde – bei Augustinus vor. Die Kirche feiert diese Unbegreiflichkeit der Liebe Gottes in der Liturgie mit den Worten: «Unschätzbarer Erweis der Liebe: um den Knecht zu erlösen, gabst du den Sohn dahin.»[330] Da die Welt insgesamt aus der Liebe Gottes hervorgegangen ist, lässt sie sich ohne Liebe nicht angemessen verstehen. Hierin liegt auch der tiefste Grund dafür, dass ein rein wissenschaftliches Verständnis der Welt nur bis zu einem gewissen Grade möglich ist. Die Schönheit und der Eigenwert der Schöpfung sind für den Lieblosen kaum erkennbar. Wie Horkheimer und Adorno formulieren, bleibt bei einer rein wissenschaftlichen Betrachtung «Natur (nur) als Masse von Materie übrig». Und sie bemerken in kritischer Aufnahme darwinistischen Denkens: «Soweit Verstand ... ein Gesetz des Lebens wahrnimmt, ist es das des Stärkeren.»[331] Daher gewährleiste naturwissenschaftliche Kenntnisvermittlung allein keine Bildung.

Zur Frage einer Bildung, die der Wirklichkeit gerecht wird, stellt Adorno fest: Sie ergebe sich nicht aus rein intellektuellen Anstrengungen, sondern entspringe «der Aufgeschlossenheit, der Fähigkeit, überhaupt etwas Geistiges an sich herankommen zu lassen und es produktiv im eigenen Bewusstsein aufzunehmen, anstatt, wie ein unerträgliches Cliché lautet, damit, bloß lernend, sich auseinanderzusetzen. Fürchtete ich nicht das Missverständnis der Sentimentalität, so würde ich sagen, zur Bildung bedürfe es der Liebe; der (gegenwärtige) Defekt ist wohl einer der Liebesfähigkeit.»[332]

Die Krise der gegenwärtigen Welterklärung und Weltgestaltung lässt sich offensichtlich nur überwinden, wenn die Welt ihrer Wahrheit entsprechend als eine Schöpfung Gottes verstanden und respektiert wird und wenn der Mensch sich um eine Bildung bemüht, die nicht nur nach funktionalen Zusammenhängen im Sinne wissenschaftlicher Erklärungen fragt, sondern sich um ein Verstehen bemüht, das die Liebe einschließt.

Anmerkungen

1 Vgl. J. v. Uexküll, Umwelt und Innenwelt der Tiere, Berlin 1909.
2 Uexküll-Kriszat, Streifzüge durch die Umwelten von Tieren und Menschen, Berlin 1934, S. 40.
3 Vgl. ebd.
4 Zu dieser Möglichkeit, die sich aus einem Antriebsüberschuss ergibt, vgl. Friedrich Schutz, Sozialordnung von Mensch und Tier, in: Deutsches Institut für Bildung und Wissen, Naturrecht – Menschenrecht – Menschenrechte – Offenbarung, Frankfurt 1968.
5 Jacques Monod, Zufall und Notwendigkeit – Philosophische Fragen der modernen Biologie, dtv 1069, S. 147.
6 Da uns die früheste Menschheit nicht unmittelbar zugänglich ist, arbeitet diese Forschung mit eigenen Methoden. Sie erforscht die religiösen Vorstellungen von Völkern, die sich bis in die moderne Zeit hinein in sogenannten Rückzugsgebieten im Zustand einer sehr frühen Kultur erhalten haben.
Dabei stellte sie fest, dass es auffällige Ähnlichkeiten der religiösen Vorstellungen von Völkern gibt, die in völlig verschiedenen Regionen der Erde leben. Man geht davon aus, dass sie sich aus jener frühen Zeit erhalten haben, in der die Vorfahren der jetzt getrennten Völker zusammenlebten. Obgleich dieses Verfahren nicht unumstritten ist, wird es weithin anerkannt. Umstritten ist allerdings, ob man die frühe Verehrung einer geistigen Gottheit als «Urmonotheismus» bezeichnen kann.
Denn wir, die wir in der jüdisch-christlichen Tradition stehen, verbinden mit dem Begriff Monotheismus im allgemeinen eine bewusste Absage an «Vielgötterei», während bei den frühen Völkerschaften die Verehrung einer geistigen Gottheit den Glauben an andere übermenschliche Mächte anscheinend nicht ausschloss. Hierin liegt wahrscheinlich auch die Wurzel des in der frühesten uns unmittelbar zugänglichen Zeit weitverbreiteten Polytheismus.
7 Vgl. zum Zusammenhang Heribert Hilgenberg u.a., Unsere Geschichte – unsere Welt, München 1967^2, S. 120 f.
8 A. Gehlen, Anthropologische Forschung, rde Nr. 138, S. 96.
9 Im gleichen Sinne bemerkt Carl Friedrich von Weizsäcker: «Und wenn das Auto, das elektrische Licht, das Telefon einmal nicht funktioniert, so werfen wir nicht der technischen Wissenschaft vor, sie sei falsch, sondern dem Apparat, er sei ‹kaputt› oder ‹schlecht gemacht›; wir messen ihn am Maßstab unseres Glaubens an die Wissenschaft. So groß ist unser aller Wissenschaftsglaube», in: Die Tragweite der Wissenschaft I, Stuttgart 1966^2, S. 5.
10 C. F. v. Weizsäcker, Tragweite, a.a.O., S. 76.
11 E. Rothacker, Probleme der Kulturanthropologie, Bonn 1948^2, S. 57.
12 A. Randa, Handbuch der Weltgeschichte, Bd. I, Freiburg/Br. 1954, S. 181 f.
13 H. Freyer, Theorie des gegenwärtigen Zeitalters, Stuttgart 1961, S. 63.

14 H. G. Gadamer, Wahrheit und Methode, Tübingen 1965[2], S. 117. Analoges gilt von Wort und Bild im sakralen Raum, die nicht nur nachfolgende Illustrationen sind, sondern das, was sie darstellen, in einer ihnen eigenen Weise präsent machen.
15 Th. Litt, Freiheit und Lebensordnung, Heidelberg 1962, S. 30.
16 Th. Litt, ebd.
17 Vgl. oben.
18 Vgl. A. Gehlen, Urmensch und Spätkultur, Frankfurt/M. 1964[2], S. 230.
19 F. W. J. v. Schelling, Vorlesungen über die Methode des akademischen Studiums. 10. Vorlesung: Über das Studium der Historie und Jurisprudenz.
20 Das Vorwiegen der mythischen oder der magischen Komponente zeigt sich auch in Typen des Zaubers. Beim mythischen Zauber tritt der Beschwörer z.B. mit den Worten «Denn ich bin Osiris» in die Rolle des Gottes ein. Beim magischen Zauber dagegen werden die Götter durch Zeremonien und Formeln gezwungen, indem es z.B. in einer Zauberanweisung heißt: «Verschaffe Dir einen Kater, mache ihn zum Osiris und ...» (Diesen Hinweis verdanken die Verfasser Herrn Heinrich Kraft, Kiel)
21 Karl Jaspers, Vom Ursprung und Ziel der Geschichte, Fischer-Bücherei 91.
22 In dieser Darstellung, die sich über mehrere Epochen der Geistesgeschichte erstreckt, muss naturgemäß der Begriff der Wissenschaften jeweils in der dem beschriebenen Verständnis entsprechenden Weise gebraucht werden. Aus dem Kontext ergibt sich jedoch jeweils, was unter dem Begriff konkret zu verstehen ist.
23 C. F. von Weizsäcker, Tragweite, S. 52.
24 Damals wurde der qualitative Unterschied zwischen Tier und Mensch mit Hinweis auf den Abstammungszusammenhang in Frage gestellt.
25 Xenophanes, B 11 Sext. Emp. adv. math. IX, 193.
26 Aristoteles, Rhet. B 23, 1399 b 6.
27 Xenophanes, B 23, Clem. Strom. V. 109.
28 Ders., B 34 Sext. Emp. adv. math. VII. 49.
29 Ders., B 18 Stob. Ecl. I. 8,2.
30 Dabei wird die positive Zuordnung von Denken und Sein vorausgesetzt, die Parmenides in die überspitzte Formulierung gebracht hat: «Dasselbe ist Denken und Sein» (Fragm. 5).
31 Heraklit, Fragment 30; vgl. Johannes Hirschberger, Geschichte der Philosophie, Bd. I, Freiburg/Br. 1963[7], S. 28.
32 Vors. 45 B 12, Aristoteles, Metaphysik (A 6, 987 b 11).
33 Vgl. E. Cassirer, Zur modernen Physik, Darmstadt 1957, S. 242.
34 Philolaos, Vors. 32 B 3.4.6.11 (Übersetzung Diels).
35 Protagoras, B 4 Diog. Laert. IX. 51.
36 Protagoras, Vors. 74 B 1; Vgl. Sext. Emp. adv. math. VII. 60 und auch Platons Theaitetos 152 a.
37 Vgl. Platon, Protagoras 320 c ff.
38 Gorgias in: Sext. Emp. adv. math. VII 65 ff. (Vors. 76 B 3; 5./6. Kap. der pseudoaristotelischen Schriften De Melisso, Xenophane, Gorgia).

39 Leichenrede des Perikles, in: Thukydides, Geschichte des Peloponnesischen Krieges, 2. Buch, Kap. 37.
40 Thukydides, Geschichte des Peloponnesischen Krieges, 5. Buch, Kp. 89 ff.
41 Platon, Euthyphron, 6d-7a.
42 Dt 34,10-12
43 «Jerusalemer Bibel», Einleitung zum Pentateuch, S. 6 f.
44 Aristoteles, Hauptwerke, ausgewählt, übersetzt und eingeleitet von W. Nestle, Kröners Taschenausgabe, Band 129, Stuttgart 1963, S. 30.
45 Theogonie 115-117.
46 Gen 1,1.
47 Psalm 95 (96) II 4-6.
48 Jer 27,5 ff.
49 Ex 20,2.
50 Jes 45,1-4.
51 Hiob 42,10-16.
52 Das Buch Prediger beginnt mit: «Die Worte Kohelets, des Sohnes des David, des Königs in Jerusalem». Das Wort Kohelet ist jedoch kein Eigenname, sondern eine Gattungsbezeichnung, wahrsch. eine Amtsbezeichnung.
53 Prd. 1,14.
54 Prd.6,12.
55 Prd. 7,15.
56 Prd. 12,13 f.
57 Weish. 2,23-3,1.
58 1 Kg. 5,9 f.
59 Noch zur Zeit Jesu wurden diese Bücher völlig unbefangen zitiert. Als sich nach der Zerstörung Jerusalems das Synetrion in Jamnia zusammenfand, wurden sie allerdings nicht in den Kanon d. verbindl. Schrift aufgenommen.
60 H. H. Ben-Sasson, Geschichte des jüdischen Volkes, München 1992, S. 334.
61 Ebd. S. 355.
62 Apk 7,9 f.
63 Röm 1,18
64 Apg 17,24 u. 29
65 Apg 19,23-27
66 De an 3
67 Ein Teil dieser Bescheinigungen sind bis heute erhalten.
68 Vgl. insgesamt: Heribert Hilgenberg u.a., Unsere Geschichte – unsere Welt, Bd. 1, München 1967[2], S. 176.
69 Ebd. S. 182
70 Ebd. S. 186
71 Vgl. hierzu: Hugo Staudinger, Gotteswort und Menschenwort, Paderborn 1993, insbesondere S. 103 ff.
72 Vgl. hierzu: Chalom Ben-Chorin, Jüdische Fragen um Jesus Christus, in: Juden, Christen, Deutsche, Stuttgart 1961[3], S. 143.
73 Man denke etwa an Formulierungen wie: «Ich und der Vater sind eins.»
74 Jo 14,26. Vgl. auch 15,26.

75 Spr. 8,22.
76 Vgl. zum Zusammenhang auch Heribert Hilgenberg u.a., Unsere Geschichte – unsere Welt, Band 1, München 1967[2], S. 186.
77 Das Filioque wurde in der westlichen Kirche in Karolingischer Zeit eingeführt. Auf diesem Hintergrund muss auch der Hymnus «veni creator spiritus» gesehen werden. Vgl. hierzu Heinrich Lausberg, Der Hymnus «veni creator spiritus», Opladen 1979.
78 Vergleiche hierzu Sure 5,85.
79 Gegen diese Gleichsetzung ist eingewendet worden, dass «Allah» ursprünglich der Name eines arabischen Gottes sei. Wie der Koran zeigt, hat jedoch Mohammed mit dem Namen Allah unübersehbar den Gott Abrahams bezeichnet. In der Sure 29,45 wird im Hinblick auf die Juden ausdrücklich gesagt: «Unser Gott und euer Gott ist einer.» Rein etymologisch ist das Wort «Allah» mit dem hebräischen «Elohim» verwandt.
80 Vergleiche hierzu auch: Johan Bouman, Der Koran und die Juden, Darmstadt 1990, insbesondere S. 30 ff.
81 Eine Umrechnung auf unsere Zeitrechnung ist schwierig und kaum ohne entsprechende Tabellen möglich.
82 Sure 3,60.
83 Die Jungfrauengeburt wird im Koran ausdrücklich anerkannt.
84 Sure 4,169
85 Sure 19,91-93
86 Sure 4,156.
87 Vgl. Kapitel 3
88 Röm 1,20. Vgl. oben.
89 Deutsch zitiert nach der Vorrede des Werkes in der lateinisch-deutschen Ausgabe von der Wissenschaftlichen Buchgesellschaft Darmstadt, 1956.
90 Vgl. oben
91 Vor allem quaestio 45
92 quaestio 74
93 Otto v. Freising, Gesta Friderici, Freih.-v.-Stein-Gedächtnisausgabe, Bd. XVII, S. 343 ff.
94 Marsilius von Padua, Defensor pacis, Freih.-v.-Stein-Gedächtnisausgabe, Darmstadt 1958, vgl. auch Heribert Hilgenberg, a.a.O., S. 41
95 Vgl. Heribert Hilgenberg u.a., Unsere Geschichte, unsere Welt, Bd. 2, München 1963, S. 46
96 Giovanni Pico della Mirandola, Die Würde des Menschen, Amsterdam 1940.
97 Vgl hierzu Heribert Hilgenberg a.a.O., S. 78
98 Vgl. ebd.
99 Vgl. N. Machiavelli, Il principe 18. Kap. vgl. K. Kluxen, Politik und menschliche Existenz bei Machiavelli, Stuttgart 1967; Th. Schieder, Machiavelli im Marxismus, in: E. Heinen/H.J. Schoeps, Geschichte in der Gegenwart, Paderborn 1972.
100 Vgl. Heribert Hilgenberg u.a., a.a.O., S. 83
101 Ebd., S. 84

102 Vgl. Ebd.
103 Vgl. oben.
104 Vgl. G. v. Schwarzenfeld, Karl V., Goldmanns Gelbe Taschenbücher 1351/1352, München 1953, S. 90.
105 Vgl. Verhandlungen mit D. Martin Luther, in WA – D. Martin Luthers Werke. Kritische Gesamtausgabe, Weimar 1883 ff.; hier: WA 7, 841, 26 bis 842,33 (deutsch).
106 Als Beleg dafür konnte man sich auf Weish. 11,20 berufen: «Doch du hast alles nach Maß, Zahl und Gewicht geordnet.»
107 G. Galilei, Dialogo dei massimi sistemi. Giornata prima e seconda, Florenz 1890-1909, Dialog über die beiden hauptsächlichsten Weltsysteme, übers. und hrsg. v. E. Stauss, Leipzig 1892; vgl. W. Heisenberg, Das Naturbild der heutigen Physik, rde Bd. 8, Hamburg 1955, S. 62 ff.
108 C. F. v. Weizsäcker, Tragweite, S. 107.
109 C. F. v. Weizsäcker ebd.
110 J. Newton, Die mathematischen Prinzipien der Naturlehre, Drittes Buch, 5. Abschnitt, hrsg. v. J. Wolfers, Berlin 1872, S. 511. Newton meint hier, wie sich aus dem Gesamttext ergibt, Hypothesen, die nur auf der Grundlage logisch-mathematischer Schlüssigkeit und ohne Berücksichtigung der Erscheinungen selbst aufgestellt werden. Darüberhinaus will er sein System nicht auf der Basis bloßer Vermutungen aufstellen, sondern Naturgesetze über Beobachtungen und Versuche auf induktivem Wege entdecken. Nach dem modernen Verständnis von Naturwissenschaft gehört die Hypothesenbildung heute zum selbstverständlichen Bestand der empirisch-wissenschaftlichen Methode. Das Aussagesystem versteht sich generell als ein hypothetisches solange, bis die Hypothese durch weitergehende experimentelle Erfahrungen falsifiziert worden ist.
111 D. v. Holbach, System der Natur oder die Gesetze der physischen und moralischen Welt, dtsch. Ausgabe 1841, S. 68.
112 Ders., a.a.O., S. 79.
113 M. Hein, Friedrich d. Große, Berlin 1901, s. 43. Zum Thema Friedrich d. Große: vgl. L. v. Muralt, Der Historiker und die Geschichte, Zürich 1960; H.J. Schoeps, Die Ehre Preußens, Festrede zum 250. Gründungstag des Preuß. Staates, Stuttgart 1951/19698.
114 Den Gedanken der Pflichterfüllung spricht Friedr. d. Gr. immer wieder aus: vgl. u.a. Politisches Testament von 1752, Betrachtungen über den gegenwärtigen Zustand des europäischen Staatskörpers von 1738, Regierungsformen und Herrscherpflichten von 1777, in: A. Fitzek, Staatsanschauungen im Wandel der Jahrhunderte, Schöninghs Geschichtliche Quellen II, Paderborn 1965, S. 58 ff.
115 Vgl. Friedrich d. Große, Regierungsformen und Herrscherpflichten, 1777, in: A. Fitzek, Staatsanschauungen im Wandel der Jahrhunderte, Paderborn 1965, S. 62 ff.; vgl. auch in anderer deutscher Formulierung zitiert in: Hellmuth Rössler: Größe und Tragik des Christlichen Europa, Ffm 1950.
116 Vgl. F. Meinecke, Die Idee der Staatsräson, 1924, S. 345 u. S. 377.

117 Platon, 7. Brief, 326 a.

118 Brief Friedrich II. an Jordan vom 15.6.1742.

119 Es ist an dieser Stelle nicht nötig, über die umstrittene Frage zu diskutieren, ob Friedrich der Große damals objektiv richtig geurteilt hat.

120 Bezeichnenderweise widmet Kant sein Werk, Allgemeine Naturgeschichte und Theorie des Himmels, Königsberg-Leipzig 1755, Friedrich d. Großen und nennt sein Jahrhundert das «Jahrhundert Friedrichs».

121 Nur am Rande sei darauf verwiesen, dass diese Zielsetzung mit den Zielen der später von Comte konzipierten Soziologie übereinstimmt. Vgl. Kap. 8.

122 Vgl. H. Staudinger, Christentum und Fortschritt, in: ibw-Journal Nr. 9, 9. Jahrg., Sept. 1971, S. 1-12.

123 I. Kant, Die Grundlagen zur Metaphysik der Sitten, 1785.

124 Vgl. Kanz, Was ist Aufklärung? Berlinische Monatschrift 1784, Dezemberheft, S. 481 ff.

125 Dass Kant selbst die Problematik seiner Ausführungen spürt, wird am Beispiel eines Geistlichen klar, der seiner Auffassung nach verpflichtet ist, unabhängig von seiner eigenen Überzeugung bei seinen amtlichen Verrichtungen das Glaubensbekenntnis seiner Religionsgemeinschaft zu vertreten, dem es jedoch nicht verwehrt ist, als Privatmann alle seine Bedenken gegen dieses Glaubensbekenntnis anzubringen. Kant schränkt hier diese Anweisung ein, indem er dem Geistlichen verbietet, etwas darzulegen, was der inneren Religion widerspricht, wobei freilich die Grenzen zwischen dem Glaubensbekenntnis und der inneren Religion nicht gezogen werden und auch kaum gezogen werden können.
Grundsätzlich fordert Kant überall «Gehorsam gegenüber der Obrigkeit im Amt, aber Meinungsfreiheit für den öffentlichen Gebrauch der Vernunft». Diese bildet für ihn die notwendige Voraussetzung für den Fortgang der Aufklärung, die er als sittliche Pflicht betrachtet.
Nur über den öffentlichen Gebrauch der Vernunft kann ein Wandel der Sinnesart des Volkes herbeigeführt werden; ein «Wandel zu mündiger Vernünftigkeit» und somit auch die Legitimation zu einem höheren Grad bürgerlicher Handlungsfreiheit. Tatsächlich jedoch stabilisiert das Gehorsamsgebot gegenüber der Obrigkeit das Funktionieren des Gemeinwesens nach dem Motto: «Raisoniert, soviel ihr wollt, und worüber ihr wollt; nur gehorcht!» Hier ist ein aufklärerischer Optimismus wirksam, der sich gegenüber jeder tyrannischen Obrigkeit als absurd erweist. Vgl. Kant, Die Metaphysik der Sitten, Teil I. Anfangsgründe der Rechtslehre, Königsberg 1797/17982, insb. allg. Anmerk. hinter § 49.

126 I. Kant, Idee zu einer allgemeinen Geschichte in weltbürgerlicher Absicht, Berlinische Monatsschrift 1784, 3. Satz.

127 I. Kant, ebd., 5. Satz.

128 I. Kant, ebd., 8. Satz.

129 I. Kant, Der Streit der Fakultäten, Köln 1798, II.2.

130 Es kennzeichnet die schöpferische Freiheit Kants, dass sie rückgebunden ist, insofern Kants annimmt, «dass die Natur, selbst im Spiele der mensch-

lichen Freiheit, nicht ohne Plan und Endabsicht verfahre». (Ideen zu einer allgemeinen Geschichte in weltbürgerlicher Absicht, 9. Satz, A 405).

131 Vgl. G. E. Lessing, Erziehung des Menschengeschlechtes, 1780.

132 G. E. Lessing, ebd., Vierte These.

133 F. M. Voltaire, Le Philosophe ignorant, Genf 1766 und Dictionnaire philosophique portatif, Genf 1764. Selbstverständlich soll durch diese kritische Bemerkung nicht bestritten werden, dass der Satz Voltaires trotz allem eine tiefe Wahrheit dokumentiert: Da die gesamte Welt tatsächlich unlösbar auf Gott bezogen ist, wird sie unsinnig und chaotisch, wenn man von dieser Beziehung völlig absieht. Unter diesem Gesichtspunkt muss auch die oft gerühmte Toleranz Friedrichs des Großen betrachtet werden, die nicht der Achtung vor dem anderen Menschen, sondern primär staatlicher Zweckmäßigkeit und grundlegender Menschenverachtung entspringt. Friedrich hat einerseits erkannt, dass religiöse Unduldsamkeit dem Staate schädlich ist, und erklärt andererseits in einem Brief vom Februar 1763 an die Herzogin von Gotha: «Es gibt nicht Ungereimteres als den Gedanken, den Aberglauben ausrotten zu wollen. Die Vorurteile sind die Vernunft des Volkes, und verdient dieses dumme Volk aufgeklärt zu werden?»

134 Voltaire in einem Brief an C. A. Helvetius vom 26. Juni 1765.

135 J. J. Rousseau, Contrat social, I. 1; hier zit. nach: G. Guggenbühl, Quellen zur Geschichte der neueren Zeit, Zürich 19562, S. 301.

136 In den folgenden Darstellungen wird vor allem auf Fichte und Hegel Bezug genommen, da diese besonders geschichtsmächtig geworden sind.

137 Vgl. hierzu G. W. Fr. Hegel, Sämtliche Werke, hrsg. von J. Hoffmeister, Hamburg 1952, Bd. XII; Grundlinien der Philosophie des Rechts, Philosophische Bibliothek, Band 124 a, Felix Meiner, Hamburg 1955, §§ 182-187.

138 Vgl. H. Heimsoeth, Metaphysik, S. 114

139 Vgl. H. Heimsoeth, Metaphysik, S. 119.

140 Vgl. H. Heimsoeth, Metaphysik, S. 129.

141 J. G. Fichte, Sämtliche Werke.

142 Hegel, Vorlesungen über Philosophie der Religion, Hamburg 1966, I, S. 48.

143 Hegel, Phänomenologie des Geistes, hrsg. Hoffmeister, Hamburg 1952.

144 Ebd. S. 592.

145 Hegel, Philosophie der Religion, hrsg. Klockner, Bd. 1, Stuttgart 1928.

146 Ebd. S. 94.

147 Rechtsphilosophie § 270.

148 Geschichtsphilosophie XIX, S. 256.

149 Vgl. oben.

150 Vgl. hierzu Staudinger/Behler, Chance und Risiko der Gegenwart, Paderborn 1976^2, insb. S. 80.

151 Vgl. hierzu auch Staudinger/Behler, Chance und Risiko der Gegenwart, Paderborn 1976^2, insbes. S. 79.

152 Vgl. hierzu F. R. Schnabel, Deutsche Geschichte im 19. Jahrhundert, Freiburg 1950, Bd. 3, S. 3 ff.

153 Bd. 4, S. 87.

154 Vgl. auch Fr. Schnabel, Deutsche Geschichte, a.a.O., III., S. 55 ff.
155 J. Grimm, zit. in: Fr. Schnabel, Deutsche Geschichte a.a.O., III., S. 72.
156 Fr. Schnabel, Deutsche Geschichte, a.a.O., III., S. 80.
157 Vgl. auch Fr. Schnabel, Deutsche Geschichte, a.a.O., III., S. 86 ff.
158 L. v. Ranke, in: Fr. Schnabel, Deutsche Geschichte, a.a.O., III., S. 89.
159 Fr. Schnabel, Deutsche Geschichte, a.a.O., III., S. 128: «Es war der Ruhm des deutschen Geistes, dass er die geschichtliche Individualität gefunden, dass er hiermit eine neue Welt entdeckt und eine neue Wissenschaft aufgebaut hat – eine Wissenschaft, die nicht mit exakten Mitteln arbeitet und nicht mit errechenbaren Größen und doch die Anerkennung als Wissenschaft sich erstritt.»
160 Die Beziehungen zwischen der Theologie und den historischen Wissenschaften sind freilich älter. Seitdem die Geschichte der Christenheit nicht mehr mit der Geschichte der einen Kirche identisch war, geriet die Kirchengeschichte in den Streit der Konfessionen und musste zur Darstellung und Untermauerung der gegensätzlichen Standpunkte beitragen. Das protestantische Schriftprinzip wurde sodann zum Anlass einer zunächst von katholischer Seite entwickelten, dann aber auch in der protestantischen Theologie fortgeführten kritischen Untersuchung der biblischen Schriften im Sinne einer Auslegung nach dem Wortlaut und nach ihrem ursprünglichen Verständnis im Unterschied zur späteren kirchlichen Lehrbildung. Die so entstehende historisch-kritische Bibelwissenschaft, deren Vorkämpfer im 18. Jahrhundert Johann Salomo Semler in Halle wurde, entwickelte sich schließlich zur Tendenzkritik, die schon die Darstellung der biblischen Schriftsteller als Ausdruck bestimmter Tendenzen betrachtete und ihre Angaben daher nicht mehr mit den dargestellten Sachverhalten identifizierte. Andererseits entstand im 19. Jahrhundert in Anlehnung an die idealistische Geschichtsphilosophie, aber auch im Gegensatz zu ihr, eine Reihe neuer Bemühungen, die Entwicklung von dem Ursprung des Christentums zur späteren Gestalt der Kirche und ihrer Lehre zu verstehen. Vorkämpfer dieser Bemühungen wurde der evangelische Kirchenhistoriker Ferdinand Christian Baur, der in Anlehnung an Hegel die Geschichte des Christentums als Realisierung seiner Idee durch die aufeinanderfolgenden Phasen seiner Entwicklung beschrieb. Diese Anlehnung an idealistisches Denken unterscheidet ihn in vieler Hinsicht von J. A. Möhler, der vom eigentlich historischen Interesse geleitet wird.
161 Es ist daher durchaus sinnvoll, dass ein in Paderborn angesiedeltes, der ökumenischen Verständigung dienendes Institut den Namen Möhlers trägt.
162 Fr. Meinecke, Geschichte und Gegenwart (1933) in: Vom geschichtlichen Sinn und vom Sinn der Geschichte, Leipzig 19392, S. 9 f., ders., Ernst Troeltsch und das Problem des Historismus, in: Staat und Persönlichkeit, Berlin 1933, S. 54 ff.
163 M. Hein, Friedrich der Große, Berlin 1901, S. 43.
164 D. von Holbach, System der Natur oder die Gesetze der physischen und moralischen Welt, dtsch. Ausgabe 1841, S. 68.

165 Ebd. S. 79.
166 A. Comte, Discours sur l'esprit positif. Paris 1844, deutsche Übersetzung, Einleitung und Herausgabe: I. Fetscher, Rede über den Geist des Positivismus, Hamburg 1956, S. 27.
167 A. Comte, ebd.
168 A. Comte, Système de politique positive ou traité de sociologie instituant la religion de l'humanité, Paris 1851-1854/Paris 1912[4], Appendice, S. 77, Prospectus des travaux scientifiques necessaires pour réorganiser la société, April 1822; A. Comte, Positive Philosophie, deutsch zitiert nach: Texte der Philosophie, hrsg. v. E. Hunger u.a., München 1961, S. 17 bis 20 passim.
169 A. Comte, Discours, a.a.O., S. 35.
170 A. Comte, ebd., S. 87; vgl. auch H. Freyer, Theorie, a.a.O., S. 211.
171 A. Comte, Système de politique positive, a.a.O., S. 77.
172 A. Comte, Discours, a.a.O., S. 61.
173 A. Comte, Discours, a.a.O., S. 155.
174 Max und Hedwig Born, Der Luxus des Gewissens, München 1969, S. 113.
175 Vgl. oben.
176 Max und Hedwig Born, Der Luxus des Gewissens, München 1969, S. 119.
177 Die Kraft dieser Tendenz wird nicht zuletzt dadurch signalisiert, dass selbst ein Mann wie Max Planck gelegentlich festgestellt hat: «Wirklich ist, was sich messen lässt.»
178 Auf diesen Zustand weist C. F. v. Weizsäcker in seinem Buch «Die Tragweite der Wissenschaft», a.a.O., S. 3/4 mit den Thesen hin:
1. Der Glaube an die Wissenschaft spielt die Rolle der herrschenden Religion unserer Zeit.
2. Man kann die Bedeutung der Wissenschaft für unsere Zeit, wenigstens heute, nur in Begriffen erläutern, die eine Zweideutigkeit ausdrücken. Vielleicht leben wir also in einer vorwiegend religionslosen Welt. Aber es ist psychologisch unwahrscheinlich, dass der Ort in der Seele des durchschnittlichen Menschen, den früher die Religion einnahm, heute leerstehen könnte. Meine erste These behauptet, an diesem Ort stehe die Wissenschaft, oder, wenn man genauer reden will, der Szientismus, das heißt der Glaube an die Wissenschaft. Und, wie mir scheint, hat die Wissenschaft, als Faktor im Bewusstsein des Einzelnen und in der Gesellschaft betrachtet, eine Struktur, die sie befähigt, diese Rolle mit bemerkenswertem Erfolg zu spielen.
179 W. Heisenberg, Wissenschaft als Mittel zur Verständigung unter den Völkern, in: Deutsche Beiträge 1947, S. 172. Heisenberg relativiert die These von der Endgültigkeit naturwissenschaftlicher Ergebnisse allerdings in anderen Zusammenhängen dadurch, dass er die Aussagen auf bestimmte Begriffsysteme bezieht: «Hinsichtlich der Endgültigkeit der Ergebnisse aber ist daran zu erinnern, dass es im Bereich der exakten Naturwissenschaft immer wieder endgültige Lösungen gegeben hat für bestimmte umgrenzte Erfahrungsbereiche. Die Fragen z.B., die mit den Begriffen der Newton'schen Mechanik gestellt werden können, fanden auch ihre für alle Zeiten gültige Beantwortung durch die Newton'schen Gesetze und die aus ihnen gezogenen

mathematischen Folgerungen. Diese Lösungen reichen allerdings nicht weiter als die Begriffe der Newton'schen Mechanik und ihre Fragestellung. Daher war z.B. die Elektrizitätslehre einer Analyse mit diesen Begriffen nicht mehr zugängliche, und so haben sich bei der Durchforschung dieses neuen Erfahrungsbereiches wieder neue Begriffssysteme ergeben, mit deren Hilfe die Naturgesetze der Elektrizitätslehre endgültig mathematisch formuliert werden konnten. Das Wort «endgültig» bedeutet also im Zusammenhang der exakten Naturwissenschaft offenbar, dass es immer wieder in sich geschlossene, mathematisch darstellbare Systeme von Begriffen und Gesetzen gibt, die auf bestimmte Erfahrungsbereiche passen, in ihnen überall im Kosmos gelten und keiner Änderung oder Verbesserung fähig sind; dass aber natürlich nicht erwartet werden kann, dass diese Begriffe und Gesetze auch geeignet sein werden, später neue Erfahrungsbereiche darzustellen.» (Werner Heisenberg, Naturbild der heutigen Physik, Rowohlts Deutsche Enzyklopädie Bd. 8, Hamburg 1955, S. 20.)

180 Vgl. Georg Masuch/Hugo Staudinger, Geschöpfe ohne Schöpfer – Der Darwinismus als biologisches und theologisches Problem, Wuppertal 1987.

181 Deutsch zitiert nach Gerhard Geißler, Europäische Dokumente aus fünf Jahrhunderten, Leipzig 1939, S. 576.

182 Bd. 4, S. 616.

183 Vgl. Friedrich Ueberwegs Grundriss der Geschichte der Philosophie IV., 13. Auflage, Tübingen 1951, S. 322.

184 Vgl. ebd. S. 323.

185 Vgl. Masuch/Staudinger, Geschöpfe ohne Schöpfer, Wuppertal 1987.

186 Ebd.

187 E. Haeckel, Gemeinverständliche Werke, Bd. 5, Leipzig und Berlin 1924.

188 Zitiert nach H. Schmidt, Ernst Haeckel – Leben und Werke, Berlin 1926.

189 R. Steiner, Haeckel und seine Gegener, München 1901.

190 Weltall – Erde – Mensch, Leipzig 1956. Geleitwort von W. Ulbricht, Sammelwerk zur Entwicklungsgeschichte von Natur u. Gesellschaft; Hrsg. Buschendorf, Wolffgramm, Radandt.

191 Parteiprogramm der KPdSU, S. 118.

192 Geschichte der KPdSU, Kurzer Lehrgang, gebilligt vom ZK der KPdSU (B). 1938, deutsch – Verlag für Fremdsprachliche Literatur, Moskau 1952, S. 140; das zitierte Kapitel über Dialektischen und Historischen Materialismus fehlt in der Neuauflage Moskau 1970, deutsch: Berlin 1971, ersatzlos.

193 M. Bormann, Streng vertrauliches Rundschreiben der NSDAP von 1942 an die Gauleitungen, in: J. Beckmann (Hrsg.), Kirchliches Jahrbuch für die Evangelische Kirche in Deutschland 1933 bis 1944, Gütersloh 1948, S. 470 ff. Die Haltung der NSDAP gegenüber den christlichen Kirchen wird noch deutlicher in diesem Rundschreiben artikuliert, wenn es heißt: «Ebenso wie die schädlichen Einflüsse der Astrologen, Wahrsager und sonstiger Schwindler ausgeschaltet und durch den Staat unterdrückt werden, muss auch die Einflussmöglichkeit der Kirche restlos beseitigt werden. Erst wenn dieses geschehen ist, hat die Staatsführung den vollen Einfluss auf die einzelnen Volks-

genossen. Erst dann sind Volk und Reich für alle Zukunft in ihrem Bestand gesichert.» Bormann/Beckmann, ebd.

194 Ch. Darwin, Die Abstammung des Menschen, Stuttgart 1966, S. 274. Über die Zusammenhänge zwischen Darwinismus, Sozialdarwinismus und Nationalsozialismus und ihre geschichtlichen Quellen vgl. Hedwig Conrad Martius, Utopien der Menschenzüchtung, der Sozialdarwinismus und seine Folgen, München 1955, insb. S. 13-58; 283-299.

195 Fr. Nietzsche, Werke in drei Bänden, hrsg. v. K. Schlechta, München 1954-9156, II, S. 279 ff., Zarathustras Vorrede.

196 Fr. Nietzsche, a.a.O., III, S. 628.

197 Fr. Nietzsche, ebd.

198 Fr. Nietzsche, a.a.O., III, S. 528

199 Fr. Nietzsche, a.a.O., III, S. 520.

200 Fr. Nietzsche, a.a.O., III. S. 440 und 793.

201 Fr. Nietzsche, a.a.O., III, S. 800; vgl. auch S. 819 f.

202 H. St. Chamberlain, Grundlagen des 19. Jahrhunderts, München 1944[30].

203 A. Hitler, Mein Kampf, 220/224. Aufl. München 1936, S. 149.

204 A. Hitler, ebd., S. 272, vgl. S. 420 f., S. 444 f., S. 468.

205 Erlass des Reichserziehungsministers Rust aus dem Jahre 1935.

206 H. Gauch, Neue Grundlagen der Rassenforschung 1933, zit. nach: L. Poliakov, Das Dritte Reich und seine Denker, 1959, S. 409.

207 Die genannten Zahlen müssen selbstverständlich auf dem Hintergrunde des damaligen Personalbestandes der deutschen Universitäten und Hochschulen gesehen werden.

208 H. Schelsky, in: Bücherkunde der Reichsstelle zur Förderung des Deutschen Schrifttums, Gauverlag Bayerische Ostmark, 3. Jahrg. 1936.

209 H. Schelsky, Einsamkeit und Freiheit, rde 171/172, S. 299.

210 H. Schelsky, Einsamkeit, a.a.O., S. 298.

211 H. Schelsky, Einsamkeit, a.a.O., S. 315.

212 H. Schelsky, Einsamkeit, a.a.O., S. 284.

213 H. Schelsky, Einsamkeit, a.a.O., S. 283.

214 H. Schelsky, Einsamkeit, a.a.O., S. 290.

215 H. Schelsky, Einsamkeit, a.a.O., S. 188.

216 H. Schelsky, Einsamkeit, a.a.O., S. 303.

217 H. Schelsky, Einsamkeit, a.a.O., S. 297

218 H. Schelsky, Einsamkeit, a.a.O., S. 303.

219 Hartmut v. Hentig sieht den Grund für die Ideologieanfälligkeit des wissenschaftlichen Denkens vor allem in seiner Abstraktheit und Unanschaulichkeit sowie in der Schwierigkeit, wissenschaftliche Aussagen wieder auf konkrete Erfahrungen zurückzuführen. Wissenschaftliches Denken steht also in der Gefahr eines Realitätsverlustes, einer Entfremdung vom Konkreten. Damit entsteht aber die Gefahr, sich scheinrationalen, ideologischen Wirklichkeitsdeutungen zuzuneigen. «Die Rationalität der technisierten Lebensvorgänge verringert die Irrationalität des menschlichen Verhaltens nicht automatisch; sie macht diese Irrationalität nur um so gefährlicher, sie bietet

arglos rationale Abstraktionen an, die als Magie missbraucht werden.» v. Hentig ist allerdings der Meinung, dass diese Gefahr selbst wiederum nur durch Wissenschaft aufzuheben ist. Gemeint ist von ihm wohl, nur durch selbstkritische Rationalität (H. v. Hentig: «Systemzwang und Selbstbestimmung», Stuttgart 19692, S. 86). Eine in der Tendenz ähnliche Interpretation der Beziehung zwischen Wissenschaft und Ideologie findet sich bei J. Habermas in dem Aufsatz: «Technik und Wissenschaft als Ideologie». Für Habermas stellt sich die Situation so dar, dass die traditionellen Weltinterpretationen nach den neuen Maßstäben der Zweckrationalität ihre Verbindlichkeit einbüßen: «Die brüchig gewordenen Legitimationen werden durch neue ersetzt, die einerseits aus der Kritik an der Dogmatik der überlieferten Weltinterpretation hervorgehen und wissenschaftlichen Charakter beanspruchen, die aber andererseits Legitimationsfunktionen behalten und faktische Gewaltverhältnisse somit der Analyse wie dem öffentlichen Bewusstsein entziehen. Erst dadurch entstehen Ideologien im engeren Sinn: sie ersetzen die traditionellen Herrschaftslegitimationen, indem sie mit dem Anspruch der Wissenschaft auftreten und sich aus Ideologiekritik rechtfertigen. Ideologien sind gleich ursprünglich mit Ideologiekritik.» J. Habermas, «Technik und Wissenschaft als ‹Ideologie›», ed suhrkamp, Bd. 287, Frankfurt/M., 19736, S. 72.

220 Rudolf Bultmann, Neues Testament und Mythologie. Das Problem der Entmythologisierung der neutestamentlichen Verkündigung. In: Kerygma und Mythos, Bd. 1, 4. erweiterte Auflage 1960, S. 20. Vgl. zu dem Gesamtproblem der sogenannten Entmythologisierungstheologie: Hugo Staudinger, Die historische Glaubwürdigkeit der Evangelien, Wuppertal 1995[7].

221 So formuliert die Brockhaus Enzyklopädie.

222 Syllabus § I,7.

223 So die Formulierung in: The New Age Catalogue, Doubleday, New York 1988.

224 Fritjof Capra, Wendezeit – Bausteine für ein neues Weltbild, Bern 1987.

225 Ebd. S. VIIIf.

226 Fritjof Capra, Der kosmische Reigen – Physik und östliche Mystik – ein zeitgemäßes Weltbild, Bern 1983[7], (8. Auflage unter dem Originaltitel «Das Tao der Physik»), S. 88.

227 Ebd. S. 203.

228 Ebd. S. 131.

229 Ebd. S. 99.

230 Fritjof Capra, Das neue Denken, Bern 1987, S. 33.

231 Fritjof Capra, Wendezeit – Bausteine für ein neues Weltbild, Bern 1987[6].

232 Fritjof Capra, Das neue Denken, a.a.O., S. 118.

233 Fritjof Capra, Wendezeit, a.a.O., S. 32, vgl. auch: Kosmischer Reigen, a.a.O., S. 119 und: Neues Denken, a.a.O., S. 35.

234 Fritjof Capra, Das neue Denken, a.a.O., S. 148.

235 Fritjof Capra, Das neue Denken ..., S. 95

236 Ebd. S. 91.

237 Ebd. S. 148.
238 Ebd. S. 148.
239 Erika Lorenz, Ein Pfad im Wegelosen – Teresa von Avila – Erfahrungsberichte und innere Biographie, Herder-Taschenbuch 1307, S. 132
240 Bezeichnenderweise spricht Meister Eckehard von einem unterschiedslosen Grund der Gottheit, in dem die Personen keine Rolle mehr spielen. Er unterscheidet ausdrücklich zwischen der Gottheit (Deitas) und dem trinitarischen Gott (Deus).
241 Vgl. hierzu UNA SANCTA – Zeitschrift für ökumenische Begegnung, 1/88, Geistliche Erfahrung – Mystik und Gemeinschaft.
242 Vgl. ebd.
243 Zitiert aus: Der «innere Weg» zu Gott – Meditation, Fernkurs universelles Leben, verschickt von der: Gemeinschaft zur Förderung des Heimholungswerkes Jesu Christi e.V., Postfach 56 43, Würzburg.
244 Vgl. UNA SANCTA, a.a.O.
245 Fritjof Capra, Neues Denken ..., S. 22.
246 Ebd. S. 106.
247 Ebd. S. 153.
248 Ebd.
249 Letzten Endes lässt die Beschreibung Capras selbst erkennen, wie manipulatorisch bei den verschiedenen Techniken insbesondere der Grof-Atmung vorgegangen wird. Er schreibt u.a.: ... wie in einem Irrenhaus ... eindringliche Musik ... schwach beleuchteter Raum ... lautem Stöhnen, Schreien, Weinen, Lachen ... Höllenlärm (Neues Denken, S. 203)
250 Fritjof Capra, Wendezeit ..., S. 298
251 Fritjof Capra, Kosmischer Reigen ..., S. 298.
252 Ebd. S. 131.
253 Zitiert aus: Josef Sudbrack, Mystik, Stuttgart 1988, S. 120.
254 Fritjof Capra, Wendezeit ..., S. 157.
255 Vgl. oben.
256 Vgl. dazu J. C. Eccles, Das Gehirn des Menschen, München 1979, S. 275.
257 So Capra, vgl. oben.
258 Auch die große christliche Mystik – etwa Teresa von Avila (s.o.) – wahrt im Gegensatz zur New-Age-Bewegung im mystischen Erleben die personale Differenz.
259 Herbert Marcuse, Der eindimensionale Mensch, Neuwieth 1967, S. 161.
260 Ebd. S. 171.
261 Ebd. S. 174.
262 Ebd. S. 180.
263 Ebd. S. 22.
264 Ebd. S. 266.
265 Ebd. S. 266.
266 Ebd. S. 267.
267 Ebd. Die Übersetzung ins Deutsche wurde neu vorgenommen, um den Elan des französischen Textes gerecht zu werden.

268 Jürgen Habermas, Technik und Wissenschaft als «Ideologie», suhrkamp 287.
269 Ebd.
270 Ebd. S. 98.
271 Jürgen Habermas, Theorie und Praxis, Neuwied 1963, S. 251.
272 Theodor W. Adorno, Negative Dialektik, stw 113, S. 139.
273 Ebd. S. 44.
274 Ebd. S. 57.
275 Ebd. S. 19 f.
276 Ebd. S. 21.
277 Ebd. S. 152.
278 Ebd. S. 355.
279 Vgl. Staudinger/Horkheimer, Humanität und Religion – Briefwechsel und Gespräch, Würzburg 1974, S. 57.
280 Vgl. Kap. 7.
281 Adorno a.a.O. S. 53.
282 Ebd. S. 32.
283 Ebd. S. 24.
284 Ebd. S. 25.
285 Ebd. S. 25.
286 Ebd. S. 172.
287 Ebd. S. 58.
288 Ebd. S. 399 f.
289 Fischer Taschenbuchverlag 6144. Dieses Buch entstand in der amerikanischen Emigration und wurde zuerst im Jahre 1957 in Amsterdam veröffentlicht. Dann wurde es immer wieder neu aufgelegt, obwohl die Autoren im Vorwort einer Neuausgabe ausdrücklich erklären, dass sie nicht an allem, was in dem Buch gesagt ist, unverändert festhalten.
290 Fischer Verlag 1967.
291 Ebd. S. 83 f.
292 Ebd. S. 84.
293 Vgl. oben.
294 Ebd. S. 63.
295 Ebd. S. 174.
296 Max Horkheimer, Zur Kritik der instrumentellen Vernunft, Frankfurt 1967.
297 Max Horkheimer, Die Sehnsucht nach dem ganz Anderen, Furche-Stundenbücher, Bd. 97, S. 60 f.; dazu Horkheimer, Zur Kritik der instrumentellen Vernunft, S. 228.
298 Max Horkheimer, Die Sehnsucht nach dem ganz Anderen, a.a.O. S. 61.
299 Ebd. S. 76.
300 Ebd. S. 86.
301 Ebd. S. 84 f. passim.
302 Ebd. S. 85. Ob er damit Recht hat, kann bei der hier anstehenden Erörterung offen bleiben
303 Ebd. S. 88 f.
304 Vgl. Kap. 8.

305 Vgl. Kap. 6.
306 Dabei werden übrigens in vielen Fällen die Probleme eher verschoben als tatsächlich gelöst.
307 Werner Heisenberg, Das Naturbild der heutigen Physik, rde 8, S. 22.
308 Ebd.
309 Vgl. Kap. 6
310 Vgl. Kap. 8.
311 Konrad Lorenz, Das sogenannte Böse, Wien 1965[16], S. 323 f.
312 Zitiert von Bernhard Bavink, Ergebnisse und Probleme der Naturwissenschaften. Eine Einführung in die heutige Naturphilosophie. Zürich 1949[9].
313 Ilya Prigogine, Vom Sein zum Werden, München 1985[4], S. 261.
314 Ebd. S. 223.
315 Ilya Prigogine, Vom Sein zum Werden, München, 1985[4], S. 227.
316 George Gale, Das anthropische Prinzip: Kein Universum ohne Mensch. In: Spektrum der Wissenschaft, Feb. 1982, S. 90-99.
317 Freeman Dyson, Innenansichten – Erinnerungen an die Zukunft, dt 1981.
318 Das gilt jedoch auch für ihre einzelnen Erscheinungen und insbesondere für die Tier- und Pflanzenwelt und ihr Entstehen im Zuge der Evolution.
319 Vgl. H. Staudinger, Gotteswort und Menschenwort – Krit. Überlegungen angesichts der Wege und Irrwege moderner Exegese, Paderborn 1993.
320 Bereits diese These selbst ist jedoch keineswegs zutreffend. Keiner, der etwas geschaffen hat, was auch für andere Bedeutung hat, hat das Recht, es willkürlich zu zerstören. Das gilt bis hin zu den Werken der Kunst.
321 Art. 3.
322 Ihnen könnte nicht zugemutet werden, in eine Umgebung hineingeboren zu werden, der sie objektiv nur eine Last oder zum. subjektiv unerwünscht sind.
323 Vgl. Kap. 11.
324 Vgl. Kap. 3.
325 Brief an mich vom 1.2.1973 in: H. Staudinger/M. Horkheimer, Humanität und Religion, Briefwechsel und Gespräch, Würzburg 1974, S. 83.
326 Diese Fähigkeit des Menschen dokumentiert sich nicht zuletzt darin, dass er Tieren, mit denen er Umgang hat, eigene Namen gibt. Bezeichnenderweise hatten in den «klassischen Bauernhöfen» auch die Kühe je ihren eigenen Namen. Dass Steine mit Namen belegt werden, kommt allerdings nur selten vor, wobei es sich – man denke etwa an den Kohinoor – um besonders markante, edle Steine handelt.
327 Fr. W. Foerster, Politische Ethik, Recklinghausen 1956[4], S. 190.
328 Zitiert nach einer Pressenotiz.
329 Vgl. hierzu Ueberweg II., S. 52.
330 Aus dem «Exsultet» der Feier der Osternacht. Zum rechten Verständnis muss freilich die Einheit Gottes mitbedacht werden. Das heißt die Tatasache, dass auch der Sohn selbst sich dahingibt.
331 Horkheimer/Adorno, Dialektik der Aufklärung, Fischer-TB 6144, S. 89 f.
332 T. W. Adorno, Eingriffe – Neun kritische Modelle, edition suhrkamp 10.

BERNHARD PHILBERTH

Der Dreieine

7. Aufl., 536 Seiten, Ganzleinen, DM 35.-, Fr. 31.-, S 282

B. Philberth, Atomforscher, legt in seinem Buch die Darstellung eines Weltbildes von solch strahlender Luzidität und solch souveräner denkerischen Bewältigung des Mikro- und Makrokosmos vor, dass der Leser wie von einer Offenbarung überwältigt wird. Philberth veröffentlicht hier u.a. seine Entdeckungen über Ursache und Wesen der Schwerkraft, Anfang und Ende des Weltalls; Ursache und Wesen der Kernkraft; die Wesenszusammenhänge zwischen den drei Säulen der Physik: Relativitätsphysik, Quantenphysik und der von ihm begründeten Existentialphysik. Das Sein ist strukturiert in Analogie zur Dreifaltigkeit Gottes. Alles Existierende trägt das Zeichen des Dreieinen.

WOLFGANG KUHN

Stolpersteine des Darwinismus

204 Seiten, 93 Abb., DM 25.-, Fr. 22.50, S 205

Die Kritik an Darwins Evolutionstheorie richtet sich gegen den Versuch, die Evolution der Lebewesen durch zufällige erbliche Veränderungen sowie die nachträglich Ordnung stiftende Auslese zu erklären. Wie sollte man glauben, der geistlose Zufall und der erbarmungslose «Kampf ums Dasein» hätten ein Ausmaß an sinnvoller Ordnung zustande gebracht, wie wir es nicht nachzuahmen imstande sind? Heute, wo wir Computer programmieren, wissen wir, wieviel «Information» dazu erforderlich ist. Die Informatik hat gezeigt, dass die nötige Information im Computer wie im Lebewesen nie Produkt des Zufalls, sondern stets Produkt des Geistes ist. Das ist der «Stolperstein» des Darwinismus!

MAX THÜRKAUF

Die Gottesanbeterin

149 Seiten, 4 Abb., DM 15.50, Fr. 14.-, S 128

Das Buch enthält die Substanz vieler Gespräche, die der Autor mit dem großen Gelehrten Adolf Portmann geführt hat. Deutlich stellt sich dessen Religiosität gegen den Atheismus des Darwinismus. Im Wissen, dass es keine Schöpfung ohne Schöpfer geben kann, ringen zwei Naturwissenschaftler um letzte Erkenntnisse.